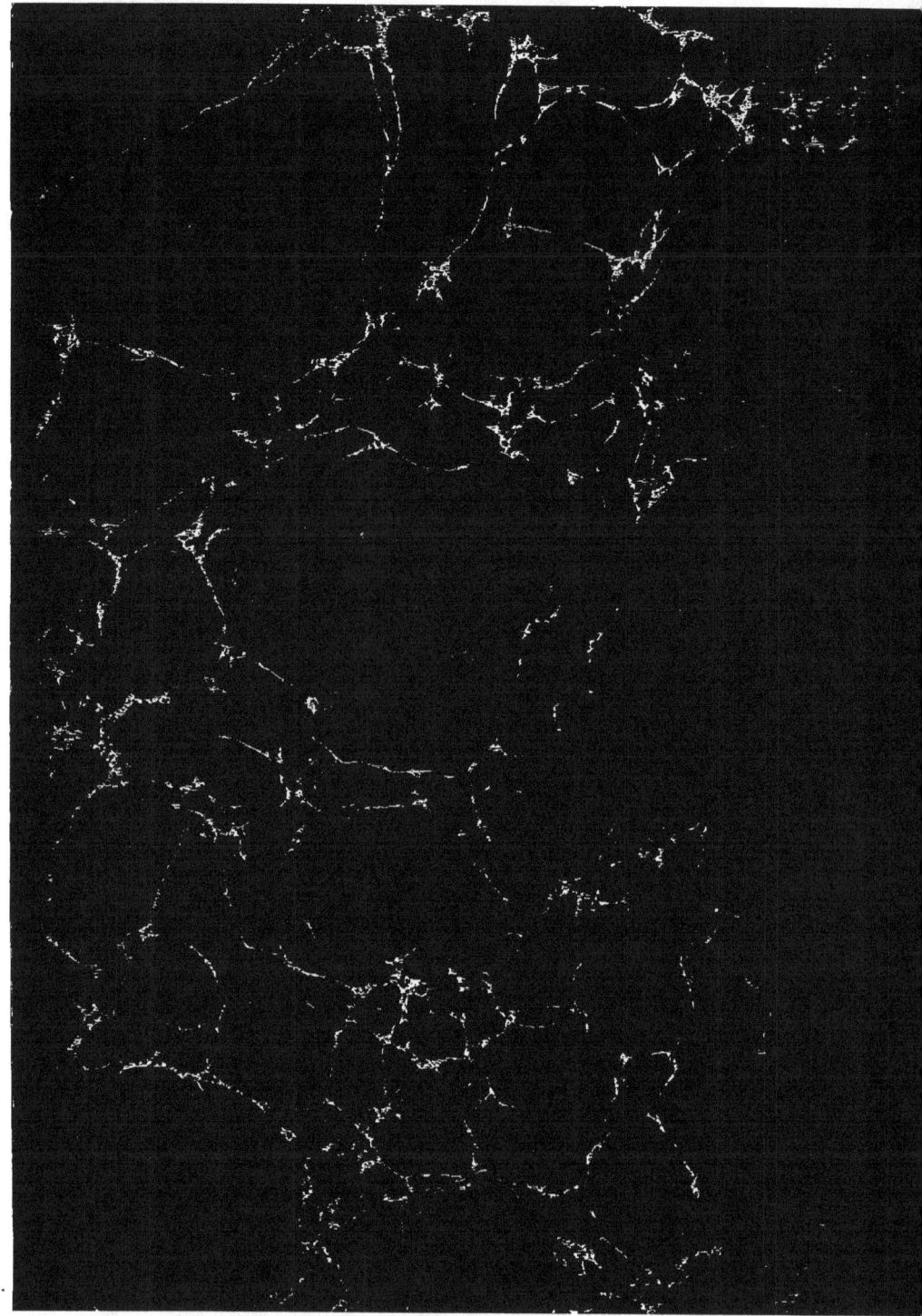

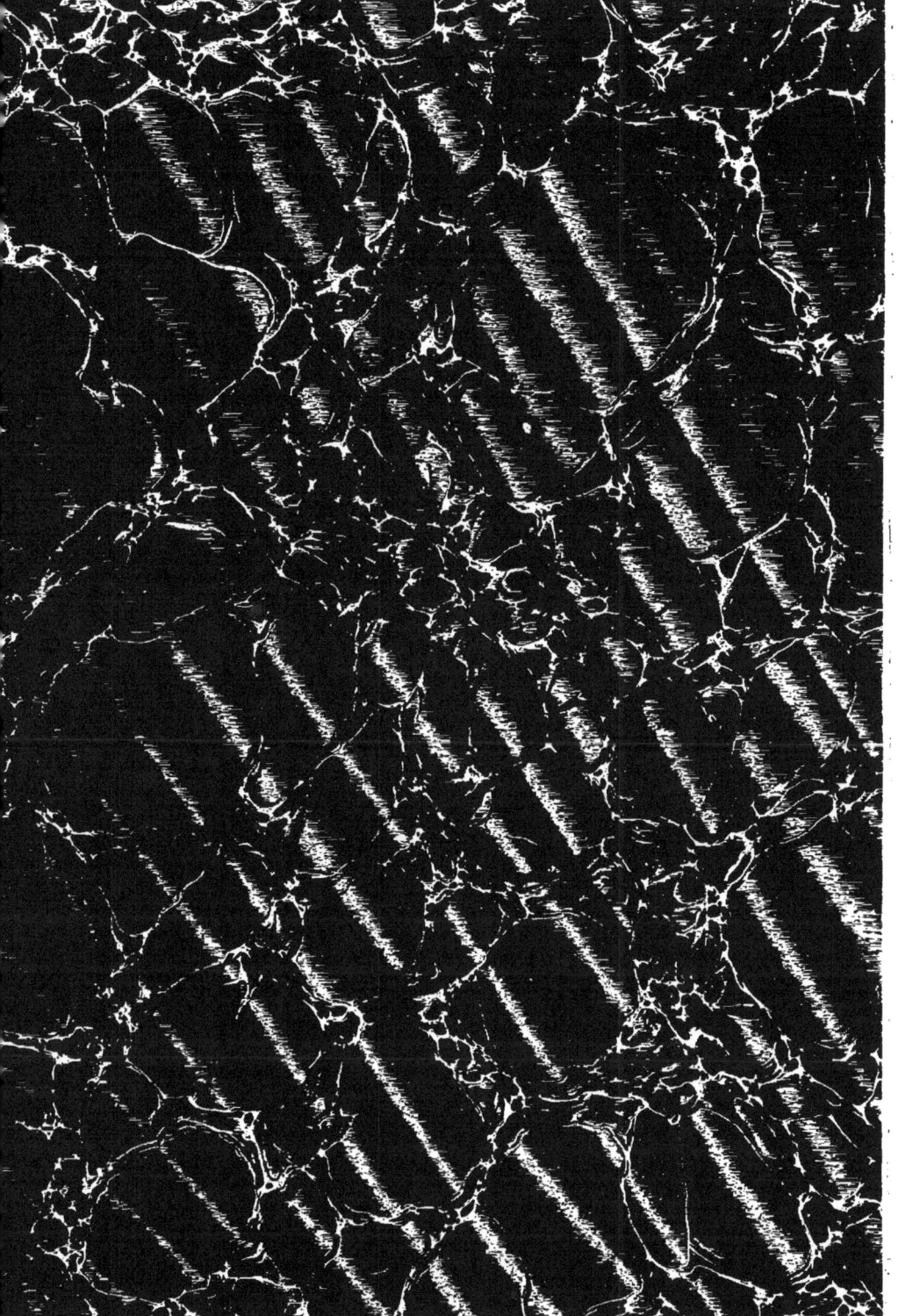

LES
FRANÇAIS EN ITALIE
DE 1494 A 1559

Paris. — Imprimerie J. Dumaine.

ÉTUDES MILITAIRES HISTORIQUES

LES
FRANÇAIS EN ITALIE
DE 1494 A 1559

PAR

E. HARDY
CAPITAINE ADJUDANT-MAJOR AU 130ᵉ RÉGIMENT D'INFANTERIE

« *Il n'est mémoire des Français en Italie que par les sépultures qu'ils y ont laissées.* »
COMMINES.

PARIS
LIBRAIRIE MILITAIRE DE J. DUMAINE
LIBRAIRE-ÉDITEUR
30, Rue et Passage Dauphine, 30

1880
Tous droits réservés.

LES

FRANÇAIS EN ITALIE

DE 1494 A 1559

CHAPITRE PREMIER

LA CONQUÊTE DE NAPLES

SOMMAIRE.

Madame de Beaujeu. — Progrès de l'artillerie française. — L'Italie en 1494. — Le voyage de Naples. — L'armée de Charles VIII. — Parallèle entre les deux milices — Le retour. — Passage de l'Apennin. — Condottiéri et Estradiots. — Artillerie italienne. — Combat d'avant-garde. — Pourparlers. — La journée de Fornoue. — Conclusions tactiques. — La fin du voyage.

MADAME DE BEAUJEU.

Quand Louis XI mourut, le 30 août 1483, sa fille Anne de France se servit de la belle armée qu'il avait formée, pour faire respecter par Maximilien d'Autriche et par les *grands vassaux* la jeune royauté de Charles VIII[1].

---

[1] Charles VIII avait 13 ans : il était donc majeur aux termes de la loi. Mais cet enfant « maladif et de pauvre intelligence », livré aux ambitions féodales, aurait compromis l'œuvre de son père, si la dame de Beaujeu, aussi ferme, aussi prudente et plus habile encore que Louis XI, ne s'était emparée du pouvoir pour continuer la politique d'unité nationale du règne précédent.

Maximilien, devenu roi des Romains[1], avait envahi l'Artois, au printemps de 1486, et s'était emparé de Thérouanne et de Lens.

La vigoureuse résistance des bandes de Picardie et l'habileté de leurs chefs, les maréchaux d'Esquerdes et de Gié, donnèrent le temps à Madame de Beaujeu de soulever les Flandres contre leur souverain allemand[2]. A la faveur de cette diversion, d'Esquerdes s'empara de Saint-Omer (27 mai 1487) et reprit Thérouanne.

Restait la coalition féodale[3].

En 1488, la Bretagne, qui se prétendait indépendante[4], donna le signal d'une nouvelle Guerre du bien public.

---

[1] C'est-à-dire héritier présomptif de l'empire germanique.

[2] Maximilien, fait prisonnier par les bourgeois de Bruges (5 février 1488), ne fut délivré que par l'intervention du pape Innocent VIII et par la réunion d'une grande armée impériale qui, comme celle de Neuss, se dispersa après une courte et inutile campagne (novembre 1488).

[3] Un traité secret avait été signé, le 13 décembre 1486, entre le roi des Romains, les ducs d'Orléans, de Bretagne, de Bourbon, le roi de Navarre Jean d'Albret, la reine de Navarre Catherine de Foix, le duc de Lorraine, les comtes d'Angoulême, de Nevers, de Dunois (fils du défenseur d'Orléans), le prince d'Orange, neveu du duc de Bretagne, le sire Alain d'Albret, père du roi de Navarre, et les principaux seigneurs du Royaume, dans le but « de faire entretenir les ordonnances des Trois-Etats, violées par l'ambition et la convoitise de ceux qui entouraient le roi et qui avaient débouté d'auprès de lui les princes et seigneurs de son sang, pour émettre la guerre entre lui et le roi des Romains. »

[4] « Les rois, princes et ducs de Bretagne n'ont jamais reconnu, créateur, instituteur ni souverain fors Dieu tout-puissant. » (*Édit du duc François II, en septembre* 1485).

L'artillerie royale, habilement dirigée par le chevalier Jacques Galiot de Genoilhac, réduisit, l'une après l'autre, les places fortes [1] du duc François, et, le 27 juillet, la victoire de Saint-Aubin-du-Cormier livra d'un seul coup à la Régente tous les chefs de la rébellion [2].

Dans cette campagne, que les contemporains ont appelée la *Guerre folle*, les Suisses combattirent pour la première fois sous les enseignes françaises et le chef de l'armée royale, Louis de la Trémoïlle, inaugura par d'heureuses dispositions tactiques la belle carrière qu'il devait parcourir.

[1] Châteaubriand, Ancenis, Fougères.

[2] « L'armée royale commença à marcher en francisque fureur, sans désordre, contre les ennemis qu'elle rencontra près d'une petite futaie voisine du village d'Orange. L'artillerie fut tirée de part et d'autre et elle endommagea fort les deux armées. L'avant-garde des Français donna sur l'avant-garde des Bretons, qui soutinrent assez bien le choc ; puis, les Français marchèrent contre la bataille des Bretons, dont les gens de cheval reculèrent. Ainsi fit leur arrière-garde : ils se prirent à fuir, et, après eux, leur avant-garde. En voyant ce désordre, les Français, que conduisait le seigneur de la Trémoïlle, avec lequel était messire Jacques Galiot, hardi et vaillant chevalier, chargèrent sur les adversaires.

« Ils occirent tous les gens de pied qu'ils trouvèrent devant eux et, entre autres, ceux qui avaient la croix rouge, les prenant pour des Anglais.

« Le duc d'Orléans et le prince d'Orange, qui étaient entre les gens de pied allemands, furent pris et amenés prisonniers à Saint-Aubin. Le maréchal de Rieux se sauva comme il put vers Dinan. Les seigneurs de Léon, de Pont-l'Abbé, de Montfort et plusieurs nobles de Bretagne y furent occis, avec 6.000 autres gens de toute sorte.

« Les Français perdirent environ douze cents hommes et, entre autres, messire Jacques Galiot, ce qui fut gros dommage, car c'était un chevalier et capitaine aussi prudent en guerre et aussi plein de cœur et hardiesse qu'on eût pu trouver. » (*Chronique de Jean de Troyes*).

A Saint-Aubin, pendant qu'il attaquait avec son infanterie le corps de bataille des rebelles, il envoya 100 lances d'élite prendre les Bretons en queue. Ce mouvement décida du succès de la journée.

PROGRÈS DE L'ARTILLERIE FRANÇAISE.

Le chevalier Galiot était malheureusement parmi les morts.

Depuis 1479, ce digne émule des frères Bureau avait fait faire à l'artillerie royale[1] des progrès remarquables.

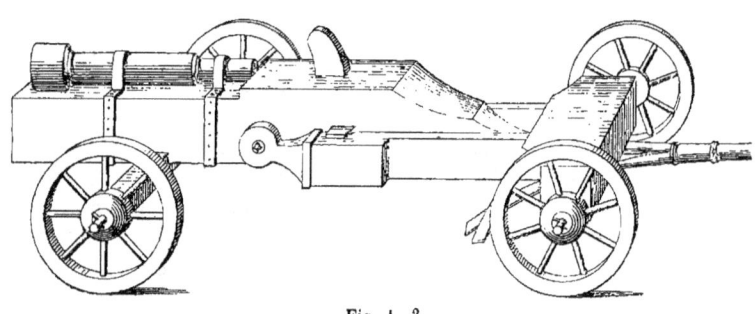

Fig. 1.[2]

En 1488, les bombardes et leurs boules de pierre

---

[1] Le matériel roulant que Louis XI laissa à son fils était de 200 pièces de campagne de tout calibre.

[2] « Cette petite bombarde est montée sur une voiture à quatre roues égales, dont l'avant-train porte un coffre et paraît muni d'une sassoire, sur laquelle portent deux brancards. Ces brancards sont attachés au fût, au moyen d'une tringle autour de laquelle ils péuvent tourner. Une cheville plate, qui s'appuie sur les brancards en traversant le fût, détermine la position de la bouche à feu.

« La voiture roule facilement, l'affût est solide; mais on ne peut pas

avaient à peu près disparu[1]. Elles étaient remplacées par des canons en bronze, lançant des boulets de fonte ou de plomb (*plombées*); la poudre, renfermée dans des barils, était mise, pendant l'action, dans des sacs en peau de mouton.

Le mode d'attelage était devenu plus mobile ; quelques canons avaient des avant-trains qui différaient bien peu de ceux qui sont encore en usage.

Les *faucons*, considérés plus particulièrement comme pièces de campagne, avaient des coffrets sur leurs

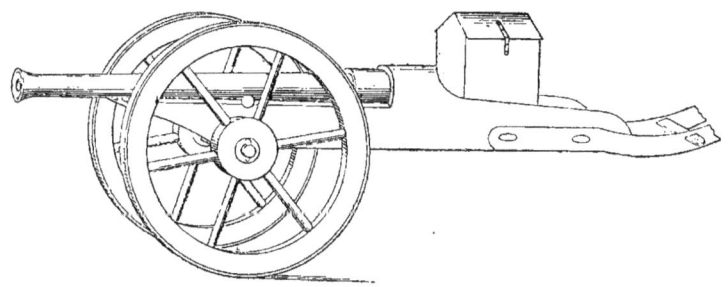

Fig. 2.

affûts. Tout porte à croire qu'ils étaient déjà montés sur des tourillons.

---

varier suffisamment les inclinaisons de la bombarde, et les conditions nécessaires au pointage ne sont pas encore satisfaites. » (Favé, *Histoire des progrès de l'artillerie*, d'après le manuscrit 1914 de la Bibliothèque nationale, intitulé : *Machines de guerre*).

[1] On conserve encore au mont Saint-Michel deux énormes bombardes faites de barres de fer soudées et cerclées, qui ont été placées sur ce rocher en 1423 ; elles ont 3^m,575 de longueur et un diamètre de 0,054 ; les boulets sont en pierre.

Il fallait deux chevaux pour conduire les grands faucons; un seul suffisait pour les petits [1].

Fig. 3.

Quant au matériel roulant, aux chariots qui portaient les tonneaux de poudre, les projectiles, les forges à boulets rouges, les gabions des batteries, Guy de Lauzières, le premier *grand-maître de l'artillerie*, en réunit un tel amas au siége de Rennes [2], au mois

---

[1] « Jehan Moynes, charretier suivant l'ost et armée de Charles VIII, emploie seize de ses chevaux à mener du château de Saint-Aubin-du-Cormier, les douze faucons de ladite armée, 4 grands et 8 petits, qui étaient dedans ledit château avec leur suite de poudre et plomb. » (*Comptes de l'artillerie de Charles VIII en* 1489).

[2] François II étant mort en septembre 1488, la Bretagne devenait la dot de sa fille aînée la duchesse Anne. Le mariage d'Anne de Bretagne avec Charles VIII pouvait rattacher au domaine royal le dernier grand fief de la couronne, fermer aux Anglais l'accès du littoral et

d'août 1491, « que 3.000 chevaux ne les pouvaient traîner. »

La conséquence naturelle de l'emploi des armes à

D'après Philippoteaux.
Fig. 4.

feu fut l'alourdissement progressif de la gendarmerie.

doter la France d'une population de soldats aguerris et de marins intrépides : Madame de Beaujeu y employa toute son habileté.

Pendant que l'armée royale assiégeait dans Rennes les auxiliaires

A la fin du XVᵉ siècle, les hommes d'armes français se décidèrent à adopter pour leurs chevaux les plates d'encolure et de poitrail, ainsi que la croupière et les flançois des destriers allemands[1].

L'homme d'armes devint alors une lourde machine de guerre moins maniable que jamais et les premières campagnes d'Italie marquèrent les dernières prouesses de la lance *chevaleresque*.

L'ITALIE EN 1494.

Comme la Grèce antique, l'Italie était partagée en petits états rivaux[2], riches et corrompus, qui cachaient

---

anglais, allemands ou espagnols que Maximilien avait donnés pour défenseurs à la riche héritière dont il convoitait la main, de sages conseillers préparaient les fiançailles d'Anne de Bretagne avec Charles VIII. Le mariage, célébré au château de Langeais, le 16 décembre 1491, mit fin à cette longue querelle féodale. Grâce à Madame de Beaujeu, la Bretagne devenait française : ce fut le dernier et le plus éclatant service rendu à la France par la digne fille de Louis XI.

[1] C'est le harnachement qu'on voit aux chevaux d'armes dans les bas-reliefs des belles portes de bronze de l'arc de triomphe d'Alphonse le Magnanime, au château de Naples.

Ces bas reliefs, représentant les victoires du roi Ferdinand Iᵉʳ (d'Aragon), ont été moulés, en 1470, par Guglielmo Monaco. L'artillerie y est représentée par de grossières bombardes encastrées dans des augets de bois (comme celle que nous avons représentée dans notre 1ᵉʳ volume, fig. 118, p. 423). Les piétons ont l'épée au côté, un grand bouclier en forme d'écu au bras gauche et la pique à la main ; quelques-uns ont des arbalètes. Des piquiers, marchant à l'assaut d'une brèche, sont couverts par leurs boucliers et forment la tortue.

[2] Six Etats principaux : le Piémont, le duché de Milan, les républi-

mal leur décadence sous les merveilles des lettres et des arts.

On faisait souvent la guerre en Italie, mais on s'y battait rarement.

Pour vider les querelles de voisinage, il y avait des batailleurs à gages, des *condottiéri*, qui escarmouchaient entre eux à grand fracas, sans se faire de mal, et qui gagnaient, à tour de rôle, de chaudes journées où personne n'était blessé.

D'après *Jules Devaux*.
Fig. 5.

« C'est un signe fatal pour un peuple que la perte des vertus militaires, et les descendants des anciens Romains tremblaient devant une épée[1]. »

L'Italie était une proie magnifique qui paraissait facile à saisir; Charles VIII le tenta[2].

---

ques de Venise et de Florence, les États du Saint-Siége et le royaume de Naples.

Le Piémont était gouverné par Blanche de Montferrat, mère du duc de Savoie Charles-Jean-Amédée, âgé de 6 ans ; à Milan, le régent Ludovic Sforza, dit le More, gouvernait au nom de son neveu Jean-Galeas-Marie qu'il avait relégué à Pavie. Le doge de Venise Augustin Barbarigo était soumis à la volonté souveraine du conseil des Dix ; à Florence, Pierre II de Médicis; à Rome, Alexandre VI Borgia; à Naples, Alphonse II d'Aragon.

[1] Duruy, *Histoire de France*, tome 1er. Paris, Hachette, 1866.

[2] « Charles VIII avait envoyé Pierre d'Urfé, son grand écuyer, à

Il ne voulut pas entendre les sages remontrances de Madame de Beaujeu, qui songeait à diriger vers les Flandres l'activité conquérante de la noblesse française, longtemps comprimée par la main de fer de Louis XI.

Ce fut en vain que le vieux maréchal d'Esquerdes essaya de démontrer « que la grandeur et le repos du « royaume dépendaient de la possession des Pays-Bas ; « que c'était de ce côté qu'il fallait porter tous les « efforts des armes françaises, plutôt que contre un « état dont la possession, loin de nous être avanta- « geuse, ne pourrait que nous affaiblir. »

Le jeune roi avait résolu de revendiquer, l'épée à la main, ses droits sur le royaume de Naples [1] et de renouveler, au delà des monts, les fabuleuses prouesses de Charlemagne et de ses paladins.

De Naples, il voulait passer en Grèce. Il rêvait de chasser les Ottomans de Constantinople et de reconstituer, pour la garde du saint Sépulcre, le royaume chrétien de Jérusalem [2].

Gênes pour y faire équiper une nombreuse flotte de galères et de vaisseaux de transport. On préparait encore, par son ordre, d'autres bâtiments dans les ports de Villefranche et de Marseille. Ces divers armements firent croire que le roi se rendrait par mer dans le royaume de Naples. » (Guicciardini).

[1] Charles d'Anjou, comte du Maine, héritier des droits de sa maison sur le royaume des Deux-Siciles, était mort sans postérité, au mois de décembre 1481, en désignant pour son héritier le Roi très-chrétien. Louis XI avait occupé sans retard la Provence et le comté du Maine, mais il avait « *envoyé au diable* » la souveraineté de Naples, comme il avait fait déjà pour la seigneurie de Gênes.

[2] « Le roi se propose de faire valoir, par les armes, ses droits évi-

En digne petit-fils de saint Louis, Charles VIII entreprenait une neuvième croisade, où le soudan d'Égypte était remplacé par le roi de Naples.

La France entrait ainsi dans une longue série de sanglantes aventures [1], et l'œuvre d'unification et d'agrandissement entreprise par Louis XI était retardée jusqu'à Henri IV.

LE VOYAGE DE NAPLES.

Le roi quitta Grenoble, le 22 août 1494.

Le duc d'Orléans s'était déjà rendu de Lyon à Gênes, pour empêcher les entreprises des Napolitains contre cette place.

L'avant-garde française, commandée par Robert Stuart d'Aubigny [2], franchit les Alpes au mont Genèvre et opéra sa jonction avec les troupes du duc de

---

« dents sur le royaume de Naples, qu'occupe je ne sais quel usurpa-
« teur, bâtard de la maison d'Aragon.
« Il ne considère d'ailleurs la conquête de Naples que comme un
« pont jeté devant lui pour le conduire dans la Grèce. Il est résolu d'y
« prodiguer son sang et ses trésors, quand il devrait mettre sa cou-
« ronne en gage et épuiser son royaume pour renverser la tyrannie
« des Ottomans et s'ouvrir, par cette voie, le royaume des Cieux. »
(*Discours de l'ambassadeur français à Henry VIII d'Angleterre, en* 1489 ; Guizot, *l'Histoire de France, depuis les temps les plus reculés jusqu'en* 1789. Paris, Hachette, 1873).

[1] « Il n'est mémoire des Français en Italie que par les sépultures qu'ils y ont laissées. » (Commines).

[2] D'origine écossaise.

Milan, afin d'ouvrir la route à l'armée du roi, et de tenir tête aux troupes napolitaines que le duc de Calabre, fils de Ferdinand II, avait rassemblées dans les Romagnes.

L'armée de Charles VIII comptait près de 50.000 hommes :

3.600 lances (21.600 chevaux);

10.000 archers ou arbalétriers bretons;

8.000 hacquebutiers gascons;

8.000 piquiers suisses et allemands.

L'artillerie, composée de 140 grosses pièces, de 200 canons légers et de 100 hacquebutes à croc, était partie de Lyon.

Le grand-maître, Guy de Lauzières, l'avait partagée en deux convois, sous l'escorte des *pionniers* chargés de préparer les chemins et d'aider au transport du matériel.

« Icelle artillerie fut mise et chargée en bateaux audit lieu de Lyon, partie pour aller sur mer et l'autre pour être menée par *voyages* [1], jusqu'aux lieux et places où le roi et son conseil avaient ordonné [2]. »

Le roi passa le mont Genèvre, le 2 septembre, et alla coucher à Oulx en Piémont, d'où il gagna Turin.

Là, il apprit que le duc d'Orléans avait déjà dispersé à Rapallo, les troupes napolitaines [3].

---

[1] Par étapes.

[2] Commines.

[3] La flotte napolitaine, composée de 35 galères légères, de 18 na-

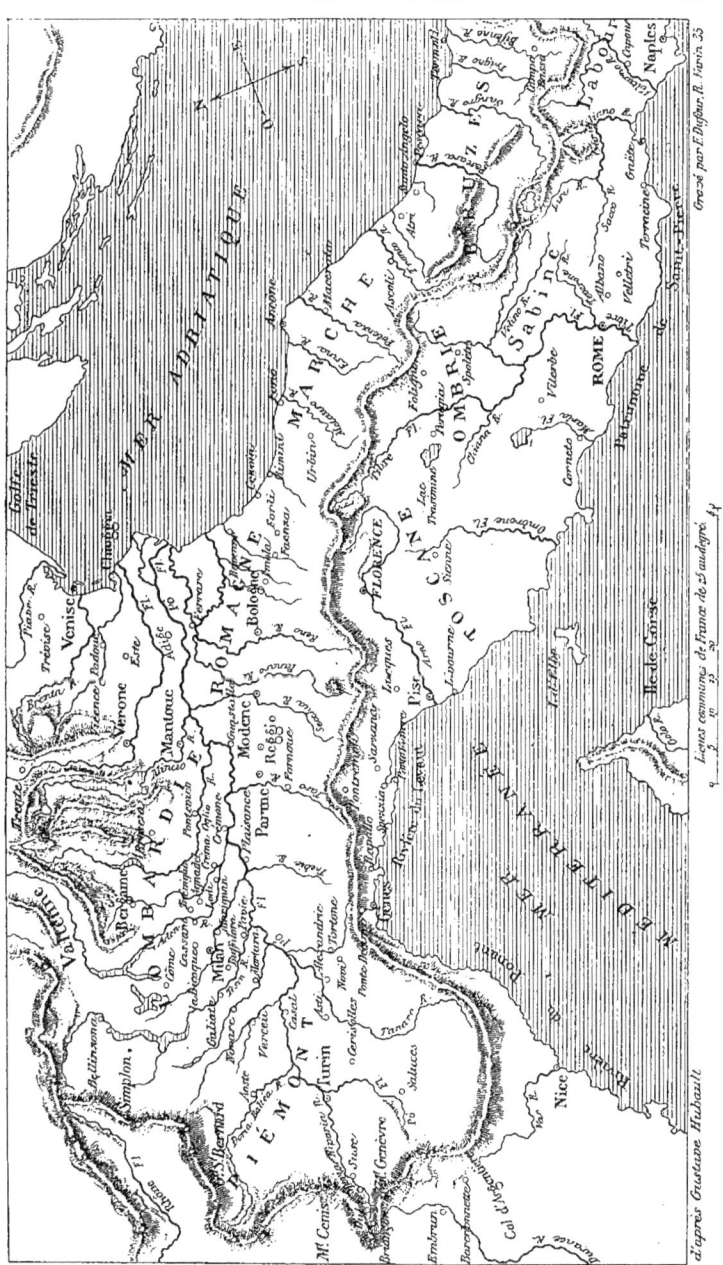

Fig. 6.

C'était d'un bon augure pour l'expédition.

La terreur qu'inspiraient l'artillerie française et la *mauvaise guerre*[1] que faisaient les Suisses, transformèrent le voyage de Naples en une marche triomphale.

vires et de plusieurs autres moindres vaisseaux, portait une nombreuse artillerie, 3.000 hommes de débarquement et les bannis génois qui promettaient une victoire complète au frère du roi de Naples, l'amiral don Frédéric, prince de Tarente. Mais avant que cette flotte arrivât en vue de Gênes, le bailly de Dijon, Antoine de Bessey, y était entré avec 2.000 Suisses à la solde du roi de France, et Ludovic Sforza y avait envoyé quelques compagnies d'infanterie, commandées par Gaspard et Antoine de San-Séverino.

L'arrivée du duc d'Orléans, à la fin d'août, avec la flotte de Marseille et de Villefranche, retint Gênes dans le devoir. Don Frédéric n'osa pas attaquer les Français ; il alla lever à Livourne quelques renforts d'infanterie, débarqua, à 20 milles de Gênes, Objetto de Fiesque avec 3.000 piétons, puis il s'éloigna à toutes voiles, pour ne pas affronter la flotte française.

Fiesque s'était emparé du bourg de Rapallo et courait le pays. Pour en avoir raison, le duc d'Orléans, s'étant embarqué avec un millier de Suisses sur la flotte française (18 galères, 6 galions et 9 gros vaisseaux), bombarda Rapallo du côté de la mer, pendant que l'infanterie italienne, venue de Gênes par la grand'route, lui donnait l'assaut au nord-ouest.

L'action s'engagea dans la soirée du 8 septembre. « Les Aragonais avaient pris position près du pont de Rapallo, entre le bourg et la mer, en un lieu escarpé, comme l'est toute cette côte. La première attaque des Suisses échoua ; troublés de combattre sur un terrain où ils ne pouvaient pas déployer leurs bataillons, ils commençaient déjà à se retirer, lorsque quelques paysans italiens, habitués à combattre dans les rochers, vinrent assaillir de toute part les Aragonais. Ceux-ci, battus en flanc par l'artillerie de la flotte française, qui s'était approchée du rivage le plus qu'elle avait pu, s'enfuirent dans la montagne en laissant sur le champ de bataille une centaine de morts. C'était une perte énorme et sans précédent, depuis quatre siècles, dans les annales de la guerre en Italie. » (Guicciardini).

[1] La *mauvaise guerre*, c'était le droit de tuer indistinctement tous

Cependant cette marche fut lente et confuse, parce que le jeune roi faisait séjourner son armée partout où il trouvait des fêtes pour lui et du pillage pour elle.

On se dirigea sur Florence par le pas de Suze, Turin, Asti (où une maladie du roi fit perdre 15 jours), par Casal, Pavie, Plaisance, Parme et le défilé de Pontremoli.

A Sarzane, le parc d'artillerie s'augmenta de 40 grosses pièces venues par mer. On suivit la côte jusqu'à Pise; de là, on remonta l'Arno jusqu'à Florence, dont le moine Savonarole ouvrit les portes aux Français, le 17 novembre.

Le 28, l'armée se dirigea vers les États de l'Église, par Sienne et Viterbe. A Signa, d'Aubigny fit sa jonction avec le roi, après avoir chassé Ferdinand d'Aragon des Romagnes.

Charles VIII arriva sous les murs de Rome, sans avoir eu à livrer bataille. Il y fit son entrée par la Porte du Peuple, dans la soirée du 31 décembre, à la lueur des torches.

les prisonniers. Martin du Bellay nous l'apprend dans ses mémoires : « En 1524, 200 prisonniers suisses ayant été égorgés par l'ordre de Jean de Médicis, leurs concitoyens demandèrent qu'on leur permit de faire la mauvaise guerre, ce qui leur fut accordé ; de sorte que, durant trois semaines, aucun des ennemis ne tomba entre les mains desdits Suisses qu'il ne fût massacré ; si l'on amenait quelques prisonniers à notre camp, il leur était permis de les tuer. »

L'ARMÉE DE CHARLES VIII.

Le défilé aux flambeaux dura 6 heures.

L'historien Paolo Giovio y assistait et en a laissé la description suivante :

« Les premiers bataillons étaient *suisses et allemands ;* ils marchaient en cadence, au son des instruments, dans un ordre admirable. Les hommes portaient une veste courte qui dessinait les membres; les plus braves avaient à leurs bonnets de longues plumes.

Fig. 7.

« Leurs armes étaient de courtes épées et des piques de 10 pieds [1].

« Un quart de ces mercenaires portaient de lourdes hallebardes, surmontées d'une large dague à lame quadrangulaire, qui leur permettait de frapper d'estoc et de taille.

---

[1] Paolo Giovo, évêque de Nocéra, mort en 1552, a écrit en latin l'histoire de son temps ; le pied dont il parle est sans doute la mesure

« Chaque bande de 1.000 fantassins comptait 100 *escopetiers*.

« Lorsque les bataillons se serraient pour charger, les soldats qui portaient des armes défensives se débarrassaient du plastron, du casque et de l'écu qu'ils suspendaient à leurs ceinturons. Les chefs seuls les conservaient comme insignes du commandement.

« Les Gascons, *arbalétriers ou frondeurs*, lançaient des flèches, des javelines ou des pierres; ils étaient petits et de moins bonne apparence que les Suisses et que les Lansquenets.

« Les *gendarmes de France* étaient couverts de sayons de soie, de colliers et de bracelets d'or; ils montaient des chevaux grands et vigoureux, qui avaient la queue et les oreilles coupées. Leurs armes étaient une forte et roide lance, solidement ferrée par le haut, et une masse d'armes également ferrée. Chaque chevalier était accompagné d'un page et de deux écuyers.

« Les *archers à cheval*, qui leur servaient de flanqueurs, étaient armés de grands arcs ou de longs javelots[1]; ils avaient le casque et le plastron, et portaient sur leurs écus les armoiries de leurs seigneurs.

romaine, 0^m,2978, ce qui donnerait aux piques des mercenaires 3 mètres environ.

[1] Ce sont les *demi-lances* que nous avons vues dans l'armée de Bourgogne.

« 400 *archers de la garde*, dont 100 Écossais, entouraient le roi et portaient ses couleurs. 200 gentilshommes, la fleur de la noblesse, montés sur d'admirables chevaux bardés [1], brillent d'or et de pourpre et précédaient immédiatement le roi, qui s'avançait, armé de toutes pièces, la lance sur la cuisse, trompettes sonnant et tambourins battant.

« Mais ce qui inspirait surtout l'épouvante, c'étaient plus de 36 charrettes portant *canons* de gros calibre et traînées à la suite de cette armée.

« La longueur des canons était d'environ 8 pieds,

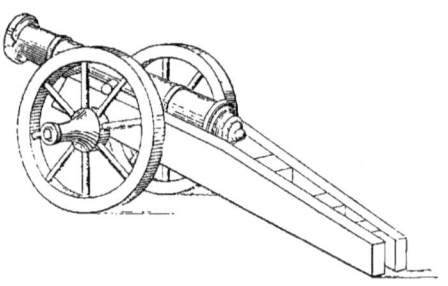

Fig. 8.

leur poids de 6 milliers, et leur calibre à peu près comme la tête d'un homme. Les *coulevrines*, de moitié plus longues, venaient ensuite, puis les *fauconneaux*, dont les plus petits lançaient des plombées grosses comme des oranges.

[1] Fig. 4, page 9.

« Toutes ces pièces étaient enclavées entre deux épaisses solives, assemblées par des chevilles. Suspendues sur leurs anses, elles tournaient autour d'un axe qui permettait de diriger les coups[1].

« Les affûts n'étaient soutenus que par deux roues; mais, pour marcher, on les attachait à un avant-train, qu'on séparait de la pièce avant de la mettre en batterie. »

Guicciardini a complété ces précieux renseignements sur l'artillerie de Charles VIII.

« Les Français, dit-il, faisaient usage de pièces de bronze, qu'ils appelaient canons, et de boulets de fer. Ils menaient les pièces sur des charrettes tirées, non par des bœufs comme en Italie, mais par des chevaux. L'adresse des hommes affectés à ce service, comme la perfection des instruments, étaient telles que l'artillerie pouvait presque toujours marcher aussi vite que l'armée.

« Ils disposaient les batteries avec une promptitude si incroyable, les coups se succédaient si rapidement, que leurs canons faisaient, en quelques heures, ce que l'artillerie italienne n'aurait pu faire qu'en plusieurs jours.

« Ce matériel, infernal plutôt qu'humain, servait

---

[1] « Ea omnia binis crassis asseribus super induatis fibulis erant inserta, suisque suspensa ansis, ad dirigendos ictus medio in axe librabantur. »
C'est d'après ce texte latin de Paolo Giovio, qu'on a fait remonter à Charles VIII l'emploi si important des tourillons (*ansæ*) dans l'artillerie française. (Fig. 8, p. 20.)

les Français autant en rase campagne que dans les siéges.

« Suivant les circonstances, les Français se servaient de ces gros canons ou d'autres pièces plus petites, que l'on conduisait avec d'autant plus de dextérité et de vitesse qu'elles étaient plus légères.

« L'artillerie faisait, à elle seule, de l'armée française un objet de terreur ; or, cette armée était plus redoutable encore par son courage que par le nombre de ses soldats[1]. »

Cette terreur était telle, que l'escarmouche de Rapallo et la courte campagne de d'Aubigny dans les Romagnes mirent fin à la résistance de l'Italie.

Les condottiéri s'enfuirent ; les villes ouvrirent leurs portes ; les populations acclamèrent joyeusement le jeune roi et sa brillante armée.

Le seul capitaine qui aurait pu défendre le royaume de Naples, le lombard Jean-Jacques Trivulce, trahit Ferdinand d'Aragon et passa à l'ennemi.

Selon l'expression d'Alexandre VI :
« Les Français conquirent l'Italie avec des éperons
« de bois et avec la craie en la main des fourriers pour
« marquer leurs logis, sans autre peine. »

« Le pape parlait d'éperons de bois, dit Commines, parce que, quand les jeunes gentilshommes de France

---

[1] Guicciardini, *Histoire d'Italie de 1490 à 1534*. Florence, 1561.

vont par la ville, les pages leur mettent une petite broche dedans le soulier ou la pantoufle, et ils s'en vont sur leurs mules, branlant les jambes.

« Peu de fois, nos gens d'armes ont pris le harnais en faisant ce voyage. »

Le voyage s'arrêta à Naples.

Le roi, depuis Asti, « avait, pendant 4 mois et 10 jours, pris ses logements où il lui plaisait, planté ses justices et potences en cinq ou six endroits dans chaque ville, et fait crier à son de trompe ses ordonnances et édits comme en plein Paris [1]. »

PARALLÈLE ENTRE LES DEUX MILICES.

Guicciardini a recherché les causes de cette rapide conquête en comparant l'organisation militaire et le recrutement des deux milices qui se trouvaient en présence.

« Les hommes d'armes français, écrit-il, étaient presque tous sujets du roi et gentilshommes [2]; il ne

---

[1] Paolo Giovo.
[2] *Le Loyal Serviteur*, dans sa « *très joyeuse, plaisante et récréative histoire du Bon Chevalier sans paour et sans reprouche* », a donné, à propos de l'enfance de Bayard, les renseignements les plus intéressants sur l'éducation de la noblesse française à la fin du XVe siècle. L'admission de son héros dans la compagnie d'ordonnance du comte de Ligny est une peinture curieuse des mœurs militaires de cette époque.

Pierre du Terrail, d'ancienne et noble maison dauphinoise, « est nourri par son père de toutes les vertus, et tenu aux écoles de Grenoble par son oncle, évêque dudit lieu, jusqu'à l'âge de 12 ans. »

L'évêque le présente au duc de Savoie, qui l'admet parmi ses pages.

dépendait pas des capitaines de les recevoir dans leurs compagnies ou de les en exclure ; ce n'étaient pas eux qui les payaient, c'était le roi.

« Aussi les compagnies étaient-elles toujours au complet et composées d'hommes d'élite, qui s'équipaient à leurs frais et qui étaient bien pourvus d'armes et de chevaux. Tous s'efforçaient à l'envi de bien servir, autant par un sentiment d'honneur naturel à la noblesse, que par l'espoir des récompenses qu'ils pouvaient recueillir pour leurs belles actions.

« Une hiérarchie régulière permettait aux hommes d'armes de parvenir, par degrés, au commandement de la compagnie.

Alors, Bayard apprend « à sauter, à lutter, à jeter la barre selon sa grandeur, et à chevaucher le mieux possible. »

Dans un voyage à Lyon, où Charles VIII tient sa cour, le duc de Savoie donne son page à Louis de Luxembourg, comte de Saint-Pol et de Ligny. Celui-ci « appoincte Bayard, à 17 ans, comme homme d'armes de sa compagnie d'ordonnance, tout en lui conservant sa place parmi les gentilshommes de sa maison.

La façon dont le jeune écuyer, de concert avec son ami de Bellabre, extorque au gros abbé d'Esnay, son cousin, les ducats nécessaires à sa remonte et à son équipement, n'est pas très-régulière, mais elle a dû inspirer à Alexandre Dumas plus d'un chapitre amusant.

— « Ce qu'on dérobe à un moine est pain béni » dit Bellabre; et l'abbé, (sans s'en douter), a si bien fait les choses, que Bayard se dirige vers la ville d'Aire en Picardie, où il doit tenir sa première garnison, avec 12 chevaux. Six, *grands par excellence*, cheminent avec son bagage; les autres, *beaux et triomphants courtauds*, accompagnent le jeune homme d'armes, qui voyage à petites journées pour ménager *sa cavalerie*.

Plus de 140 gentilshommes de la compagnie Luxembourg viennent à cheval au devant de leur nouveau compagnon. Celui-ci, pour payer sa bienvenue et *pour acquérir la grâce des dames de la contrée*, fait publier au dehors de la ville et joignant les murailles, à tout venant,

« Tous les capitaines avaient un rang distingué dans l'État, ou du moins ils étaient d'un sang plus illustre que leurs subordonnés ; aucun n'avait d'autre ambition que de mériter l'estime du prince.

« Il n'y avait pas entre eux de rivalité au sujet du commandement et de la préséance, car, suivant la coutume de France, aucun ne devait avoir plus de 100 lances sous ses ordres. Cette égalité empêchait les capitaines français de changer de maître par ambition ou par cupidité.

« Dans la milice italienne, au contraire, la plupart des hommes d'armes étaient des paysans, ou sortaient de la lie du peuple ; presque tous étaient sujets d'un

« un tournoi de trois coups de lance sans lice, à fer émoulu, en har-
« nois de guerre, et de douze coups d'épée, le tout à cheval. Au mieux
« faisant il donnera un bracelet d'or émaillé, de la livrée de Bayard et
« du poids de 30 écus. Le lendemain sera combattu à pied, à poux de
« lance, à une barrière de la hauteur du nombril, et, après la lance
« rompue, à coups de hache, jusques à la discrétion des juges et de
« ceux qui garderont le camp. Au mieux faisant de cette deuxième
« journée sera donné un diamant de 40 écus. »

Les deux juges du tournoi étaient le capitaine Louis d'Ars et le sire de Saint-Quentin, capitaine de la compagnie écossaise.

46 gentilshommes, élus parmi les 7 ou 800 hommes d'armes des garnisons de Picardie, prirent part au tournoi. « Ils furent par sort et sans tromperie partagés en deux troupes de 23 chevaux, puis, deux par deux, les combattants joutèrent à la lance, à la hache et à l'épée.

« Les juges déclarèrent solennellement, au nom des assistants, vertueux gentilshommes ou nobles dames, que chacun des combattants avait fait très-bien et très-honnêtement son devoir, mais que, d'après la commune voix, c'était le seigneur de Bayard qui, sans blâmer les autres, avait été le mieux faisant pendant les deux journées. »

autre prince que celui qu'ils servaient, et ils dépendaient absolument de leurs capitaines pour la solde aussi bien que pour l'entrée et le maintien au service.

« Ils n'étaient encouragés à bien faire, ni par le sentiment de la gloire, ni par quelque autre noble motif. Leurs capitaines étaient rarement les sujets de ceux qui les payaient; ils avaient souvent d'autres intérêts que ceux de leurs princes et ils étaient divisés entre eux par des jalousies et des haines mutuelles.

« D'ailleurs, comme ils ne touchaient pas de solde régulière et qu'ils étaient absolument les maîtres de leurs compagnies, ces capitaines ne tenaient pas leurs troupes au complet, bien qu'ils eussent reçu pour cela le nécessaire. Ils n'avaient d'autre pensée que de tirer de l'argent des gouvernements qui les employaient, et ils passaient sans scrupule d'un parti et d'un camp dans un autre. L'ambition, l'avarice, d'autres motifs encore, les rendaient prompts à la perfidie et à la trahison.

« Il y avait la même différence entre l'infanterie italienne et l'infanterie française.

« La première ne savait pas combattre de pied ferme et prendre une formation régulière; *elle se dispersait dans la campagne;* le plus souvent elle s'embusquait derrière des fossés et des retranchements[1].

« Les Suisses, au contraire, nation très-belliqueuse, qui avait fait revivre par des actions éclatantes la

---

[1] Il faut retenir que l'infanterie italienne employait, en 1494, l'ordre dispersé et la *fortification passagère*.

gloire de ses ancêtres, se présentaient au combat dans le plus grand ordre.

« Leurs bataillons étaient échelonnés sur plusieurs lignes; leurs rangs étaient pour l'ennemi un mur impénétrable. Sur un terrain où ils avaient pu se déployer, il était presque impossible de les rompre.

« L'infanterie française ou gasconne avait autant d'ordre et de discipline, mais moins de valeur et de solidité. »

LE RETOUR DE CHARLES VIII.

Pendant que Charles VIII rêvait, dans son palais de Naples, à la conquête de Constantinople, les Vénitiens, le duc de Milan et le roi d'Espagne armaient une grosse flotte et réunissaient une armée de 34.000 chevaux et de 20.000 fantassins, pour chasser de l'Italie les Français endormis dans les délices.

Le danger était grand : l'émule de Charlemagne n'attendit pas l'attaque de la coalition.

« Il ordonna, sous le commandement de Gilbert de Montpensier, 500 hommes d'armes français, 2.500 Suisses et quelque peu de gens de pied français pour la garde du royaume de Naples[1], et, avec le reste, il déli-

---

[1] « On laissa dans le royaume de Naples pauvre provision, plus en chefs qu'en nombre de soldats. Pour chef y demeura monseigneur de Montpensier, de la maison de Bourbon, bon chevalier et hardy, mais peu sage : il ne se levait qu'il fût midi. En Calabre, le roi laissa monseigneur d'Aubigny, de la nation d'Écosse, bon chevalier et sage, bon

béra de s'en retourner en France par le chemin qu'il était venu. »

Charles VIII quitta Naples, le 20 mai 1495, emmenant 1.000 lances françaises, 300 lances italiennes, 3.000 Suisses, 2.000 Bretons ou Gascons et 42 bouches à feu, dont 14 grosses, qui seules offrirent de grandes difficultés pour le passage.

L'armée marchait sur trois colonnes : *avant-garde*, *corps de bataille* et *arrière-garde*, suivant l'habitude.

PASSAGE DE L'APENNIN.

« C'est le pas qui depuis Pise va jusqu'à Pontremoli que je craignais le plus, » dit Commines.

« Près de Pietra Santa, entre le roc taillé et les marais de mer bien profonds, la route ressemblait à la chaussée d'un étang. Une charrette jetée au travers et

---

et honorable, qui fut le grand connétable du royaume de Naples ; le roi lui avait donné le comté d'Acri et le marquisat de Squillazzo. Le grand chambellan était Étienne de Vers, sénéchal de Beaucaire, nommé capitaine de Gaëte, duc de Nola et autres seigneuries. Tous les deniers du royaume passaient par ses mains et il avait plus grand faix qu'il ne pouvait et ne sut porter. Monseigneur Julien de Lorraine fut fait duc en la ville de Santo-Angelo, où il a fait merveille de se bien gouverner. A Manfredonia, fut laissé messire Gabriel de Monfaucon, homme que le roi estimait fort, mais qui s'y conduisit très-mal, car il la rendit, après 4 jours de siège, par faute de vivres ; or, il l'avait trouvée bien garnie, et il était dans un lieu abondant de blés. A Tarente, le roi laissa Georges de Sully, qui s'y gouverna très-bien et y mourut de la peste. A Aquila, demeura le bailli de Vitry, qui bien s'y conduisit, et dans les Abruzzes messire Gratien des Guerres, qui fort bien le servit. » (Commines, liv. VIII, chap. I.)

PASSAGE DE L'APENNIN.

deux bonnes pièces d'artillerie, avec des gens en bien petit nombre, nous eussent empêchés de passer sans remède; mais nos ennemis n'étaient pas encore ensemble. »

On arriva sans encombre à Sarzane.

V. F. Ringeisen.

Fig. 9.

Le roi détacha, sous Philibert de Savoie, « 120 hommes d'armes, 500 arbalétriers arrivés tout frais de

France par mer, pour attaquer Gênes par terre et le faire rebeller, » pendant que huit galères, venant de Naples, l'attaqueraient par mer.

Les galères furent battues et prises dans le golfe de Rappallo; quant au détachement de Monseigneur de Savoie, « il eut grand'peine à venir jusqu'à Asti, et il ne fut pas à la bataille, où il eût été bienséant.

« La ville et le château de Pontremoli, qui fermaient l'entrée des montagnes, étaient assez bons et en fort pays ; il y avait dedans 3 ou 400 hommes de pied. Le roi envoya à Pontremoli son avant-garde, que menait le maréchal de Gié et avec lui Jean-Jacques Trivulce, réfugié milanais, bien apparenté, bon capitaine et grand homme de bien [1]. »

Trivulce obtint la capitulation de Pontremoli, et « les Italiens qui étaient dedans s'en allèrent ; mais il y eut débat entre les bourgeois de la ville et les Suisses, desquels furent tués quarante.

« Pour revanche, malgré la composition, les *Alémans* tuèrent tous les hommes, pillèrent la ville, y mirent le feu, brûlèrent les vivres et tout autres choses avec plus de dix des leurs, qui étaient ivres.

« Le maréchal de Gié ne sut pas y mettre remède.

« Le Roy dépassa Pontremoli et alla loger dans la

---

[1] Commines.

petite vallée de Tappico, où il n'y avait pas 10 maisons. Il y resta 5 jours en très-grande famine, à 30 milles de son avant-garde, qui était devant, et entouré de montagnes très-hautes et très-aspres, où jamais on n'avait passé artillerie aussi grosse que les canons et coulevrines qui y passèrent.

« Les Suisses qui avaient brûlé Pontremoli, ayant peur que le Roy ne les en haït à jamais, vinrent s'offrir d'eux-mêmes à passer l'artillerie à travers ces montagnes hautes et droites, où il n'y avait pas de chemins, à la condition que le Roy leur pardonnerait; ce qu'il fit.

« Il y avait 14 pièces de grosse et puissante artillerie, et, au sortir de la vallée, se dressait un sentier fort droit où les mulets montaient à très-grand'peine.

« Les Alémans couplèrent, deux à deux, de bonnes cordes et s'y mirent à 100 ou 200 à la fois; quand ceux-là furent las, il s'en mit d'autres. Malgré cela, on y attela aussi les chevaux de l'artillerie.

« Tous les gens de la maison du Roy qui avaient train prêtèrent chacun un cheval, croyant aider; mais, sans ces Alémans, les chevaux n'auraient jamais pu à eux seuls passer l'artillerie.

« Après les canons, les hommes suivirent et toute la compagnie. Sans les Suisses, âme ne fût passée. »

Chacun les aida. La Trémoille, en chausse et en pourpoint, mit lui-même la main à l'œuvre, portant les grosses boules de fonte, de plomb et de fer, « qui étaient un très-grand faix, parce qu'il fallait les tenir entre les mains ou dans le chapeau » [1]. Tous les gentilshommes l'imitèrent [2].

« Le plus fort n'était pas de monter, car incontinent après, on trouvait une vallée où le chemin était tel que la nature l'avait fait. Il fallait mettre chevaux et hommes à tirer *contremont;* ce qui était plus difficile que de monter. A toute heure, il y fallait les charpentiers et les maréchaux, car, s'il tombait quelque pièce, on avait grand'peine à la redresser. Plusieurs voulaient briser la grosse artillerie pour passer plus tôt; le Roy pour rien n'y voulut consentir.

« Le maréchal de Gié, qui était à 30 milles de nous,

---

[1] Robert Gaguin (moine trinitaire, mort en 1501). *Compendium supra Francorum gesta, à Pharamundo usque ad annum* 1499.

[2] « La Tremoïlle, ses vêtements laissés, fors chausses et pourpoint, se mit à pousser aux charrois et à porter grands boulets de fer, en si grands labeur et diligence, qu'à son exemple la plupart de ceux de l'armée, mêmement les Alémans de son grant et bon vouloir esbaïs, se rangèrent à cette œuvre. Et, par ce moyen, fut toute l'artillerie passée par les montagnes et vallées, avec les munitions, par la prudente conduite dudit sieur de la Trémoïlle, qui toujours croissait les courages des Alémans et autres, par belles paroles, choses excitatives à œuvre difficile, et qui réveillait leurs esprits par trompettes, clairons, flûtes, tambours, bon vin, promesses de récompense et autres semblables choses que bien entendent les expérimentés capitaines.

« L'œuvre mise à louable fin, le seigneur de la Trémoïlle, noir comme un more pour l'exténuante chaleur qu'il avait supportée, en fit rapport au roy, qui lui dit :

— « Par le jour Dieu ! mon cousin, vous avez fait plus que purent oncques faire Hannibal de Carthage, ni Jules César, au dangier de votre personne, que ne voulutes oncques épargner à me servir ! »

(*Panégyrique de Louis de la Trémoïlle,* par Jean Bouchet.)

pressait le Roy de se hâter; mais nous mîmes trois jours à le rejoindre [1].

« Les ennemis étaient logés à une demi-lieue devant le maréchal, en un beau camp, et ils auraient eu bon marché de l'avant-garde s'ils l'eussent assaillie. »

CONDOTTIÉRI ET ESTRADIOTS.

L'armée italienne, commandée par le marquis de

Fig. 10.

[1] L'avant-garde française étant surtout composée de compagnies

Mantoue, comptait 30.000 Milanais ou Vénitiens, bien pourvus et approvisionnés.

C'étaient, pour la plupart, ces fameux condottiéri à la mine farouche et à l'aspect redoutable, prétoriens nomades de l'Italie, qui avaient fait duc de Milan un de leurs chefs, François-Alexandre Sforza, en 1450.

La cavalerie se composait : 1° de 2.600 lances, comptant chacune un arbalétrier à cheval ou un autre cavalier, plus le page portant les couleurs du *maître* (ce qui faisait, par homme d'armes, 4 chevaux, dont un était couvert d'une carapace de cuir);

2° De 5.000 chevau-légers, italiens ou estradiots.

Les estradiots, levés par Venise en Albanie et en Morée, étaient vêtus à la turque, avec un bonnet albanais ou une salade à vue coupée sur la tête; ils étaient armés d'une épée large, d'une massue et d'une zagaie (javeline de 3 à 4 mètres, ferrée aux deux bouts).

« Ce sont de rudes gens, dit Commines, qui les avait vus de près pendant son ambassade à Venise ; ils couchent dehors toute l'année, avec leurs chevaux qui sont bons et tous de Turquie. Les Vénitiens se servent des estradiots et s'y fient. Je les avais vus descendre à Venise et faire leur montre dans l'île où est l'abbaye de Saint-Nicolas. Ces vaillants hommes travaillent fort en un ost, quand ils s'y mettent. » (Fig. 165.)

Les piétons italiens étaient armés de l'épée et de la pique ou de la hallebarde en forme de hache ;

---

d'ordonnance, c'est là un exemple intéressant à retenir d'un corps de cavalerie couvrant, à 3 journées de marche, les opérations de l'armée.

aucun n'avait la tête garantie; quelques-uns avaient le dos et les bras couverts de mailles. Quelques escopettiers remplaçaient, par les armes à feu, l'effet des frondes et des arbalètes.

Fig. 11.

« Contre la cavalerie, cette infanterie se formait en un triangle fraisé de piques et de pertuisanes, et faisait front de tous côtés[1]. »

ARTILLERIE ITALIENNE.

L'Italie avait depuis longtemps surpassé les autres pays par la beauté et par les ornements de ses bouches à feu.

Les pièces étaient, le plus souvent, coulées en alliage de cuivre; mais l'alliage n'était pas solide, et les pièces éclataient de temps à autre.

[1] Machiavel.

D'après Georgio Martini, l'artillerie italienne se composait à la fin du XVᵉ siècle :

1° De bombardes (*bombarda*), de 4ᵐ056 à 6ᵐ760 de longueur, tirant une boule de pierre de 102 kilogrammes environ ;

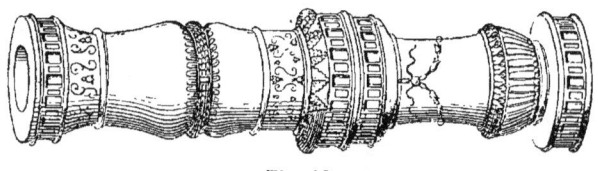

Fig. 12.

2° De mortiers droits, en forme de cloche, de 1ᵐ,690 à 2ᵐ,028 de longueur et d'un seul morceau ; la pierre pesait de 200 à 300 livres ;

3° De gros canons appelés selon leur longueur, *cortana* (courte) ou *mezzana* (moyenne), et lançant des pierres pesant de 34 à 17 kilogrammes ;

4° De canons moins lourds, *passe-volants* ou *basilics*, de 6 à 8 mètres de longueur, lançant des projectiles de bronze, de fer ou de plomb ;

5° De pièces légères, *spingarda* et *cerbottana*, tirant des pierres pesant de 3 à 4 kilogrammes, ou des plombées de moins d'un kilogramme.

Guicciardini nous apprend que tout ce matériel était traîné par des bœufs.

Quant aux affûts, sans être encore à *tourillons*, comme ceux de l'armée française, ils avaient fait de notables progrès, puisqu'un manuscrit florentin, de 1500, nous montre « une coulevrine encastrée dans un fût, dont l'inclinaison peut varier au moyen d'une vis. Au côté

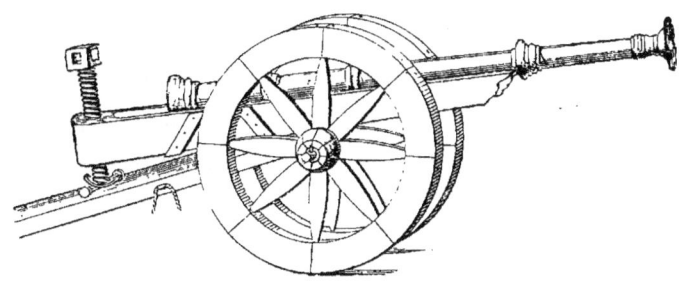

Fig. 13.

droit de la flèche, une mèche à canon sert à y mettre le feu.

« Cette idée d'employer une vis pour le pointage ne put se réaliser efficacement que deux siècles plus tard[1]. »

La tactique navale et ses engins ne se rattachent qu'indirectement à cette étude. Nous ne pouvons pas cependant parler de l'artillerie italienne à la fin du XVe siècle, sans signaler les *mitrailleuses* de l'arsenal de Venise, qui passent pour être de cette époque et justifient, mieux qu'aucune autre machine de guerre, notre aphorisme :

« *Nihil novi sub sole.* »

Sur un pied, soutenu par un plateau rectangulaire,

[1] Favé, page, 209, planche 31.

est articulé un fût en bois, supportant un système de 20 canons de fer, qui tournent autour d'une crosse fixe.

Dix de ces canons sont de moitié moins longs que les dix autres.

La masse compacte de la culasse commune présente 20 trous correspondant au tonnerre de chaque canon ; un levier articulé, muni d'une mèche, est fixé sur le fût et sert de chien.

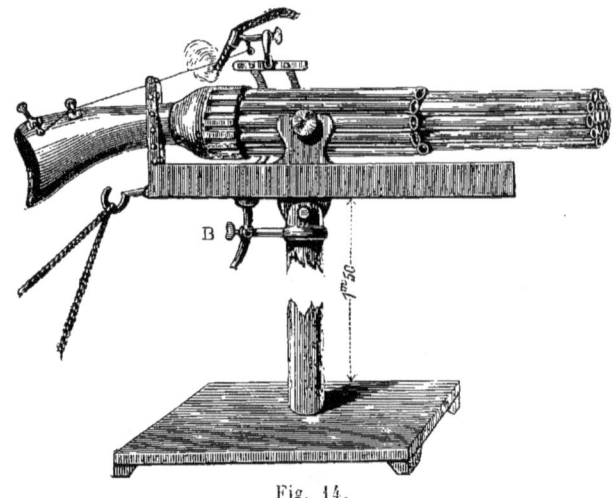

Fig. 14.

Pour obtenir un tir continu, il suffit de mettre le feu successivement à chaque canon, en agissant avec la main gauche sur l'arrêtoir d'une ficelle (maintenue à la crosse par un piton), qui communique avec la mèche du levier, pendant que la main droite fait tourner la culasse commune.

L'articulation du pied sur le fût (B) permet d'élever ou d'abaisser l'engin et de le diriger à droite ou à gauche, comme un télescope.

Nous avons trouvé à Florence[1], dans une fresque du XVIᵉ siècle représentant un combat naval, la reproduction de ces mitrailleuses et nous nous sommes expliqué leur usage.

Placées à l'avant des galères, et braquées sur les deux bancs de rameurs, elles servaient à tenir les rameurs en respect pendant l'action, quand le fouet des surveillants n'y suffisait pas. Les canons courts étaient destinés aux galériens les plus proches; les longs, aux plus éloignés.

Une petite coulevrine *revolver* paraît avoir été employée de la même façon.

La culasse, mobile, autour d'un canon unique, est percée de cinq chambres que l'on charge par la bouche et auxquelles on met successivement le feu par les lumières (*L*) correspondant à chaque canon.

Fig. 15.

La poignée (*P*), sert à faire tourner le barillet, et,

[1] Galerie des Uffizi. Les fresques, qui décorent le plafond de la première salle de l'Ecole flamande, ont été peintes au temps de Ferdinand Iᵉʳ de Médicis (1587-1609), afin de retracer les campagnes des Florentins sous le règne de ce prince.

grâce au système de suspension (*S*), on peut élever ou abaisser le canon.

Sur les galères italiennes, l'avant était le poste de combat des arquebusiers ; aussi y plaçait-on un porte-mèches en bronze.

Le merveilleux spécimen que nous avons vu à Venise ressemble à un baptistère [1]. En soulevant le dôme du couvercle, on trouve, rangées circulairement sur deux ou trois rangs autour d'un foyer central, une grande quantité de *mèches à feu*, qui étaient indispensables pendant le combat.

COMBAT D'AVANT-GARDE.

Le maréchal de Gié alla se loger à Fornoue, avec 160 hommes d'armes, 800 Suisses et quelques pièces légères.

« Ce bon village, situé, dit Commines, sur la rive droite du Taro, au pied de la montagne et à l'entrée de la plaine, ne permettait pas qu'on vînt nous attaquer dans la montagne. Nos ennemis n'y songèrent pas ; Dieu mit une autre pensée dans leur cœur. Leur avarice était si grande qu'ils nous voulaient attendre en plaine, afin que rien n'échappât. Tant que nous étions au delà de l'Apennin, ils craignaient de nous voir fuir vers Pise et vers les places florentines.

« Ils se trompaient, car nous en étions trop loin. Si

---

[1] Il a été exécuté, en 1621, par Jean-Baptiste Cominus.

on ne les avait pas attendus de pied ferme, et si on avait fui, ils auraient eu tout l'avantage dans la poursuite, attendu qu'ils savaient les chemins mieux que nous.

« Le maréchal de Gié envoya 40 chevaux courir devant l'ost des ennemis pour savoir nouvelles. Ces coureurs furent bien accueillis par les estradiots, qui tuèrent un gentilhomme, lui coupèrent la tête et la pendirent à la banderole d'une lance, pour la porter à leur *provéditeur* et en avoir un ducat.

« Puis, ils *chassèrent* jusqu'au logis des Suisses, en tuèrent trois ou quatre et emportèrent leurs têtes.

« Mais ils se trouvèrent bien épouvantés aussi de notre artillerie ; un faucon tira un coup qui tua un de leurs chevaux et les fit incontinent retirer, car ils n'avaient pas l'habitude de l'artillerie.

« En se retirant, les estradiots prirent un capitaine de nos Suisses, qui était monté à cheval, désarmé, pour voir s'ils se retiraient, et qui reçut un coup de lance à travers le corps.

« Ce capitaine fut mené devant le marquis de Mantoue, sur le coteau boisé qui domine Fornoue au levant.

« C'est là que les Italiens s'assemblaient, depuis huit jours seulement ; le Roy aurait pu se retirer en France sans péril, s'il n'avait pas fait de grands séjours en chemin mal à propos. »

POURPARLERS.

Le prisonnier, interrogé, tripla les forces de l'avant-garde française ; les capitaines italiens le crurent sur parole et ajournèrent la bataille. Ce qui permit au Roi d'opérer librement sa jonction avec le maréchal de Gié, le dimanche 5 juillet.

« Au descendu de la montagne, on vit le plat pays de la Lombardie, qui est des plus beaux et des plus abondants du monde ; cependant, *bien qu'il se dise plat,* il est malaisé à chevaucher, car il est tout fossoyé comme les Flandres, et plus encore. Il est bien meilleur et plus fertile, tant en bons froments et fruits qu'en bons vins ; et nous faisait grand bien de le voir, pour la grande faim et peine que nous avions endurées depuis notre départ de Lucques[1]. »

Le Roi envoya Commines demander libre passage ; mais les provéditeurs vénitiens, qui jouaient auprès du marquis de Mantoue le rôle que remplirent plus tard les commissaires de la Convention auprès des généraux républicains, répondirent :

— « Il est trop tard. »

La journée de Fornoue (6 juillet 1495).

Le lendemain, à six heures du matin, après une nuit d'orage, troublée sans cesse par les attaques des estradiots, Charles VIII entendit la messe, communia et, monté sur *Savoye,* son cheval de bataille, il présida au

[1] Commines.

passage de l'armée entière sur la rive gauche du Taro, par le pont de Fornoue.

Quand le dernier sommier du convoi fut passé, les Italiens sortirent de leur camp.

Leur plan d'attaque était bien conçu.

Pour cerner la petite armée française, deux corps italiens devaient franchir le Taro, en avant et en arrière de cette armée.

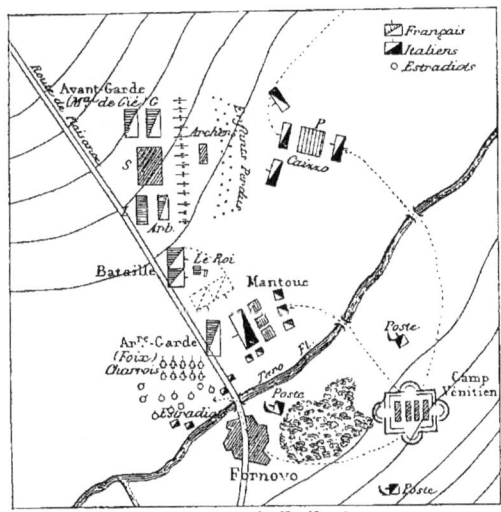

P. MERLE, d'après un croquis de E. Hardy.
Fig. 16.

Le premier, sous le comte de Caiazzo, attaquerait l'avant-garde.

Le second, sous le marquis de Mantoue, formé de l'élite de la gendarmerie de Venise et de Milan et de la plus grande partie des estradiots, prendrait en queue l'arrière-garde française, que commandaient le vicomte de Narbonne et la Trémoïlle.

Deux gros détachements d'estradiots, d'hommes d'armes et d'arbalétriers, passant le Taro à gué, devaient assaillir, l'un les flancs du corps de bataille français conduit par le Roi en personne, l'autre, le riche convoi de 6.000 bêtes de somme qui suivait l'armée.

Une réserve importante était conservée sur la rive gauche, à la garde du camp italien.

Ces divers passages du Taro furent exécutés vers le milieu du jour.

« Déjà, raconte Commines, les escarmouches commençaient de tous côtés, comme nous passions la rivière pour la mettre entre nous et eux.

« Les Italiens étaient rangés dans leur ost; car c'est leur coutume de faire le camp assez grand pour que toutes les troupes puissent être en bataille et en ordre.

« Ils envoyèrent une partie de leurs estradiots et de leurs arbalétriers à cheval, avec quelques hommes d'armes, le long du chemin assez couvert de Fornoue, dont nous partions. Ces gens passèrent la petite rivière pour assaillir notre charriage.

« Ils avaient ordonné leurs batailles mieux qu'on ne saurait le dire, et ils se fiaient en leur grand nombre.

« Ils assaillaient le Roy et son armée *tout à l'environ*, de manière qu'un seul homme n'aurait pu échapper si nous avions été rompus, vu le pays où nous étions.

« Pendant que ceux que j'ai nommés attaquaient notre bagage du côté gauche, le marquis de Mantoue vint avec toute la fleur de son ost, au nombre de 600 hommes d'armes, se jeter en la grève, droit à notre queue. Ses gens étaient bardés, empanachés et très-bien accompagnés d'arbalétriers à cheval, d'estradiots et de piétons.

« Vis-à-vis du maréchal de Gié et de notre avant-garde, se vint mettre le comte de Caiazzo avec 400 hommes d'armes, accompagnés comme dessus, et suivis de grand nombre de gens de pied. Derrière, venait une compagnie de 200 hommes d'armes, qui devait donner, contre l'avant-garde française, après Caiazzo.

« Il y avait une pareille compagnie, et pour semblable occasion, derrière le marquis de Mantoue.

« Dans l'ost, demeurèrent deux grosses compagnies (je les ai vues de mes yeux), car les Vénitiens ne voulurent pas *estrader* tout à un seul coup, ni dégarnir leur camp. Toutefois, puisqu'ils commençaient, il eût mieux valu mettre tout aux champs.

« Le roi avait mis son effort en son avant-garde, qui comptait 350 hommes d'armes (G), 3.000 Suisses, *qui étaient l'espérance de l'ost* (S), et 300 archers de la garde, que le roi avait fait mettre à pied. Avec ces archers étaient quelques arbalétriers à cheval des 200 de sa garde, et le reste des gens de pied de l'armée, c'est-à-dire les lansquenets allemands, commandés par Antoine de Bessey, bailli de Dijon.

« Devant le front des gens de pied était l'artillerie.

« L'avant-garde s'était avancée jusqu'à la hauteur de l'ost ennemi, mais nos deux autres batailles n'étaient pas si près ni aussi bien pour s'aider qu'elles l'avaient été le jour précédent.

« Le marquis de Mantoue, après avoir passé la rivière, se trouvait à environ un quart de lieue derrière l'arrière-garde française; il venait à petits pas, *bien ferré*, tant qu'à merveille le faisait beau voir. »

Le roi fut forcé de tourner le dos au maréchal de Gié et le visage vers les ennemis, pour se rapprocher de son arrière-garde.

« La bataille commença au bagage; les estradiots l'attaquèrent, ainsi que le logis du roi, où il y avait trois ou quatre maisons; ils tuèrent une centaine de **varlets de sommiers** et mirent le charriage en grand désordre.

« Le roi passa devant sa bataille et devant son enseigne. Il n'y avait que le bâtard de Bourbon entre lui et les ennemis, qui étaient à 100 pas. Il était aussi mal gardé et conduit que fut jamais grand seigneur; mais est bien gardé ce que Dieu garde!

« L'arrière-garde, sous les ordres du comte Odet de Foix, était à la droite et un peu en arrière du roi. Elle se composait de 80 lances appartenant au duc d'Orléans, des 40 lances du sire de la Trémoïlle, de 100 archers écossais, *qui se mirent en la presse* comme hommes d'armes, et *des Gentilshommes des* 20 *écus*, avec les autres de la maison du roi et les pensionnaires.

« Les ennemis jetèrent leurs lances en l'arrêt et se mirent un peu au galop. Deux de leurs compagnies chargèrent, à la droite de notre ligne, contre les compagnies d'Orléans et de la Trémoïlle et contre les Ecossais.

« Français et Italiens choquèrent presque aussitôt les uns contre les autres, *et le roi comme eux*. L'aile gauche, où j'étais, prit l'ennemi en flanc. Il n'est possible au monde de plus hardiement donner que l'on donna des deux côtés [1].

« Heureusement, les estradiots qui étaient à la queue virent que mulets et coffres fuyaient [2] vers l'avant-garde française, et que leurs compagnons de la tête gagnaient tout. Ils coururent alors au pillage, sans suivre leurs hommes d'armes, qui ainsi ne se trouvèrent plus accompagnés.

« Si ces 5.000 chevau-légers fussent tombés sur

---

[1] « Après qu'on eut rompu les lances, dont le choc joncha en un instant la terre d'hommes et de chevaux, on s'attaqua, de part et d'autre, à grands coups de haches d'armes, d'épées et de dagues. » (Guicciardini, Livre II, ch. 27).

[2] « Le capitaine Odet qui commandait le charroi était chevalier de bonne conduite, prudent et hardi capitaine, mais il ne put faire marcher à son désir les gens dudit bagage, qui étaient en grand nombre; ils furent défaits par leur défaut; et la plupart du bagage fut pillé par les estradiots. » (Jean Bouchet, *Panégyrique de La Trémoïlle*).

nous, le cimeterre au poing, nous étions, vu notre petit nombre, déconfits sans remède. Dieu nous donna cet aide !

« Après que les coups de lance furent passés, les Italiens prirent tous la fuite, et leurs gens de pied, pour la plupart, se jetèrent de côté.

« Au même moment, le comte de Caiazzo donna sur notre avant-garde, mais, de ce côté, on ne se heurta pas d'aussi près. Quand vint l'heure de coucher les lances, ses gens eurent peur et se rompirent d'eux-mêmes. Les lansquenets en prirent une quinzaine ; les autres furent mal poursuivis, car le maréchal de Gié s'efforçait de tenir sa compagnie ensemble, parce qu'il voyait, à peu de distance, d'autres troupes italiennes en assez grand nombre.

« De tous les fuyards, les uns prirent le chemin de Fornoue dont ils étaient partis, les autres regagnèrent leur camp en toute hâte.

« L'entourage du roi [1] les poursuivit merveilleusement et vivement, en le laissant presque seul ; ce qui le mit en grand péril.

« Nous eumes beaucoup de peine à tirer les hommes

---

[1] Neuf *Preux*, choisis par le roi, et armés chevaliers le matin même : Mathieu de Bourbon, le comte de Ligny, Piennes, Bonneval, Archiac, Genoilhac, Fraxinelle, Barase et Bourdillon.

d'armes italiens des mains de nos varlets et serviteurs, qui, s'acharnant après eux, en tuèrent grand nombre avec les haches à couper le bois, qui leur servaient à préparer nos logis. Avec ces haches, ils rompaient les armets des Italiens et leur donnaient de grands coups sur la tête; mais ils avaient de la peine à les tuer, tant était bonne leur armure[1]. Ils n'y réussissaient qu'en se mettant à trois ou quatre à la fois; les longues épées de nos archers et serviteurs firent alors grand exploit.

« Le roi était resté à sa place de bataille, entouré de 7 ou 8 jeunes gentilshommes, qui ne tardèrent pas à se disperser et à le laisser seul avec un valet de chambre[2]. Le bâtard de Bourbon fut pris à moins de 20 pas de lui et emmené en l'ost des ennemis. Quelques hommes d'armes italiens, qui fuyaient le long de la rive gauche, assaillirent, en les voyant seuls, le roi et son valet de chambre, lequel était petit et mal armé. Grâce à son cheval *Savoye*, le roi se remua et se défendit, jusqu'à ce qu'il fût dégagé par l'arrivée de quelques-uns de ses gentilshommes.

« Il se dirigea alors vers l'avant-garde, qui n'avait pas avancé d'un pas.

« Notre bande[3] poursuivit l'ennemi jusqu'auprès de Fornoue et ne perdit qu'un seul homme (encore était-il

---

[1] On conserve plusieurs de ces armures italiennes, légères et élégantes, à l'*Armeria reale* de Turin.

[2] Antoine des Ambus.

[3] L'aile gauche du corps de bataille.

mal armé) d'un coup que lui donna un Italien en passant. Là, elle s'arrêta et dit :

— « Allons, au roi ! »

« On donna haleine aux chevaux, qui étaient bien las, parce qu'ils avaient longuement couru par mauvais chemins et par pays de cailloux.

« Quand les chevaux furent reposés, nous allâmes au roi qu'on voyait de loin. En chemin, nous fîmes descendre les varlets pour ramasser les lances et surtout les *bourdonnasses*[1], qui étaient bien peintes mais qui ne valaient pas grand'chose, car elles étaient creuses et ne pesaient pas plus que javelines.

« En chemin, nous rencontrâmes des gens de pied du marquis de Mantoue. On en tua quelques-uns ; mais on ne s'amusa pas à les poursuivre au delà de la rivière, parce que, plusieurs fois, nos chevaliers avaient crié, en combattant :

— « Souvenez-vous de Guinegatte ! »

« (C'était une bataille qui avait été perdue, au temps du roi Louis le onzième, en la Picardie, contre le roi des Romains, parce qu'on s'était mis à piller le bagage).

« Aussi il n'y eut rien de pris ni de pillé.

« Les estradiots n'avaient emmené que 55 bêtes de

---

[1] Lances de tournoi, dont la poignée avait la forme d'une grosse poire allongée. Celles de l'Armeria reale de Turin ne sont pas creuses, comme le dit Commines, mais profondément entaillées, dans le sens de la longueur, par des cannelures qui, en diminuant le poids de l'arme, lui enlèvent toute solidité.

somme, les meilleures et les mieux couvertes; beaucoup de coffres furent perdus, jetés ou volés par nos valets eux-mêmes.

« Nous avions perdu Julien Bourgneuf, capitaine de la Porte du Roi, un gentilhomme des 20 écus, 9 archers écossais, 20 hommes à cheval de l'avant-garde et 60 ou 80 varlets de sommiers. Pas un des nôtres n'était prisonnier [1]; ce qui ne s'était jamais vu encore dans aucune bataille.

« L'ennemi laissa sur la place 3.500 morts.
« *L'artillerie des deux côtés ne tua pas dix hommes*; elle ne tira pas plus d'un quart d'heure [2], car dès que les Italiens eurent été rompus, ils jetèrent leurs lances et s'enfuirent.
« La poursuite dura environ trois quarts d'heure.
« Ce n'est pas ainsi d'ordinaire que se passent les batailles en Italie, car on y combat *escadron par escadron*, et l'affaire dure quelquefois toute la journée sans que personne l'ait gagnée.
« Quand tout fut rassemblé auprès du Roi, on vit

---

[1] Commines oublie Mathieu de Bourbon, dont il a raconté, deux pages plus haut, la capture.

[2] « L'armée des ennemis qui était en frontière commença à tirer une grosse pièce d'artillerie contre l'avant-garde française, qui ne s'émut pas et passa outre. Puis, l'artillerie des Français tira en si bonne sorte qu'elle brisa la pièce qui avait tiré contre l'avant-garde et occit le principal des canonniers et d'autres gens des ennemis; ce qui les fit un peu reculer. » (Jean Bouchet, *Panégyrique de La Trémoïlle*).

encore, en avant du camp italien, grand nombre d'hommes d'armes et de gens de pied. C'était plus loin qu'il ne semblait et il aurait fallu repasser la rivière, qui grossissait de moment en moment, car il avait plu et tonné toute la journée.

« Les conseillers du roi le dissuadèrent d'attaquer le camp vénitien. Ce fut grand dommage, car on serait entré à Parme sans coup férir et, huit jours après, le duc Ludovic n'aurait plus eu d'autre possession que son château de Milan.

« L'honneur nous restait ; or, *vu le peu de sens et d'ordre qu'il y avait parmi nous, tant de bien ne nous était pas dû.*

« La nuit venue, les Vénitiens évacuèrent leur camp du Taro et nous allâmes loger à un quart de lieue du champ de bataille[1]. Le roi descendit dans une pauvre métairie, où l'on trouva grande quantité de blé en gerbes ; toute l'armée en profita.

« On se servit peu de quelques maisonnettes voisines, et chacun s'installa comme il put, à la belle étoile.

« Pour mon compte, je couchai dans une vigne, sans autre avantage et sans manteau, parce que, le matin, j'avais prêté le mien au roi ; mes sommiers étaient trop loin, et il était trop tard pour les envoyer chercher.

---

1 « Les Français gagnèrent le village de Medesano sur la hauteur, à un mille environ du champ de bataille, et s'y retranchèrent sans aucun ordre et avec assez d'incommodité, la plus grande partie du bagage ayant été enlevée par les estradiots. » (Guicciardini).

« Qui eut de quoi, fit collation; la plupart n'eurent qu'un peu de pain, pris au sac d'un valet.

« Ce furent les lansquenets qui firent le guet pendant

D'après Philippoteaux.
Fig. 17.

la nuit; ils le firent bon; le roi leur donna 300 écus et sonnaient bien leurs tambourins[1]. »

CONCLUSIONS TACTIQUES.

En résumé, les estradiots, chargés de soutenir l'atta-

---

[1] Connu en Orient depuis la plus haute antiquité, le tambour, introduit en Europe par les Sarrazins, remplaça la trompette pour les troupes à pied. La flûte, d'origine grecque, alternait d'ordinaire avec le tambourin pour donner la cadence de la marche.

que principale, avaient quitté le champ de bataille pour piller. La lourde gendarmerie italienne, découverte sur ses flancs et livrée à elle-même, avait été rompue et poursuivie jusqu'au Taro, sans que les provéditeurs vénitiens eussent songé à conduire la réserve à son secours.

En une heure la bataille était gagnée. Les Italiens avaient perdu 3.500 hommes, et les Français 300 à peine.

Pour le vainqueur, la proportion des pertes est celle des batailles antiques, car c'est *à l'antique* que l'action s'est engagée. Les plus braves des chevaliers italiens se sont fait tuer; tout le reste a tourné le dos sans attendre le choc, comme la cavalerie italienne à Cannes.

Le canon n'a presque pas servi. L'avant-garde française, devenue l'aile gauche et constituée de manière à faire une résistance désespérée, n'a pas même été engagée.

Les vaincus ont été épargnés : l'égorgement en masse n'est plus dans les mœurs. C'est par exception que les gens de pied *s'amusent* à assommer quelques hommes d'armes, pour éprouver la trempe des armures de Milan.

Cependant les condottiéri n'étaient pas contents; ils trouvaient barbare cette nouvelle manière de combattre, et maudissaient la *furia francese.*

Charles VIII, tout surpris de cette victoire où sa vaillante attitude avait raffermi les courages, ne songea pas à profiter de ce retour de fortune.

LA FIN DU VOYAGE.

Il alla, sans être inquiété [1], camper sous Asti, où il resta jusqu'à l'automne, plus occupé de ses plaisirs que des garnisons qu'il avait laissées dans les places conquises.

Les vaincus rejoignirent Ludovic le More devant Novare, que le duc d'Orléans défendait vaillamment avec quelques enseignes suisses, contre plus de 20.000 Italiens ou lansquenets.

Le roi aima mieux traiter que de secourir son cousin. Il signa la paix avec Ludovic au prix de Novare et rentra en France par Briançon, le 23 octobre 1495.

Gilbert de Montpensier n'avait pas pu se maintenir dans Naples. Au lendemain même de Fornoue, les Napolitains, « le peuple le plus inconstant de l'Italie », avaient acclamé Ferdinand d'Aragon et son lieutenant espagnol Gonsalve de Cordoue.

---

[1] « Notre queue était défendue par 300 Allemans, qui avaient moult largement de coulevrines, et qui étaient soutenus par beaucoup d'hacquebutiers à cheval; ceux-là faisaient bien retirer les estradiots, qui n'étaient point grand nombre. Le grand ost, qui nous avait combattu, venait tant comme il pouvait; mais comme il était parti un jour après nous et comme ses chevaux étaient bardés, ils ne sut pas nous rejoindre. Nous ne perdîmes pas un homme en chemin ; le roi ne fut jamais à moins d'un mille de nous. » (Commines.)

Cependant Montpensier défendit une année encore son éphémère vice-royauté, pendant que Stuart d'Aubigny se maintenait en Calabre. Sans argent, sans secours, presque sans soldats, ces deux nobles capitaines firent d'héroïques efforts pour maintenir en Italie les bannières françaises.

A la fin de 1496, il ne restait au peuple de France, du voyage de Naples, qu'un pénible souvenir. Charles VIII, malade, semblait avoir renoncé aux aventures orientales.

Mais la noblesse ne l'entendait pas ainsi. Après la mort du vainqueur de Fornoue (7 avril 1498), elle déclara Louis XII, *duc de Milan, roi de Naples et de Jérusalem*, afin de reprendre avec lui le chemin de cette voluptueuse Italie, qui conservait pour les Français du XVIe siècle l'attrait qu'elle avait eu pour les Gaulois et pour les Franks.

CHAPITRE II

LA GENDARMERIE DE FRANCE

SOMMAIRE.

Bayard. — Pointe de cavalerie de Bellinzona à Novare. — Picardie et Piémont. — La Rébellion de Gênes en 1507. — Prise du Bastillon. — Combat du Promontoire. — Enseignements tactiques.

BAYARD.

Le chef de la guerre folle, le rebelle vaincu à Saint-Aubin-du-Cormier, devait être un roi belliqueux.

Mais il fut aussi un roi indulgent, économe des deniers publics, secourable aux pauvres gens, et, s'il perdit l'Italie après l'avoir de nouveau conquise, il gagna du moins le beau titre de « *Père du peuple.* »

Le règne de Louis XII marqua l'apogée de la gendarmerie de France.

Il y eut, à la fin du XVe siècle, entre les chevaliers des compagnies d'ordonnance, une généreuse émulation de prouesses et une soif de gloire, qui furent partagées par leurs adversaires. Les coups d'audace les plus inouïs, les défis les plus téméraires devinrent une habitude; pour les gens de guerre de cette époque, le mot *impossible* n'était pas français.

L'histoire a conservé une longue liste de valeureux capitaines et de chevaliers sans reproche, parmi lesquels Bayard, Louis d'Ars, Ligny, La Palice et Gaston de Foix sont restés légendaires.

C'est à Fornoue que Bayard s'était fait connaître.

« A la première charge, le *Bon Chevalier sans peur et sans reproche* s'était porté triomphalement par dessus tous, en la compagnie du gentil seigneur de Ligny son bon maître, et il avait eu deux chevaux tués sous lui. Charles VIII lui avait baillé 500 écus; mais, en récompense, le bon chevalier lui avait présenté une enseigne de gens de cheval, qu'il avait gagnée dans la poursuite » [1].

Pendant la campagne de 1499 [2], qui nous rendit le

---

[1] *Le Loyal Serviteur.*

[2] L'armée française, rassemblée à Asti sous le commandement de La Trémoïlle, se composait de 16 compagnies d'ordonnance (1.600 lances ou 6.000 chevaux), de 5.000 Suisses, portant l'ours de Berne sur leurs enseignes, de 4.000 Gascons et de 4.000 aventuriers français, avec 58 pièces d'artillerie (bombardes, basilics, serpentines ou couleuvrines).

Elle se mit en marche, le 13 août 1499, dans la direction d'Alexandrie, où le lieutenant de Ludovic Sforza, Galéas de San-Séverino, s'était réfugié avec l'armée lombarde.

Le sac d'Alexandrie, que les capitaines français ne purent empêcher, réveilla la haine des Italiens contre les Français.

« L'artillerie ayant été dans la nuit taudissée, chargée, assise et affutée devant les fossés à un jet d'arc de la ville, malgré une pluie torrentielle qui avait rempli d'eau les tranchées, la canonnade commença au point du jour, avec un fracas si épouvantable qu'il semblait que Vulcain eût mis en besogne tous les marteaux de sa forge. Bientôt la brèche fut si largement ouverte que 300 hommes y eussent passé de front. Alors, pour combler les fossés, serviteurs et laquais apportèrent des fagots et des ramées, sans se soucier des pierres et des traits, aux-

Milanais, Bayard, appartenait encore à la compagnie d'ordonnance de Louis de Luxembourg, comte de Ligny et de Saint-Pol.

Quand Louis XII retourna en France [1], en laissant à

quels ils ne répondaient que par des sauts de joie et des gambades, car, ne demandant que le pillage, ils étaient impatients d'entendre le *cri de l'assaut.* »

L'armée lombarde évacua la ville, que Chabannes de la Palice et Yves d'Alègre occupèrent avec leurs compagnies d'ordonnance, pendant que d'autres capitaines gardaient les portes pour empêcher les gens de pied d'entrer dans Alexandrie. Mais les gens de pied, voyant que les premiers entrés avaient mis la main aux boutiques, pénétrèrent, au nombre de 7 à 8.000, par l'ouverture des murailles, en disant qu'ils voulaient avoir leur part du butin.

« Le comte de Ligny se jeta seul au devant d'eux, l'épée à la main, et les chargea à tour de bras en leur faisant défense d'aller plus loin, sous peine de la hart, pendant que le seigneur de Saint-Simon leur ordonnait, d'une fenêtre, de se retirer. Deux ou trois flèches sifflèrent aux oreilles du comte de Ligny, et les piétons passèrent fièrement devant lui, arbalètes bandées, piques ou hallebardes sur l'épaule.

« Alors la licence n'eut plus de frein ; les soudards enlevaient les meubles et les marchandises ; tout ce qu'ils pouvaient prendre par force et emporter, leur semblait de loyal acquit. Pour mieux célébrer la loi cruelle de guerre, ils mirent le feu dans Alexandrie et la désolèrent comme une ville prise d'assaut.

« Trivulce fit pendre les principaux auteurs de ce *hutin*, mais tous les gens de pied étaient prêts à commettre les mêmes excès à la première occasion. » (Paul L. Jacob, bibliophile (Paul Lacroix). *Histoire du XVIe siècle en France*, d'après les originaux manuscrits et imprimés. Paris, L. Mame, 1834).

Il n'y a malheureusement que quatre volumes, devenus fort rares, du remarquable ouvrage de M. Lacroix ; le 5e a été détruit dans un incendie, en 1836, et le savant auteur, privé des matériaux qu'il avait réunis au prix de longues recherches, a dû renoncer à conduire jusqu'à 1610 ce monument du XVIe siècle, « qu'il avait taillé dans le marbre. »

[1] Après la prise d'Alexandrie, Gênes et toutes les villes du duché de

Trivulce le gouvernement du Milanais, le Bon Chevalier demeura en Italie, « parce qu'il désirait les armes sur toutes choses, et qu'il imaginait bien que le seigneur Ludovic le More, étant allé chercher secours en Allemagne, ne tarderait pas à revenir en puissance et qu'il y aurait encore à combattre. »

Milan fut en effet surpris, le 5 février 1500.

Bayard tenait alors garnison à 20 milles de Milan, « avec d'autres jeunes gentilshommes, qui faisaient chaque jour courses les uns sur les autres, belles à merveilles.

« Un soir, il fut averti qu'il y avait dans Binasco [1] 300 chevaux italiens, qui seraient bien aisés à défaire.

« Il pria ses compagnons que leur plaisir fut de les aller visiter avec lui.

« Tous s'apprêtèrent de bon matin et s'en allèrent, jusqu'au nombre de 40 ou 50 hommes d'armes, pour essayer s'ils feraient quelque bonne chose.

« Messire Jean Bernardin Cazachio, le capitaine de

Milan se *tournèrent françaises*. Ludovic Storza se réfugia à Inspruck, auprès de l'empereur Maximilien, et le château de Milan capitula le 14 septembre ; Louis XII accourut de Lyon pour faire son entrée triomphale à Milan, le 6 octobre ; il traita avec bonté ses nouveaux sujets et prit, de concert avec son conseiller habituel le cardinal Georges d'Amboise, de sages mesures qui auraient fait accepter la domination française par les Lombards, si le nouveau gouverneur du Milanais, Trivulce, n'avait songé à ses amitiés et à ses rancunes particulières, plutôt qu'aux intérêts de sa patrie d'adoption.

[1] Sur le *Naviglio Grande*, à 16 kilom. au sud-ouest de Milan.

Binasco, était très-gentil chevalier, sage et avisé à la guerre. Il avait aux champs bonnes espies, qui lui apprirent comment les Français cheminaient pour le venir trouver, et il ne voulut pas attendre d'être pris au nid. Il se mit, de sa part, en ordre, et se tira hors des barrières de la ville, à portée de deux ou trois jets d'arc.

« Quand le capitaine lombard eut avisé ses ennemis, il eut grande joie ; car, au peu de nombre qu'ils étaient, il pensa qu'ils ne lui feraient pas de déshonneur.

« Français et Italiens commencèrent à approcher les uns contre les autres, criant, ceux-ci :

— « France ! France !

« Ceux-là :

— « More ! More !

et, à l'aborder, il y eut grosse et périlleuse charge, car, des deux côtés, il en fut porté à terre qui, à grand-peine, remontèrent à cheval.

« Qui eût vu le bon chevalier faire faits d'armes, entamer les têtes, couper bras et jambes, l'eût pris plutôt pour un lion furieux que pour un galant damoisel.

« Bref, ce combat dura une heure, sans qu'on pût dire à qui était l'avantage ; ce qui fâcha fort le bon chevalier :

— « Hé ! Messeigneurs, dit-il à ses compagnons, si
« peu de gens nous retiendront-ils toute la journée ?
« Si les Lombards qui sont dans Milan en étaient aver-
« tis, pas un de nous ne se sauverait. Donc, prenons cou-
« rage, je vous en supplie, et poussons-les par terre ! »

« Aux paroles de Bayard, ses compagnons s'évertuèrent et, criant tout d'une voix :

— « France! France! »

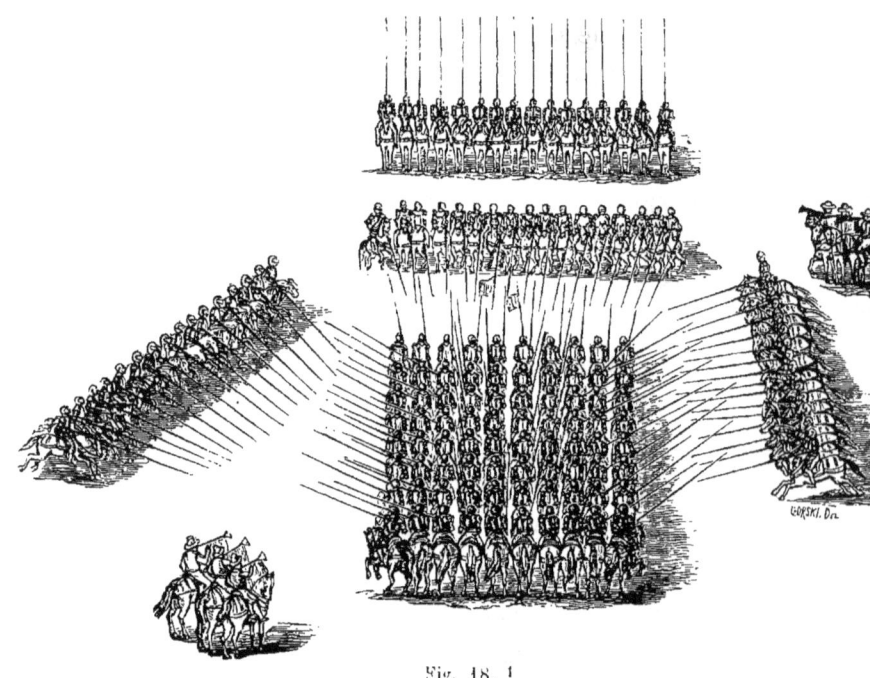

Fig. 18. [1]

Ils livrèrent un âpre et merveilleux assaut aux

---

[1] En 1616, Jean-Jacques de Walhausen, *principal capitaine de la louable ville de Dantzick,* a publié, à Francfort-sur-le-Mayn, l'*Art militaire à cheval,* véritable règlement de manœuvres pour les quatre espèces de cavalerie de son époque : lances, cuirasses, arquebuses, dragons. Nous aurons de nombreuses citations à faire de cet ouvrage, quand nous étudierons la tactique de la fin du XVIe siècle ; mais déjà, nous lui empruntons la figure 18, qui indique bien nettement comment les escadrons de gendarmerie étaient disposés, *par chambres* ou pelotons pour l'attaque, et *en presse* pour la défense.

Lombards, qui commencèrent à perdre place et à reculer, mais en se défendant très-bien.

« En ce reculement, ils firent plus de 4 à 5 milles, tirant vers Milan, et, quand ils s'en virent si près, ils tournèrent bride ; puis, à course de cheval, ils prirent, à qui mieux mieux, la fuite vers la ville.

« Les Français chassèrent tant, qu'ils furent bien près de Milan ; alors, il fut crié par un des plus anciens parmi eux, qui fort bien entendait la guerre :

— « Tourne, homme d'armes, tourne ! »

« A quoi chacun obéit, excepté le bon chevalier qui, tout échauffé, toujours chassait et poursuivait ses ennemis. De sorte que, pêle-mêle avec eux, il entra dans Milan et les suivit jusqu'au palais du seigneur Ludovic. »

Comme Bayard portait les *croix blanches* sur ses armes, tout le monde dans la ville criait après lui :

— « Pille ! pille !

« Il fut environné de toute part et fait prisonnier par le capitaine Jean Bernardin Cazachio, qui le mena à son logis, et le fit désarmer.

« Le seigneur Ludovic, qui avait ouï le bruit, se fit amener le prisonnier, et s'émerveilla quand il le vit si jeune[1].

— « Venez çà, mon gentilhomme, lui dit-il, et
« m'apprenez qui vous a amené tout seul en cette ville ?

---

[1] Bayard avait 22 ans.

— « Par ma foi ! Monseigneur, répondit Bayard, je
« n'y pensais pas entrer tout seul, et je croyais bien
« être suivi de mes compagnons; mais ils ont mieux
« entendu la guerre que moi, car, s'ils m'eussent imité,
« ils seraient prisonniers comme je le suis. Toutefois,
« après mon inconvénient, je me loue de la fortune qui
« m'a fait tomber entre les mains d'un si bon maître
« que celui qui me tient, car c'est un très-vaillant et
« avisé chevalier. »

Ludovic le More, « en courtois et gracieux gentilhomme », fit rendre à Bayard son cheval et ses armes, et lui dit qu'il était libre.

« Quand le bon chevalier fut accoutré, il sauta sur son cheval sans mettre le pied à l'étrier; puis il demanda une lance, qui lui fut baillée, et, levant la vue de son armet, il dit au duc :
— « Monseigneur, je vous remercie de la courtoisie
« que vous m'avez faite. Dieu veuille vous le rendre ! »

Comme il se trouvait en une belle grande cour, il commença à donner de l'éperon à son cheval, lequel fit gaillardement quatre ou cinq sauts; ensuite, il lui donna une petite course, et rompit contre terre sa lance en cinq ou six pièces.

— « Si tous les hommes d'armes de France étaient pareils à celui-ci, dit le seigneur Ludovic, j'aurais mauvais parti ! »

Ce récit du *Loyal Serviteur* doit être un tableau fidèle des mœurs chevaleresques en 1500, bien qu'il nous reporte au temps de Jehan Chandos et d'Eustache d'Aubrecicourt.

La tactique de combat n'a pas changé pour la cavalerie noble; la rançon persiste malgré les ordonnances de Louis XI, et les *gentilshommes* ont conservé entre eux, après le combat, les traditions de générosité et de courtoisie des deux siècles précédents [1].

POINTE DE CAVALERIE DE BELLINZONA A NOVARE.

Pendant que Bayard galopait sur la route de Milan, le comte de Ligny, son capitaine, et Jean-Jacques Trivulce s'étaient repliés sur Novare.

Pour les rejoindre, le capitaine Louis d'Ars, détaché à Bellinzona avec 40 hommes d'armes et 80 archers à cheval, traversa toute l'armée ennemie et fit plus de 130 kilomètres en deux jours et deux nuits, sans perdre un seul de ces cavaliers.

Voici, d'après la *Chronique de Jean d'Auton* comment s'accomplit cette *pointe* hardie, que nous citons comme un exemple bon à retenir et à méditer.

---

[1] Les « *rustres à pied* », en revanche, jouaient aux dés leurs prisonniers. Un homme d'armes écossais, pris par les Espagnols à Seminara, étant tombé à la merci de plusieurs gagnants, ceux-ci se disputèrent le malheureux, et finirent par le *dépecer* à coups de rapière; de sorte que chacun prit *sa pièce* et l'emporta toute sanglante. (*Manuscrit inédit de Jean d'Auton*, cité par Paul Lacroix.)

« Après avoir ravitaillé le château de Bellinzona que tenaient ses laquais[1], et fait plusieurs courses et escarmouches sur les Allemands et les Suisses, qui venaient au secours du seigneur Ludovic, le capitaine Louis d'Ars, voyant qu'il était l'heure de se retirer, ainsi qu'il lui était mandé, prit, le jour de Notre-Dame de la Chandeleur, le chemin de Côme, croyant trouver le comte de Ligny dans cette ville.

« Il avait envoyé la veille 20 archers à cheval en avant, *pour prendre le logis.*

« A 4 milles de Côme, ces archers apprirent que le comte de Ligny était parti dans la direction de Milan, où venaient d'entrer le seigneur Ludovic et son frère le cardinal Ascanio Sforza.

« Ils tournèrent bride aussitôt pour rejoindre le quartier de leur capitaine ; mais ils s'égarèrent et, faute d'un guide, ils ne surent pas le retrouver. Alors, fort soucieux et n'en ayant d'autres nouvelles, ils pensèrent que messire Louis d'Ars avait appris la venue du seigneur Ludovic, et qu'il s'était retiré sur Milan.

« Ils prirent, en conséquence, le chemin de cette ville, et restèrent à cheval toute la journée, entourés et suivis par une grosse troupe de Lombards. Ils en tuèrent plusieurs, et passèrent leur chemin malgré eux.

« Ces archers firent, ce jour-là, 50 milles sans repaître, et ils en furent, à la fin, si malmenés que la plupart perdirent leurs chevaux.

---

[1] C'est-à-dire les gens de pied de la suite des hommes d'armes.

« Les vilains en armes leur interdisant l'entrée des villes et des villages, ils durent tenir les champs et les bois pendant trois ou quatre jours, et ils y trouvèrent peu de provisions; d'autant que le pays était tout entier pour le seigneur Ludovic, et qu'ils ne pouvaient cheminer que la nuit.

« Pensant que Milan était, comme le reste de la Lombardie, au pouvoir de l'ennemi, les 20 archers se dirigèrent sur Novare, en habits déguisés. Ils y arrivèrent tous, l'un après l'autre, lassés et fatigués, quatre ou cinq jours après Notre-Dame de la Chandeleur.

« Louis d'Ars n'avait su que penser du retard de ses archers d'avant-garde, sinon qu'ils s'étaient égarés ou qu'ils étaient tombés dans quelque embûche des Lombards. Il se hâta donc de marcher pour en avoir des nouvelles; mais il ne sut plus rien d'eux.

« En tirant sur Côme, il fut averti du départ du comte de Ligny et de la venue des ennemis.

« C'était l'heure de vêpres[1] et le moment de chercher logis. Toutefois, le séjour ne lui paraissant pas sain, il fit prendre à ses gens une légère repue, et il remonta à cheval pour se diriger sur Milan.

« Toute cette nuit et le lendemain jusqu'au soir, il fut en butte, à toutes mains, aux courses et saillies que faisaient les Lombards. Mais le bon capitaine tenait ses

[1] Trois heures.

gens en tel ordre et il conduisait son affaire si à point, que les ennemis étaient toujours reboutés et les siens dégagés ; en sorte que sa troupe ne fut pas amoindrie d'un seul cavalier.

« A huit milles de Milan, Louis d'Ars apprit par des vilains que la ville s'était rebellée, que le comte de Ligny et le seigneur Jean-Jacques Trivulce avaient pris les champs pour se retirer vers Novare.

« C'était donc quatre milles de plus que les Français avaient à rebrousser pour regagner le droit chemin de Novare. Le capitaine et ses gens passèrent à cheval, sans désemparer, toute cette journée du 3 février.

« La voie était toute remplie de Lombards en armes, qui, au passage, donnaient aux Français coups et horions à tour de bras et leur faisaient *le comble du pis* qu'ils pouvaient.

« Mais, semblables à ceux qui tombent dans la fosse qu'ils ont préparée pour la mort d'autrui, ces Lombards furent assommés et défaits dans leurs propres embûches ou détroits.

« Je ne saurais faire le compte de ceux qui y périrent, mais les chemins, haies ou buissons, par où Louis d'Ars avait passé, étaient tellement couverts de Lombards et d'autres soudards du *More,* aplatis et étendus, qu'on eût pu dire que *guerre affamée avait fait là sa repue.*

« Les Français, marchant toujours vers Novare, s'arrêtèrent, à l'heure de vêpres, en la bourgade de Buffalora, pour y prendre leur repas. C'était la première fois de la journée qu'ils descendaient de cheval.

« A peine avaient-ils établi leurs chevaux et porté à la bouche le premier morceau de viande, que les Lombards du bourg et des environs vinrent les assaillir en si grand nombre, qu'il semblait qu'ils ne pourraient pas tenir longue bataille de dure main. Les Français remontèrent hâtivement à cheval pour gagner pays.

« Les Lombards voulurent leur barrer le passage, à la sortie du village, avec piques et rançons [1]. Mais au choc, l'entreprise tourna à leur désavantage ; les Français s'y montrèrent si vigoureux, malgré les deux jours et les deux nuits de fatigue qu'ils avaient soutenus sans répit, que ceux qui les auraient vus besogner n'eussent pas pensé qu'ils avaient souffert de lasseté et de famine. Et pourtant, ils avaient fait ce jour-là, sans repaître, 80 milles de terre.

« *C'est le plus grand possible humain* : car, bien qu'ils aient eu affaire à plus de 4.000 ennemis, ils avaient l'avantage en toute rencontre, et mis leurs ennemis à bas.

« Il faut surtout se commémorer ce fait, que le capitaine se conduisit, entre tant de périlleuses et de mortelles embûches, de manière à ne pas perdre un seul des siens, *tant il avait toujours l'œil, l'avis et la main à ceux des siens qui avaient besoin d'aide.*

« En somme, messire Louis d'Ars passa avec 40 hom-

---

[1] Hallebarde dont le fer se termine en hameçon.

mes d'armes et 80 archers tout le travers de la duché de Milan et atteignit la rivière du Tésin, entre Milan et Novare, à deux milles de Galiate.

« La rivière pouvait se passer à gué ; mais il était nuit, aucun Français ne connaissait le passage et les paysans avaient rompu et jeté à l'eau tous les ponts et passerelles.

« Cependant un Albanais [1], qui était de la compagnie, se mit à travers le gué, et passa outre. Il se trouva, d'aventure, dans le chemin de Galiate, et fit si bien qu'il arriva à la ville, où se trouvaient le comte de Ligny et le seigneur Jean-Jacques.

« Il leur raconta comment Louis d'Ars et ses gens étaient hors du détroit des montagnes et du danger des Lombards, qui leur avaient donné la chasse pendant deux jours et deux nuits sans cesse ; comment il les avait laissés, à deux milles de là, tous ensemble entre deux rivières, et que, pour l'heure, ils n'avaient défaut que de guide, avec métier de vivres et besoin de repos.

« Le comte de Ligny, le seigneur Trivulce, et tous ceux qui entendirent l'Albanais eurent autant de joie

---

[1] Louis XII avait pris à sa solde, en 1499, quelques bandes d'*estradiots*, pour servir de coureurs aux compagnies d'ordonnance. « Ces Albanais avaient un étrange habillement de tête, semblable à un chaperon de demoiselle ; cette coiffure était garnie intérieurement de 5 ou 6 gros papiers collés ensemble, de façon qu'une épée n'y pouvait pas faire plus de mal que sur une secrette (*salade*). »

(*Le Loyal serviteur.*)

au cœur, que si on leur avait fait rapport d'amis ressuscités; ils envoyèrent aussitôt des gens au devant

D'après Philippoteaux.

Fig. 19.

d'eux, pour leur montrer la passée du gué et le chemin de la ville. Ces gens rencontrèrent la troupe de Louis d'Ars, qui avait passé la rivière et marchait vers Galiate.

« Elle y entra entre 6 et 7 heures du matin, et on lui fit plus joyeux accueil qu'on ne saurait le dire¹. »

PICARDIE ET PIÉMONT.

Louis XI avait créé les garnisons de Picardie pour défendre les places du Nord ; Louis XII organisa les *bandes de Piémont* pour garder la frontière des Alpes.

Un grand changement s'était opéré dans les idées de la noblesse française : pour elle, ce n'était plus *déroger* que de servir parmi les gens de pied.

Aussi le roi put-il choisir les capitaines de cette nouvelle infanterie française parmi les guerriers les plus illustres². Il en forma les cadres inférieurs avec les hommes d'armes démontés ou ruinés, avec « *les lances rompues* » et les cadets de Gascogne, qui, suivant la piquante expression du général Susane, étaient tous « lances rompues de naissance ».

---

[1] Trivulce, le comte de Ligny et Louis d'Ars rejoignirent, à Mortara, les renforts que La Trémoïlle amena de France à la fin de février 1500, et qui se complétèrent de 10.000 Suisses. Cette armée rencontra près de Novare, le 5 avril, les forces bien supérieures de Ludovic le More ; mais les Suisses, qui étaient à la solde du duc de Milan, refusèrent de combattre leurs compatriotes du camp français, « et le seigneur Ludovic, enveloppé de trahison », essaya de s'enfuir en Allemagne sous un déguisement. Livré aux Français par un soldat suisse, il fut envoyé au château de Loches, et Louis XII redevint, de nouveau, le maître du duché de Milan.

[2] « Maugiron, Vendenesse, L'Espy, La Crotte, Bayard, Normanville, Montcavray, Roussillon, Trévil, Silly, Duras, Odet, Imbaut, Blanc, desquels ni les uns, ni les autres n'avaient charge de colonel, ni le nom de mestre de camp. » (Brantôme.)

Ces lances rompues, en italien « *lancia spezzada* [1] », servaient dans les bandes à pied en qualité de simples compagnons, mais ils étaient exempts des corvées et du service de garde.

C'étaient les *principales* des légions romaines.

« Il y avait en chaque compagnie, dit le maréchal de la Vieilleville dans ses Mémoires [2], 12 lances-spessades, à 30 livres par mois, qui n'étaient sujets ni obligés à d'autres fonctions que de faire les rondes à leur tour; ils étaient, par faveur et par mérite, exempts de passer les vingt-quatre heures en garde, et, pour armes ordinaires, ils portaient le corselet et jamais la harquebuse.

« Le gentilhomme français, qui suit les bandes, dédaigne de porter hallebarde, c'est-à-dire de faire l'état de sergent. Encore moins veut-il être appelé *caporal*, alléguant que ce sont là charges mécaniques, car si un soldat a enfreint les ordonnances ou failli à sa faction, le sergent et le caporal (fig. 174) sont tenus de lui mettre la main au collet, de l'attacher au carcan ou au collier, choses que le gentilhomme abhorre, surtout en notre nation française. »

---

[1] En français l'anspessade. Le nom d'*anspessade* fut conservé dans l'infanterie jusqu'en 1762 ; mais, depuis Louis XIV jusqu'à la Révolution, les volontaires de bonne maison furent désignés sous le nom de cadets gentilshommes.

[2] De 1509 à 1571.

Sous *l'enseigne noire à croix blanche* des bandes de Piémont s'enrôlèrent, en grand nombre, les Milanais, les Napolitains et les Corses [1] du parti français et surtout les arbalétriers gascons ou basques, qui avaient, depuis la guerre de Cent ans, une réputation de fougue, de courage et d'élan irrésistibles.

F. Weiss.
Fig. 2).

Avec ces éléments divers il y eut, dans l'infanterie française, deux corps bien distincts : *Picardie* et *Piémont*.

« Les bandes de Picardie, dressées sous le regard sévère de Louis XI, avaient appris des Suisses à conserver leurs rangs, à regarder en face les charges de la cavalerie, à lui opposer un mur inébranlable de piques, à serrer leurs files ouvertes par le choc des chevaux, et à mourir sur le terrain qui leur était confié. »

---

[1] « Soldats fort lestes, bien policés et curieux de leurs devoirs. » (Agrippa d'Aubigné, *Histoire universelle de 1550 à 1601*).

C'était par excellence l'*infanterie de ligne*, celle des batailles rangées et des sièges en règle.

La formation de bataille, complète et correcte, d'un bataillon de Picardie, comprenait, au commencement du xvi° siècle, trois carrés ou redoutes :

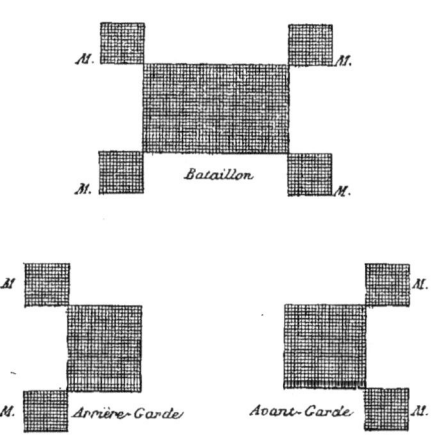

Fig. 21.

Le premier, d'une force égale aux deux autres réunis, était le corps de bataille, le *bataillon*. Placé en première ligne, il se composait de piquiers et de hallebardiers sur 10 à 12 rangs de profondeur.

Les deux autres, l'*avant-garde* et l'*arrière-garde*, se tenaient en deuxième ligne et débordaient le bataillon à droite et à gauche. On les appelait aussi l'*aile droite* et l'*aile gauche*.

Des pelotons d'enfants perdus (*M*), arbalétriers ou

hacquebutiers, étaient placés dans les angles des redoutes.

« Les bandes de Picardie comptaient peu de gentilshommes ; mais leurs officiers, vieux soldats de fortune, étaient rompus à toutes les pratiques du métier, et maintenaient une discipline sévère. Les soldats, enrôlés dans le nord du royaume, n'avaient pas assez d'esprit pour être fanfarons, ni assez de délicatesse pour aimer le luxe. L'ivrognerie et la brutalité étaient leurs plus grands défauts.

« Dans les bandes du Piémont il y avait, du haut en bas, une émulation prodigieuse à faire quelque chose d'éclatant, d'impossible ; c'était *l'infanterie légère*, celle des coups de main, des expéditions rapides, de la guerre de montagne, des surprises, des assauts ; c'était elle qui fournissait les troupes d'embarquement » [1].

« Leurs armes, dit Brantôme, étaient pour la plupart dorées et gravées. Leurs *accoutrements* n'étaient que soie, satin et velours. »

Il y avait entre ces deux infanteries une émulation généreuse qui enfanta de grandes choses.

Picardie et Piémont signifiaient encore, sous Louis XIV, les armées du Nord et celles du Midi ; et, pendant les grandes guerres de la Révolution, on put faire un curieux rapprochement, en comparant, à trois siècles de

[1] Général Susane.

distance, l'esprit de discipline des armées du Nord et de Sambre-et-Meuse avec les allures bruyantes et maraudeuses de l'armée d'Italie.

LA RÉBELLION DE GÊNES EN 1507.

Pour rentrer en possession du royaume de Naples, Louis XII s'engagea, pendant sept ans, dans des négociations politiques et des vicissitudes militaires qui ont peu d'intérêt au point de vue tactique.

Trompé tour à tour par le roi d'Espagne, Ferdinand le Catholique, par l'empereur Maximilien et par le pape Jules II [1], qui ne *chassa les barbares* (c'est-à-dire les Français) de l'Italie que pour la livrer aux Espagnols, Louis XII laissa ses capitaines lutter péniblement contre Gonzalve de Cordoue avec des ressources insuffisantes.

Depuis la bataille de Novare, d'Aubigny [2], La Tré-

---

[1] C'était ce même Julien de la Rovère qui, par haine de son prédécesseur, le pape Alexandre VI, avait attiré Charles VIII en Italie.

[2] Stuart d'Aubigny, gouverneur du Milanais, entreprit le second voyage de Naples, le 26 mai 1501, avec 900 lances, 7.000 piétons et 36 pièces d'artillerie. Il traversa Rome, où le pape Alexandre VI ratifia le traité, que Louis XII et Ferdinand le Catholique avaient signé pour le partage du royaume de Naples, donna l'assaut à Capoue et entra à Naples, pendant que son allié, le fameux capitaine espagnol Gonzalve de Cordoue, s'emparait de la Pouille et de la Calabre. Quand la guerre éclata, en juin 1502, entre les Français et les Espagnols, d'Aubigny commandait le corps insuffisant qui combattait en Calabre. Vaincu, le 21 avril 1503, à Séminara, par don Fernand d'Andrada, il fut réduit par la famine dans Angitola, et obligé à capituler.

moïlle, d'Alègre, Nemours [1], La Palice, Bayard, Louis d'Ars [2] et un grand nombre d'intrépides capitaines, trop peu connus, avaient vaillamment soutenu l'honneur des armes françaises. Mais, à la fin de 1506, le royaume de Naples était de nouveau perdu pour le roi, et sa suzeraineté de Milan paraissait fort compromise.

La rébellion de Gênes [3] vint aggraver encore la situa-

[1] Louis d'Armagnac, duc de Nemours, nommé vice-roi de Naples en 1501, fut battu par Gonzalve de Cordoue et tué, le 28 avril 1503, à Cérignola, dans la Capitanate.

Yves d'Alègre se retira à Gaëte et Louis d'Ars à Venouze. Naples ouvrit ses portes aux Espagnols ; la garnison se retira dans les trois châteaux (de l'OEuf, Saint-Elme et le Château-Neuf) et y fit une belle défense ; mais Pedro Novarro employa la mine et obligea les Français à se rendre.

Gaëte capitula, le 1er janvier 1504, après que Gonzalve de Cordoue, favorisé par la rigueur de la saison et par la division qui régnait parmi les capitaines français, aigris par l'infortune, eut dispersé, sur les bords du Garigliano (27 décembre 1503), l'armée de secours envoyée par Louis XII.

[2] Louis d'Ars, étroitement bloqué dans Venouse, refusa toute capitulation ; quand il n'eut plus de vivres, il s'ouvrit, selon sa coutume, avec une poignée de braves, un chemin à travers les lignes espagnoles, et il regagna la France, après avoir bravé tous les dangers et franchi tous les obstacles.

[3] Gênes était, depuis 1464, une dépendance du duché de Milan. La guerre civile y régnait en permanence entre la noblesse et la bourgeoisie. Louis XII envoya une garnison qui soutint ouvertement les nobles ; le parti populaire négocia avec le pape et l'empereur et, comptant sur leur appui, il abattit les bannières fleurdelisées, proclama doge le teinturier Paolo, de Novi (15 mars 1507), et mit le siège devant les forts, occupés par les Français. Les défenseurs du Castellacio, « qui s'étaient rendus par famine, furent traîtreusement égorgés » ; mais le

tion des Français en Italie, et décider Louis XII à prendre en personne la direction des opérations militaires.

Il quitta Grenoble, le 3 avril 1407, franchit le Pas de Suze, le 11, et réunit à Alexandrie une belle armée de 50.000 hommes.

Le grand maître de France [1], Chaumont d'Amboise conduisait l'*avant-garde*, composée de :

4 compagnies d'ordonnance (celles de La Palice, Himbercourt, Le Gruier et Clermont-Montoison) ;

2.000 chevau-légers albanais du capitaine grec Mercurio ;

5.000 Gascons, « tous gens de trait, menés par le cadet de Duras » [2] ;

5 bandes de piétons français, de 2.000 chacune, commandées par les capitaines Bayard, Vendenesse [3], Millaut, La Crotte et Molard ;

10.000 Suisses, conduits par La Marche de Montbazon, ayant pour lieutenant Theligny, sénéchal de Rouergue.

Le Roi avait gardé le commandement du corps de

Castelleto, la citadelle et l'église fortifiée de Saint-François tinrent bon jusqu'à l'arrivée de l'armée royale.

[1] C'était le premier grand officier de la couronne, le surintendant de la maison du roi.

[2] Georges de Durfort.

[3] Jean de Chabannes, seigneur de Vendenesse, frère de La Palice ; « il était fort petit de corsage, mais très-grand de courage, de sorte qu'on l'appelait : le *Petit lion muni d'un grand cœur*. » (Brantôme).

bataille, dont le noyau était la *gendarmerie*, « que menaient Charles de Montpensier duc de Bourbon, La Trémoïlle, Nemours et autres gentilshommes, tant Français qu'Italiens [1], tous capitaines de 140 ou 150 hommes d'armes. »

La maison du roi, (comprenant les pensionnaires [2], les 200 gentilshommes, les gardes du corps écossais, les archers français, les Cent-suisses, les gardes de la porte, les archers du prévôt de l'hôtel et les 60 archers des toiles), formait une réserve d'élite de plus de 4.000 chevaux sous le commandement de Louis de Brézé, grand sénéchal de Normandie, de Stuart d'Aubigny et de Jacques de Vendôme, vidame de Chartres [3].

L'artillerie suivait la maison du Roi.

« Premièrement, il y avait 6 gros *canons serpentins*,

---

[1] Le duc de Ferrare, les marquis de Mantoue et de Montferrat.

[2] Les pensionnaires étaient les princes ou les seigneurs de grande maison, qui, sans être enrôlés dans une des compagnies de la maison du roi, restaient attachés à la personne du souverain et formaient son *état-major*.

[3] « Le roi a pour sa garde 200 *gentilshommes pensionnaires* de sa maison, gens expérimentés qui ont bien servi dans les bandes comme porteurs d'enseignes ou de guidons, vaillants hommes qui ont mérité d'être mis autour de la personne royale. Ils portent hache, font garde et guet auprès du roi, le jour en tout temps, et la nuit quand le roi est au camp.

« La première centaine est commandée par le sénéchal de Normandie, la seconde par le vidame de Chartres; le tout représente 14 à 1500 combattants à cheval.

« Les plus prochains de la personne du roi sont ensuite les 25 ar-

dont 4 étaient marqués aux armes de France et de Milan, et deux aux armes de Luxembourg; 4 *coulevrines bâtardes*, 9 *coulevrines moyennes*, 8 *faucons* [1], 50 *hacquebutes* à croc sur chevalets, bien aisées à manier,

chers écossais du corps, vêtus d'un sayon blanc avec une couronne sur l'estomac, et couverts d'orfévrerie du haut en bas; ils sont sous la charge du seigneur d'Aubigny et couchent le plus près de la chambre du roi.

« D'Aubigny est aussi le chef de 100 hommes d'armes écossais, qui ont pendant la nuit la garde de la porte du roi.

« Après ces Écossais, viennent 400 archers français, portant hoquetons aux couleurs et devise du roi (une ruche d'abeilles avec cette suscription « *non utitur aculeo rex cui paremus* » notre roi n'use pas de l'aiguillon), commandés par les capitaines Gabriel de la Chatre, Savigny et Crussol.

« Puis, les Cent-Suisses, dont est chef Robert de la Mark, seigneur de Fleurange et de Sedan. Ils marchent devant le roi quand il va par la ville.

« 36 archers de la Porte du Roi, qui la gardent pendant le jour.

« 36 archers du prévôt de l'hostel, qui ne bougent de la cour, portent javelines et ont sur leurs hoquetons, aux couleurs du roi, une épée en signe de justice.

« Viennent après, 60 archers des toiles, qui vont à pied, ne servent qu'à tendre les toiles (tentes), et ne font le guet que quand le roi est au camp. »

(*Histoire des choses mémorables advenues aux règnes de Louis XII et François I, en France, Italie, Allemagne, Pays-Bas, depuis l'an* 1499 *jusqu'en l'an* 1521, *mise en escript par Robert de la Mark, seigneur de Fleurange et de Sedan, maréchal de France.*)

[1] En 1500, on distingue dans l'artillerie française : le double courteau, pesant 7.000 livres; le courteau, 5.500; la double serpentine, 5.000; la moyenne serpentine, 2.500; le faucon, 1.000.

Toutes ces pièces, en bronze et munies de tourillons, sont montées sur des *affûts à rouages*. A l'exception des faucons, dont le projectile est une plombée pesant 6 livres, elles lancent des boulets en fonte de

lesquelles se portaient sur le col des pionniers, jusqu'au sommet des plus hautes montagnes.

« Secondement, il y avait 60 charrettes de munitions : 26 étaient chargées des boulets à serpentins, 4 de boulets à coulevrines bâtardes, 4 de plombées pour les moyennes coulevrines et les faucons. Six charrettes de poudres, amenées de France, portaient chacune 7 ou 8 barils ; deux charrettes contenaient les forges ; trois autres, les pelles, piques et tranches ; deux, les *aisseaux* pour servir aux pièces ; une, le charbon pour les forges ; une, les outils de charron ; deux, les hacquebutes ; une, les outils des charpentiers ; une, les câbles et poulies ; il y avait une charrette pour les chargeurs et trois pour les ten-

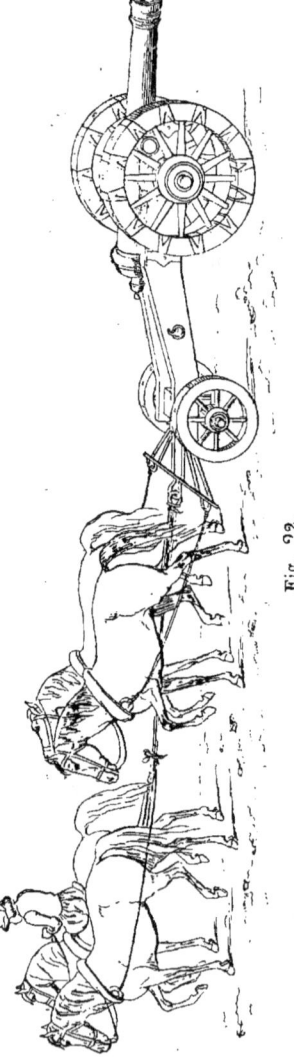

Fig. 22.

fer, du poids de 12, 33, 50 ou 80 livres, suivant les dimensions du canon.

La charge de poudre pèse presque autant que le boulet.

(*Traité de la guerre*, manuscrit de Philippe de Clèves. Bibliothèque nationale.)

tes. En outre du convoi amené de France, on avait requis à Tortone 14 charrettes à bœufs, chargées de boulets, et 11, chargées de poudre.

« Pour tirer et mener tout ce charroi, on avait pris 406 chevaux à Bourges, à Orléans et à Troyes en Champagne [1].

« Le capitaine de toute cette artillerie était Paul de Busserade, seigneur de l'Espy, « gentil compagnon bien sachant la guerre [2]. »

Il était assisté de 50 canonniers, tant ordinaires qu'extraordinaires [3], et disposait de 2.500 pionniers, les meilleurs

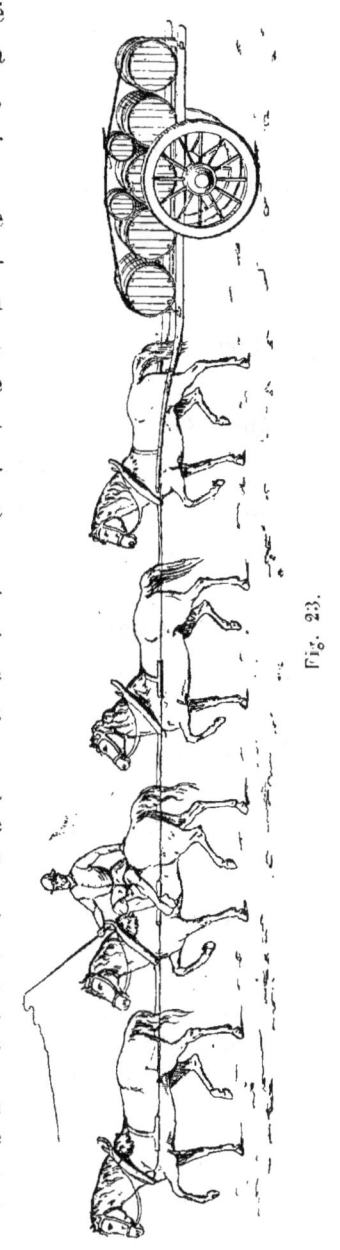

Fig. 23.

---

[1] « Les conduiseurs du charroi étaient Odille de Doyac, capitaine, Claude de Salins et Jean Bence. » (*Chronique* de Jean d'Auton.)

[2] Le prévôt de l'artillerie était Ferry Utel; le contrôleur, Bernardin Bochetel; le trésorier, maître Florimont Frotier; les commissaires, Guérin Mauqué, Pérot d'Oignois, Etienne de Champella et Louis Benoit.

[3] Ces canonniers, parmi lesquels Jean d'Auton cite Jacques d'Aussel, Pierre de Salleneuve, Thibaut d'Archet, Lubin Foucaut, Jean Champion, Jean de Layne,

qui fussent dans toute la Bretagne ; leur capitaine était Guillaume de la Fontaine.

Avec le *train de l'artillerie*, marchaient deux cents *mineurs* français et dauphinois, tous experts à leur métier, sous la charge de Claude du Port.

Dunois menait *l'arrière-garde*.

Elle se composait de :

5.000 gens de trait gascons, conduits par le baron de Grammont « leur chef général ; »

Des 4.000 aventuriers français du comte de Roussillon et du capitaine Imbaut ;

De 5.000 piétons français ou italiens, conduits par le comte de Fontrailles [1].

Il n'était pas besoin de tant de monde pour avoir raison des « orgueilleux vilains de Gênes. »

Louis XII, laissant le gros de ses forces en Lombardie, se dirigea vers les Alpes Liguriennes, par Novi, Serravalle et Fornari, « avec 800 lances, 1.800 chevau-légers, 6.000 Suisses et 6.000 Français. »

Robinet Lescaut, Robin Carneu, Jean Garnier, Jean Guérin, Claude Liger et Pierre de la Rochelle, étaient les *officiers combattants de l'artillerie*.

[1] « On appelait coustumièrement messieurs de Bayard, de la Crotte et de Fontrailles, les chevaliers sans peur et sans reproche, qualité certes plus belle que tous les noms de seigneurie du monde. » (Brantôme, *Vie des hommes illustres et grands capitaines français*).

Les autres capitaines cités dans les Mémoires de Fleurange sont MM. de Ravel, Robinet de Frameselle, d'Orval, le comte de Glabre et le baron de Béarn, lieutenant du duc de Nemours.

« Les Génois, qui gardaient les premiers passages, prirent la fuite à la vue de l'avant-garde française, et lui laissèrent le champ libre [1]. »

L'armée franchit sans obstacle le dangereux défilé de la Bocchetta, et se concentra, le 23 avril, à Ponte-Décimo.

De là, elle longea le pied des hauteurs qui se dressent à l'est de Gênes, et s'établit à 7 milles de la ville dans la vallée de la Polcevera, appuyant sa droite à l'église de Saint-Pierre d'Arena, sur le bord de la mer, et sa gauche au bourg de Rivaloro supérieur.

Le roi logea au couvent de Boschetto.

Les Français coupaient ainsi les défenseurs de Gênes du seul secours qu'ils pussent attendre, d'un corps détaché à l'attaque de Monaco. Ils n'avaient d'ailleurs rien à craindre du côté de la mer, car leurs vaisseaux [2] bloquaient la flotte génoise dans Spezzia et Porto-Venere.

Louis XII et les grands seigneurs de son conseil étaient donc d'habiles stratégistes en même temps que des capitaines intrépides.

PRISE DU BASTILLON (26 avril 1507).

« Le jour de son arrivée à Rivaloro, l'avant-garde

---

[1] Guicciardini, liv. VII, chap. 16.
[2] Huit galères, autant de galions et plusieurs flûtes ou brigantines, commandés par le brave *capitaine de mer* Préjean de Bidoulx.

française attaqua un bastillon [1], que les Génois avaient construit sur la *montagne du promontoire* et qu'ils avaient garni d'artillerie, pour fermer le passage qui conduit des Alpes au Castellacio » [2].

Le roi réunit ses capitaines pour leur demander conseil. Les uns dirent que c'était mettre l'armée en hasard ; qu'il y avait peut-être là-haut une grande puissance qu'on ne voyait pas, qui pourrait repousser nos gens, s'ils y allaient faibles, et nous faire recevoir une honte.

Les autres assurèrent que ce n'étaient que *canailles* qui ne résisteraient pas.

— « Bayard, que vous en semble ? demanda le roi au bon chevalier.

— « Sur ma foi ! sire, répondit Bayard, je ne vous en
« saurais que dire. Il faut aller voir ce qu'on fait là-
« haut. De ma part, s'il vous plaît de m'en donner
« congé, vous en saurez des nouvelles avant une heure,
« à moins que je ne sois mort ou pris.

— « Je vous le donne et je vous en prie, dit le roi,
« car vous vous entendez assez en telles affaires. »

« Bayard ne séjourna guères ; il fit sonner l'alarme,

---

[1] Une redoute.
[2] Guicciardini.

et, suivi de plus de 120 de ses amis et compagnons [1], il commença à gravir, le beau premier, la montagne. »

Les aventuriers français le suivirent.

« M. de Millaut, qui était un homme plus hardi que sage, et M. de la Crotte [2], commencèrent à escarmoucher avec leurs aventuriers et à escalader la hauteur.

« L'escarmouche fut rude et forte, tellement que tout le demeurant de l'armée, tant Français que Suisses, y vint pour empêcher nos gens d'avoir le dessous.

---

[1] « Bayard ne fut jamais ambitieux des hautes charges militaires ; de son naturel, il aimait mieux être capitaine et soldat d'aventure, allant à la guerre et s'enfonçant aux dangers où il lui plaisait, que d'être contraint par un commandement important, et gêné de sa liberté de combattre et mener les mains quand il voulait.,.. Il eut cet heur qu'aucun général d'armée de son temps ne fit voyages, entreprises ou conquêtes, qu'il ne fallût toujours avoir M. de Bayard avec lui. Sans Bayard, la partie était manquée, et toujours ses avis et conseils en guerre étaient suivis plutôt que les autres. L'honneur ainsi ne lui en était que plus grand, car s'il ne commandait pas à l'armée, il commandait au général.

« C'était du reste l'homme du monde qui disait et rencontrait le mieux. Toujours joyeux à la guerre, il causait avec les compagnons de si bonne grâce qu'ils en oubliaient toute fatigue, tout mal et tout danger. Il était de moyenne taille, mais très-belle, fort droite et fort dispote ; bon homme de cheval, bon homme de pied. Il était un peu bizarre, *haut à la main* quand il fallait, et allait du sien. »

D'après ce beau portrait laissé par Brantôme, il ne faut pas s'étonner que Bayard ait été toujours suivi dans ses expéditions par un grand nombre de jeunes gentilshommes, dauphinois ou autres, qui tenaient à faire avec lui leur apprentissage de la guerre.

[2] François de Daillon, seigneur de la Crotte, était le fils de M. du Lude, conseiller et favori de Louis XI.

« — Or, marchands, criait Bayard aux défenseurs de la redoute, défendez-vous avec vos aunes et laissez les piques et les lances, lesquelles vous n'avez accoutumées[1]! »

« Français et Génois se mêlèrent de telle sorte qu'ils entrèrent ensemble dans le bastillon, que les Français gagnèrent ainsi d'assaut.

« Il était merveilleux de regarder la fortification et défense dudit bastillon.

« L'avant-garde des aventuriers français[2] se logea sur la montagne et occupa le bastillon, où elle fit bon guet toute la nuit, avec l'artillerie et les munitions qu'elle y trouva[3] ».

---

[1] Symphorien Champier, *Vie de Bayard*; 1525.

[2] C'est la *réserve des avant-postes*; Jean d'Auton nous apprend qu'elle était commandée par M. de Millaut.

[3] Il est intéressant de rapprocher ce texte du *Loyal Serviteur*, de la relation de Guicciardini. Celui-ci nous montre Chaumont d'Amboise employant fort à propos son artillerie, et nous donne sur la *contre-attaque* des Génois des détails tactiques fort importants.

« Les Français commençaient à défiler vers la redoute, lorsqu'ils découvrirent un corps d'infanterie génoise qui avait gagné le sommet de la montagne par le revers opposé. La plus grande partie était ensuite descendue du côté de l'attaque et avait occupé une petite éminence située au milieu même de la montagne ; de là elle se présentait de front aux assaillants.

« Chaumont détacha contre cette infanterie une troupe de gentilshommes soutenus par des aventuriers; mais les Génois, qui étaient supérieurs en nombre et qui avaient l'avantage du terrain, résistèrent avec vigueur. Les Français avaient attaqué la redoute sans en connaître la force, et dans leur mépris pour les artisans et les vilains qui la défendaient, ils avaient négligé les précautions nécessaires : aussi firent-

Cet échec porta dans Gênes la consternation et la terreur. Les riches bourgeois, ceux que les Français appelaient « *le peuple gras* », parlèrent aussitôt de capitulation ; mais les artisans, le *peuple maigre*, entraînés par le doge et par les capitaines qu'ils s'étaient donnés, résolurent de tenter un nouvel effort. »

COMBAT DU PROMONTOIRE DE GÊNES (27 avril 1507).

« Le lendemain, sur les 3 heures après midi, une alarme se fit dans tout le camp français, tellement que chacun courut aux armes.

« Les 200 gentilshommes, les 400 archers de la garde et les Cent Suisses furent aussitôt armés et réunis autour du roi, avec les princes et les pensionnaires.

« Messire François de Rochechouart sortit hors du logis royal, et vit plusieurs trompettes courant parmi l'ost et sonnant l'alarme à toute force.

« Alors le roi se fit armer ; il ordonna aux archers de sa garde de monter à cheval, puis il envoya hâtivement le capitaine Mercurio avec 100 de ses Albanais

---

ils une perte considérable. La Palice fut blessé légèrement à la gorge.

« Mais ce n'était pas cette résistance qui pouvait arrêter Chaumont ; il fit pointer contre les Génois, qui avaient descendu la montagne, deux pièces de canon qui les prirent en flanc et les obligèrent à rejoindre le reste de leur troupe, restée sur le sommet. Les Français les y suivirent en bon ordre.

« La garnison de la redoute aurait pu tenir contre le canon ; mais, craignant qu'un corps français ne se jetât entre la redoute et ceux des leurs qui occupaient la montagne, cette garnison abandonna honteusement la place.

« Alors les Génois qui avaient attaqué les Français et qui se re-

devers la Lanterne, pour savoir ce que c'était, et revenir incontinent.

« Les Albanais, à course de cheval, furent bientôt près des portes de Gênes, dont étaient sortis grand nombre de bourgeois, qui s'étaient portés entre les barrières de la ville et la tour de la Lanterne.

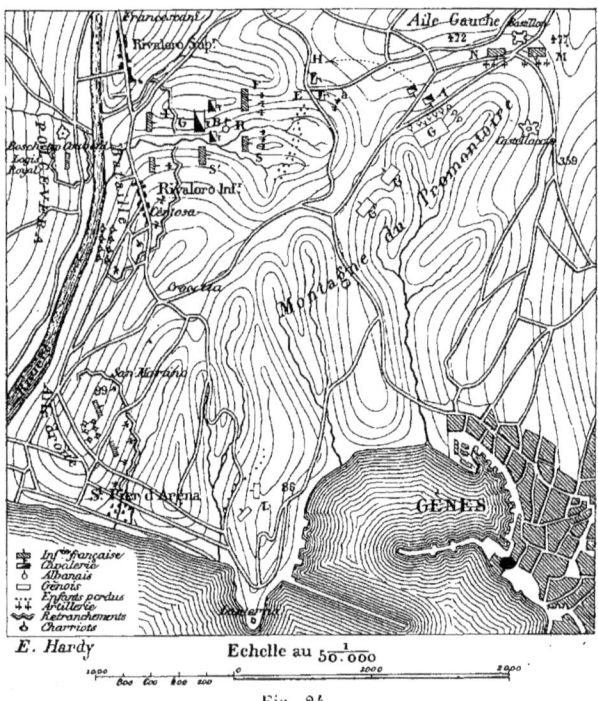

Fig. 24

pliaient sur la redoute, voyant cet asile leur être enlevé, regagnèrent Gênes par des chemins impraticables et à travers des précipices. Il en périt 300 *environ*. » (Liv. VII, chap. XVI.)

« Il y eut de 16 à 18.000 Génois tués », dit Fleurange ! Voilà qui doit nous tenir en garde contre les exagérations de Robert de la Mark, qui a été un vaillant homme de guerre, mais un historien peu scrupuleux.

« Ces bourgeois se formèrent en trois grosses routes sur le sommet de la montagne du promontoire.

« A gauche était la grande *escouade*[1] de leurs gens, où pouvaient être 40.000 hommes et plus (*G*).

« M. de Millaut, qui gardait *le bastillon* avec ses aventuriers, et les capitaines suisses, qui tenaient, de notre côté, le revers de la montagne, mirent toutes leurs gens en deux batailles de 6 à 7,000 hommes chacune (*M. N.*), en laissant entre ces batailles un intervalle de 120 pas environ.

« Dès la veille au soir, le maître de l'artillerie avait fait monter par ses pionniers, à force de bras et de câbles, six grosses pièces d'artillerie et 30 coulevrines à croc, portées sur chevalets. Huit des canonniers du roi vinrent là, pour tirer les pièces. Quelques-unes furent mises et assises devant le front des deux batailles françaises qui étaient sur la montagne (*M. N.*).

« Les Génois avaient donné l'alarme sur le quartier de la Lanterne (*L*), pour y attirer le gros de l'armée royale, pendant qu'ils déployaient toute leur puissance du côté du bastillon et de la montagne du promontoire ; mais les Français se doutèrent du stratagème et le roi y pourvut.

« Armé et monté sur son coursier, *Bai-gracieux*, qui était moult adroit pour les armes, il sortit de son logis,

---

[1] Notons le premier emploi de ce terme, dans un ouvrage français du XVIe siècle.

accompagné de plus de 30.000 hommes armés et, sans plus attendre, il marcha tout droit où il pensait qu'était le bruit. Mais quand il vit les Génois couvrir la montagne en 3 ou 4 grosses batailles (G, G', G"), il fit arrêter son armée, et la rangea tout au droit du bastillon.

« Puis, il tint conseil avec ses capitaines pour savoir ce qu'il y avait à faire. Comme il était près de 5 heures du soir, plusieurs déconseillaient la bataille, mais le roi la voulait.

« — Bah! disait-il, nous avons encore deux bonnes
« heures de soleil. Je vois mon armée joyeuse et déli-
« bérée de combattre, mes gens de là haut sont tout
« prêts à en venir aux mains, tandis que les vilains se
« tiennent serrés et en crainte. Je suis sûr qu'ils tour-
« neront le dos aussitôt qu'on les chargera un peu
« vivement. J'en sais quelque chose, moi qui ai vu,
« en mêlée [1], deux grosses routes de Génois être dé-
« faites par une poignée de Français. »

Ayant ainsi parlé, le roi appela Mercurio et lui dit :

— « Montez à cheval avec tous vos Albanais et faites
« une légère escarmouche sur celle des 3 batailles gé-
« noises que vous voyez au plus près du bastillon.
« Laissez, au derrière de la montagne, quelqu'embûche
« de vos gens, les uns à pied, les autres à cheval, pour
« vous secourir s'il en était besoin. Après l'escarmou-
« che, vous feindrez de vous retirer pour attirer les

[1] A Rapallo.

« Génois jusqu'à votre embûche; là, *vous leur donnerez*
« *quelque venue*. Pendant ce temps, je ferai gravir la
« montagne à grosse puissance de gens de pied et
« d'hommes d'armes, pour soutenir nos gens d'en haut,
« et pour engager la bataille. »

« Cela dit, messire Mercurio, avec ses 100 Albanais tous bien montés et ayant en main leurs banderoles[1], se mit à gravir le chemin qui conduisait au bastillon. Plusieurs cavaliers français ou italiens l'accompagnèrent; parmi eux, était le marquis de Mantoue, *monté et armé à l'albanaise*, avec François de Maugiron et un grand nombre d'autres.

« Le roi porta en avant 3.000 Suisses (*S*) (après avoir fait chevaliers trois de leurs capitaines) et 6.000 gens de pied français (*F*). Cette infanterie, trouvant trop long le chemin que suivait la cavalerie, se mit à monter tout au droit du bastillon et à grimper comme écureuils.

« Le roi, regardant ses gens marcher ainsi allègrement et toute son armée *délibérée*, allait de lieu en lieu, avec face joyeuse et manière assurée, l'épée à la main, pour faire tenir chacun en son ordre.

« Là sonnaient trompettes et gros tambourins des Suisses à toutes mains. Les princes et les pensionnaires[2] (*B*), avec tous les hommes d'armes la lance sur

---

[1] La longue javeline ou *demi-lance* portant une flamme au-dessous du fer; c'est absolument la *lance moderne*.

[2] Le duc Charles de Bourbon, Antoine de Lorraine duc de Calabre, François d'Orléans duc de Longueville, Jean Stuart d'Aubigny duc d'Albanie, Alphonse d'Este duc de Ferrare, Charles de Clèves comte de

la cuisse (C), entouraient le roi. Tristan de Sallazar, archevêque de Sens, armé de toutes pièces, monté sur un bon coursier, une grosse javeline au poing, disait :

— « Puisque le roi est là en personne, tous ceux des « siens qui ont pouvoir de le défendre doivent se « trouver en armes auprès de lui[1]. »

L'archevêque était suivi de 20 cavaliers le harnais au dos.

Les Génois qui étaient en bataille sur le sommet de

F. Weiss.
Fig. 25.

la montagne, en voyant les Français et les Suisses

Nevers, Jean Guillerme marquis de Montferrat, le comte de Vendôme, Guy de Laval, le comte de Penthièvre, le prince de Talmont, Jacques de Bourbon comte de Roussillon, le seigneur Jean Jourdan, messire Germain de Bonneval, messire Méry de Rochechouart et plusieurs autres seigneurs de France et de Bretagne. (*Jean d'Auton.*)

[1] Cet archevêque était un digne émule de Guérin, évêque de Senlis, qui fut l'ordonnateur de la bataille de Bouvines.

monter de tous côtés et marcher droit à eux, s'ébranlaient déjà pour charger les premiers assaillants, lorsque messire Mercurio, après avoir laissé en embuscade une partie de ses gens, sortit tout à coup de derrière un pli de terrain, et engagea l'escarmouche, à la vue du roi et de l'armée.

Les Génois le reçurent à coups de trait et d'hacquebute; quelques-uns même quittèrent leurs rangs pour charger les Albanais, piques basses.

Mais alors, ceux-ci tournèrent bride, et, piquant, du bout ferré de leurs javelines, leurs chevaux, faits et duits aux escarmouches de montagne, ils « retournèrent battant », jusqu'à leur réserve, qui tint longuement l'escarmouche.

6 Génois furent tués; il y eut 2 Albanais de blessés et un mort.

« Les Suisses, demeurés en bas avec le roi (S'), voyant amont commencer l'escarmouche, se mirent tous à genoux et baisèrent la terre. Ils restèrent agenouillés, les bras croisés, tant qu'elle dura.

« Cependant les deux batailles de gens de pied, envoyées par le roi, gravissaient la montagne et s'approchaient des Génois.

« Quand le capitaine Mercurio vit ce renfort à bonne distance, il poussa une dernière charge contre les Génois de la plus prochaine bataille, puis il fit mine de se retirer avec ses chevau-légers.

« Aussitôt la *brigade*[1] ennemie quitta le sommet de la montagne pour poursuivre les Albanais ; les autres les suivirent à la course, et tous faisaient grandes huées et cris horribles :

— « Accarne! Accarne[2] !

« On n'aurait pas entendu le tonnerre à une demi-lieue, tant était grand le bruit que faisaient les Génois en poursuivant les Albanais.

« Mais tout soudainement, lorsque lesdits Génois furent assez près, on déchargea au milieu d'eux deux grosses pièces d'artillerie (*a*); nos gens, sortant de leur embuscade (*E*), se joignirent aux deux batailles de Suisses et de piétons français (*F S*); les Albanais (*A*) firent volte-face pour se rallier aux chevau-légers français ou italiens du marquis de Mantoue et du sire de Maugiron.

« Tous ensemble, cavalerie et infanterie, donnèrent si rudement sur la première bataille génoise qu'elle tourna le dos. La seconde bataille, qui la suivait pour la secourir, prit peur en voyant les fuyards venir à elle, et, à leurs dos, les Français qui les tuaient à grands monceaux. Le doge Paolo (de Novi), chef de l'armée, et Jacobus Corsus de Pise, ne réussirent pas à tenir leurs gens en ordre ni à les rallier ; tout s'enfuit.

---

[1] Ce mot a aujourd'hui encore la même signification qu'en 1507.
[2] Accarnare signifie en italien, *entrer dans la chair*.

« Beaucoup se laissèrent choir et roulèrent du haut en bas de la montagne; grande occision en fut faite.

« La poursuite fut poussée, d'un côté, jusqu'à plus de deux milles dans la montagne; de l'autre, jusqu'aux portes de Gênes. Quelques bourgeois se défendirent[1], mais la plupart se laissèrent égorger comme moutons.

« Le nombre des Génois morts fut estimé à 1.400 hommes, celui des Français à 36; mais ceux-ci avaient un grand nombre de blessés.

« Le roi, voyant qu'à l'aide de Dieu, il avait gagné la bataille et défait ses ennemis, fit asseoir son camp et ses gens d'armes autour de Gênes; puis il s'en alla, tout armé, en l'église de l'abbaye de Boschetto où il était logé, afin de rendre grâce à Notre-Seigneur de sa victoire. »

Gênes ouvrit ses portes le lendemain, et Louis XII se montra clément pour les révoltés.

ENSEIGNEMENTS TACTIQUES.

Dans ce récit de Jean d'Auton, les enseignements

---

[1] « Un des Albanais de messire Mercurio coucha sa lance pour asséner un Génois, jeune, fort et léger. Ce Génois attendit l'Albanais, avec une rondelle dans une main et une épée dans l'autre. De sa rondelle il détourna le coup de l'Albanais, puis, soudainement, s'approcha de lui, et d'un saut le saisit à travers le corps, tellement qu'il le mit hors la selle de son cheval et le porta par terre. Ils se tournoyèrent l'un sur

tactiques abondent. Le *service de sûreté* est si bien établi dans le camp français, que tout le monde est prêt à combattre, avant même que les avant-postes aient été attaqués.

Le roi *fait reconnaître l'ennemi par le piquet de cavalerie légère*, toujours prêt à monter à cheval.

Pendant cette reconnaissance, il règle en personne l'*ordre préparatoire de combat*, en mettant en première ligne deux fortes brigades d'infanterie, l'une suisse, l'autre française, qu'il couvre par de l'artillerie.

Ces 9.000 piétons se préparent à porter secours aux postes avancés et à leur réduit, le *bastillon*, pendant que la maison du roi et la gendarmerie, massées au centre, forment la *réserve*.

Comme le jour finit et que le roi de France a l'impatience de la bataille, il renouvelle, pour hâter la victoire, la vieille ruse de guerre qui a réussi tant de fois : la *fuite simulée* et l'*embuscade* de Cocherel.

Les 1.800 chevau-légers de l'armée se partagent en

---

l'autre et *voiltrillèrent* trois ou quatre tours. Le Génois ne se pouvait pas bien aider de son épée, qui était longue; l'Albanais ne pouvait rencontrer son poignard, qu'il avait derrière le dos, et qui était couvert du pan de sa longue robe. Mais à la fin, l'Albanais, qui se voyait en grand danger de sa vie, eut loisir de trouver son poignard et il en trancha la gorge du Génois. » (*Jean d'Auton*).

Rapprocher ce combat singulier de celui de Joinville contre un Sarrazin, en 1270..

deux troupes : l'une qui attaque, l'autre qui s'abrite.

La première *amuse* l'ennemi par des charges en fourrageurs et des voltes brillantes, pour donner à l'infanterie le temps de gagner les flancs des bataillons génois ;

D'après Philippoteaux.
Fig. 26.

puis, quand toutes les troupes de l'attaque sont parvenues à la même hauteur, quand les canons sont braqués à la bonne place, les cavaliers albanais tournent bride brusquement et entraînent les Génois dans le piége si habilement tendu.

L'artillerie de campagne est encore l'arme de la défensive ; mais elle ne tardera guère à devenir celle de l'offensive.

Enfin les aventuriers de Bayard et de Millaut, qui coupent au plus court, au signal de l'attaque, pour franchir, sous les yeux du roi, les escarpements du promontoire, inaugurent la tactique d'élan et d'intrépidité, — la *tactique vraiment française*, — que les mousquetaires de Turenne ou les grenadiers de Villars transmettront aux voltigeurs de Lecourbe et aux zouaves de l'Alma.

CHAPITRE III

LA LIGUE DE CAMBRAI

SOMMAIRE.

L'armée de Venise en 1509. — Agnadel. — Le siège de Padoue. — Embuscades et surprises.

L'ARMÉE DE VENISE EN 1509.

Depuis 1495, le Sénat de Venise avait mis tout en œuvre pour réparer l'échec de Fornoue, humiliant pour son orgueil.

Mais en voulant être trop habiles, *les seigneurs de l'Adriatique* avaient été imprudents; leurs intrigues, dirigées tour à tour contre le roi de France, l'Empereur, le Pape, le roi d'Aragon ou le duc de Ferrare, aboutirent à la coalition de toutes ces puissances contre leur république.

Jules II organisa la ligue de Cambrai [1] (10 décembre 1508), et les armées européennes, jusqu'alors ennemies, se préparèrent à ne former qu'une seule armée pour

---

[1] Jules II voulait reconstituer le patrimoine de Saint-Pierre dont les Vénitiens détenaient Ravenne, Cervia, Faenza et Rimini. Louis XII revendiquait Crémone, Crema, Brescia, Bergame, dépendances du duché de Milan; l'empereur Maximilien, Vérone, Vicence, Padoue, Trévise, Trieste, le Frioule, Udine, Gœritz, Gradina; Ferdinand le Catholique, quelques ports du royaume de Naples, Trani, Brindes, Otrante, qu'il avait engagés à Venise comme garanties d'un emprunt d'argent.

assiéger Venise, et renverser le lion de Saint-Marc.

Le Sénat fit tête à l'orage[1]. Riche, patient, énergique, il se prépara à soutenir de son mieux cette lutte inégale.

De tant d'ennemis, le plus redoutable était le roi de France, qui avait annoncé qu'il prendrait, en personne, au 1er avril 1509, la direction de la campagne.

En conséquence, les meilleures troupes de la République furent réunies à Pontevico, sur l'Oglio, sous le commandement en chef du comte Orsini de Petigliano[2] et sous la surveillance des provéditeurs[3] Georges Cornaro et Andréa Gritti; Bartolomeo d'Alviano était le capitaine général des gens de pied.

L'armée vénitienne se composait, d'après Guicciardini, de 2.000 hommes d'armes, de 3.000 chevau-légers italiens ou estradiots, et de 20.000 de pied, miliciens des Etats de terre ferme ou mercenaires romagnols.

---

[1] « Ceux mêmes qui s'étaient opposés le plus à la guerre, montrèrent autant d'ardeur à la préparer que ceux qui en étaient la cause. Plus occupés du salut public que de leur amour-propre, ils ne cherchèrent pas à se prévaloir de leur sagesse ni de la témérité d'autrui, mais ils cherchèrent les moyens de prévenir le danger auquel on exposait la République. » (Guicciardini, livre VIII, chap. 8.)

[2] Son bâton de commandement, conservé à l'arsenal de Venise, est une sorte de massue terminée par une boule en cuivre doré.

[3] « Les provéditeurs sont des officiers qui s'occupent d'avoir argent pour payer les gens d'armes et de faire venir les vivres, tellement que les chefs n'en ont nulle charge, sinon de commander. C'est un office, en la seigneurie de Venise, que je trouve fort bon. » (Fleurange, (Chap. VII.)

Ces Romagnols, les meilleurs fantassins de l'Italie, prétendaient valoir mieux que les Suisses, et attendaient avec impatience une occasion de se mesurer avec eux.

L'armement et le matériel de l'armée vénitienne résumaient tous les progrès accomplis jusqu'en 1509.

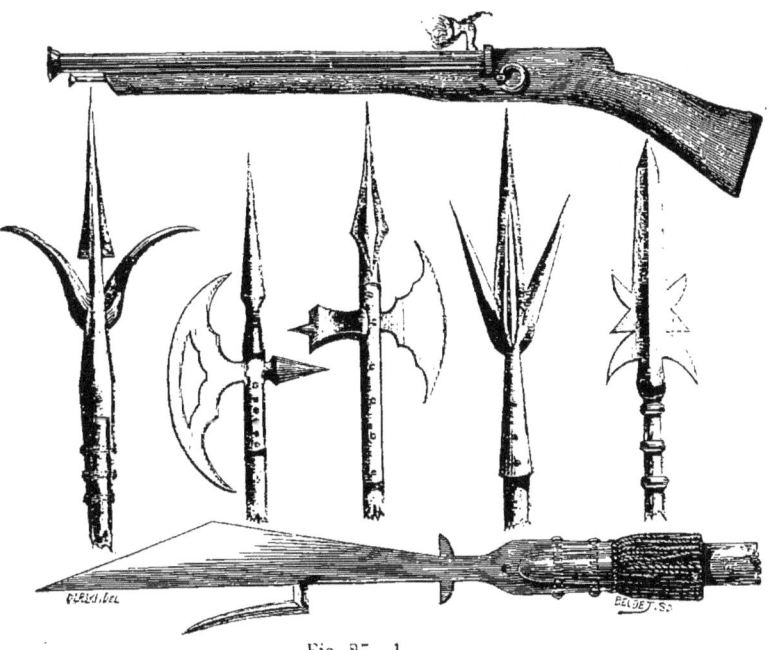

Fig. 27. [1]

L'artillerie [2] pouvait rivaliser, pour le nombre et la

[1] Nous avons réuni dans la figure 27 les types d'armes d'hast les plus usuels du commencement du XVI° siècle, qui sont conservés à l'arsenal de Venise, à l'*armeria reale* de Turin, au Bargello de Florence et dans les principales collections de l'Italie. L'*arquibugio* a été dessiné à l'*Oplateco* de Bologne. Le chien ou serpentin qui tenait la mèche n'était pas encore articulé à la détente ; on le faisait tomber sur la poudre d'amorce par un mouvement de bascule automatique.

[2] . Les Vénitiens avaient 60 grosses pièces, parmi lesquelles il y en

qualité des engins, avec celle de Louis XII. Les armes blanches, fabriquées à Brescia, lances, piques, hallebardes, épées à deux mains, estocs ou dagues font encore, à l'arsenal de Venise, l'admiration des connaisseurs.

L'arquebuse et l'escopette, maniées par de bons tireurs, étaient devenues des armes de précision, à chargement assez rapide; la tactique avait donc désormais à compter avec *les arquebusades*.

Comme l'infanterie reprenait de jour en jour, sur le champ de bataille, sa prépondérance d'autrefois, les ingénieurs italiens s'appliquaient, depuis longtemps, à trouver des modèles d'armes d'hast, légères et tranchantes, pouvant servir indistinctement contre le cavalier ou contre le piéton [1].

Les deux généraux vénitiens, hommes de guerre éprouvés, ne s'entendaient pas sur le plan de campagne.

Alviano, jeune et aventureux, voulait qu'on prît l'of-

---

avait, nommées *basilics,* qui étaient plus longues que nos longues coulevrines; toutes avaient dessus un lion, avec cette inscription : *Marco.* » (Fleurange. Chap. VII.)

[1] Dans la salle des Assemblées (n° 4), à l'Académie de Venise, on remarque, parmi d'admirables dessins au crayon ou à la plume des grands maîtres de la Renaissance, une feuille couverte par Léonard de Vinci d'esquisses de bâtons de guerre et d'armes diverses, depuis l'hameçon de fer (*Stimulus* des Romains, jusqu'au vouge à baïonnette que nous avons reproduit dans la figure 27. Rappelons, pour mémoire, que ces instruments homicides sont entremêlés de figures géométriques et de caricatures, qui prouvent la mobilité d'esprit et la variété de conception du grand artiste florentin. Peintre, statuaire, architecte,

fensive dans le Milanais avant que l'armée française ait eu le temps d'achever de franchir les Alpes et de se concentrer sur l'Adda.

Ce n'était pas l'avis du vieux Petigliano ni des provéditeurs; ils s'attardèrent à reprendre Tréviglio, qu'un coup de main avait donné à Chaumont d'Amboise[1], et pendant que les Vénitiens pillaient cette bourgade, l'armée royale passait l'Adda à Cassano, sur deux ponts de bateaux[2] sans être attaquée (11 mai).

Le lendemain, les Français (*CLM*), remontant dans leur ordre de marche habituel[3], la rive gauche de l'Adda, se portèrent sur Rivolta, et de là vers Pandino,

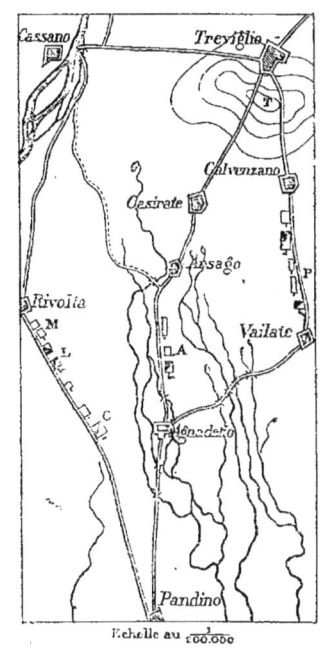

Fig. 28.

musicien, écrivain, ingénieur civil et militaire, Léonard de Vinci a été l'homme le plus remarquable de son époque (1452-1519) et peut-être de tous les temps.

[1] Accompagné de Molart, La Crotte, Bayard, Richemont, Fontrailles, la Porte, Estançon et des capitaines de gens de pied Blanc et Imbaut. (*Le Loyal Serviteur.*)

[2] « Sur l'un, le roi faisait passer les gens de cheval, et sur l'autre, les gens de pied. » (*Le Loyal Serviteur.*)

[3] Cet ordre de marche, préparation à la formation de combat, a été réglementé sous Charles VI, comme l'indique le manuscrit 7.076 de

pour tourner, au sud, la forte position que l'ennemi occupait sur la hauteur de Tréviglio.

Louis XII voulait s'établir sur les derrières de l'armée vénitienne, et intercepter les renforts et les convois qu'elle attendait de Créma et de Lodi.

Petigliano, inquiet de ce mouvement, abandonna les hauteurs, le 14 au matin, et dirigea son armée en deux colonnes (*A* et *P*) vers Vailate et Pandino, dans l'espoir

la Bibliothèque nationale, que le général Favé a cité dans son *Histoire et tactique des trois armes*. Paris, Dumaine, 1845.

« L'avant-garde sera formée de longue étendue de gens d'armes serrés et bien rangés, de manière qu'il n'y en ait pas un qui passe l'autre ; les meilleurs et les plus élus au premier front, avec les maréchaux, les étendards et les bannières.

« Aux côtés, on fera les *ailes*, et devant elles le *trait*, tant canonniers qu'arbalétriers et archers, semblablement arrangé.

« Après l'avant-garde vient la *grosse bataille*, où toute la foule des gens d'armes est rangée par le soin des chevetains (capitaines), leurs bannières et enseignes levées. Le connétable fait crier que nul ne se doit dérouter, sous peine du chief (de la tête) ; les piétons des communes, quand il y en a grande quantité, renforcent les ailes en arrière des gens de trait ; il faut qu'ils soient commis à de bons chevetains. On peut aussi les placer devant la grosse bataille, de manière que les gendarmes, placés derrière eux, puissent les empêcher de fuir, s'ils le veulent.

« Au milieu de la grosse bataille, se tient le *prince de l'ost*, ayant devant lui la principale bannière, en laquelle est *le regard de la bataille*, et qui, pour ce, est baillée à garder et à tenir à l'un des meilleurs et des principaux de l'armée. Autour sont les meilleurs et les plus éprouvés hommes d'armes, pour la sûreté du prince et de la bannière.

« Vient ensuite la tierce bataille que l'on dit *arrière-garde*, laquelle est ordonnée. Par derrière sont les varlets, qui conduisent les chevaux de rechange et qui ont à veiller à ce qu'on ne vienne pas de ce côté envahir la bataille. Si l'on a assez de gens d'armes, et si l'on se doute

d'y devancer les Français et de se replier de là sur sa base d'opérations, entre Créma et Lodi.

La colonne de droite (A), dirigée par Alviano, et composée de 800 hommes d'armes, de l'infanterie romagnole et de 20 pièces de canon, vint se heurter, contre l'avant-garde française, en avant d'Agnadel, au point de jonction des deux routes qui aboutissent de Rivolta et de Tréviglio à Pandino.

Agnadel (14 mai 1509).

Le Sénat vénitien avait ordonné à ses généraux d'éviter une bataille et de se contenter de protéger les villes et les châteaux.

A la vue des Français, Alviano oublia, qu'il lui était défendu de combattre. Il arrêta sa colonne, envoya un courrier au comte Petigliano pour lui demander de venir à son secours, puis il prit position à gauche de

que l'ennemi peut venir de ce côté, il faut, quand on est sage en armes et qu'on veut combattre sûrement, disposer une *quatrième bataille*, qui tournera le dos aux trois autres pour être prête à recevoir l'ennemi venant de ce côté.

« On ordonne de plus un certain nombre de gens d'armes, duits au métier (*réserve*), montés sur bons destriers ou coursiers, pour venir, à course de chevaux, rompre et déranger la bataille des ennemis au moment de l'*assemblée*. Ce sont ceux qui se savent le mieux aider de cette réserve qui ont bataille gagnée.

« Voilà la manière la plus commune d'arranger l'ost. Cependant aucuns experts d'armes conseillent, quand on a plus d'hommes d'armes que de piétons, de les réunir tous en une seule bataille, en disposant les ailes comme nous l'avons dit. Cette manière fut tenue à Roosbeek, où le roi Charles VI eut victoire contre 40.000 Flamands. »

la route de Pandino, sur les rampes d'une colline couverte de vignes, en arrière d'un torrent desséché, longé à droite par une forte digue (*d d'*).

Il déploya, dans les vignes, une partie de son infanterie (*R*) à l'abri de cette digue, qu'il garnit de 6 pièces de canon, et il disposa sur la crête de la colline le reste de son artillerie, sous la protection de la cavalerie (*D*), qui forma sa 2ᵉ ligne.

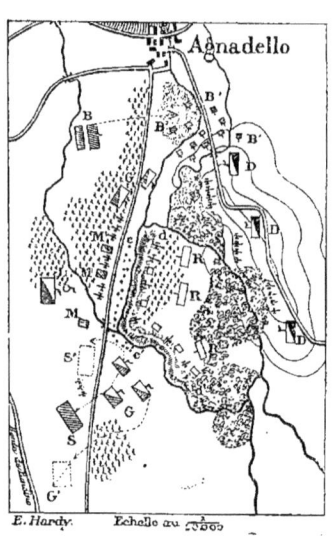

Fig. 29.

Les meilleurs arquebusiers[1] furent chargés de la défense de la digue et se dispersèrent, par petits groupes, dans l'intervalle de l'artillerie de première ligne.

L'avant-garde française se composait de 500 lances et de 6.000 Suisses.

Chaumont d'Amboise, qui la commandait, ne songea ni à déployer ses troupes, ni à se servir de ses 20 pièces de canon pour préparer l'attaque, en écrasant de ses feux la position ennemie.

Malgré la pluie qui tombait sur une terre grasse et

---

[1] N'oublions pas que, depuis 1465, on appelait arquebuse, en Italie, l'arme de main (fig. 27, p. 103) que les Français désignaient encore sous le vieux nom d'hacquebute.

glissante, il donna à ses hommes d'armes le signal de la charge.

Le champ de bataille ressemblait à celui de Poitiers ; l'action s'engagea de la même manière.

Amboise, Himbercourt [1], La Palice s'élancèrent au galop sur ce terrain semé d'obstacles.

Les chevaux de la gendarmerie française, plus bardés et plus lourds encore qu'ils n'étaient en 1356, buttèrent dans les fossés et s'embarrassèrent dans les échalas ; les arquebusiers romagnols, bien postés, purent abattre, les uns après les autres, les hommes et les chevaux arrêtés à petite portée de leurs arquebuses.

Il fallut sonner le ralliement G' et faire donner les Suisses que commandait Trivulce (S).

Leurs gros bataillons, glissant sur la glaise humide, se disloquèrent à travers les vignes ; les longues piques devinrent un embarras, et l'infanterie se vit à son tour forcée de s'arrêter sous le feu meurtrier de l'artillerie vénitienne.

Si Petigliano avait alors marché au canon, c'en était fait de l'avant-garde française, et la journée eût été une victoire pour la fière seigneurie de Venise.

Mais, ni le commandant en chef ni les provéditeurs ne se souciaient de combattre. Après avoir engagé Alviano à respecter l'ordre formel du Sénat, et à opérer de son mieux sa retraite sur Vailate, les chefs de la

---

[1] Adrien de Brimeu sire d'Himbercourt, fils du ministre de Marie de Bourgogne, tué par les Gantois aux pieds de la princesse, en 1477.

2⁰ colonne se dirigèrent en toute hâte vers Brescia.

Le brave Alviano, réduit à ses propres forces, voulut brusquer la fortune [1]. Il fit sortir ses Romagnols de leurs abris et s'élança, à leur tête, au-devant des Suisses.

Après une heure de mêlée, les Suisses reculèrent et regagnèrent précipitamment le versant opposé du ravin (S').

Heureusement, Louis XII [2] arrivait au même moment avec sa maison (L) et le reste de la gendarmerie.

Deux compagnies d'ordonnance (G'), faisant un détour, vinrent fondre sur les flancs de l'infanterie italienne et l'obligèrent à reculer pour se mettre sous la protection de la 2ᵉ ligne d'artillerie.

Le roi fit avancer les gens de pied français (M) au secours des Suisses; les aventuriers, soutenus par les hacquebutiers gascons (B) du cadet de Duras, s'élancèrent à travers les vignes pour entretenir l'escarmouche avec les tirailleurs romagnols.

— « Courez, enfants, le roi vous voit! » leur criaient les capitaines.

---

[1] « Barthélemy d'Alviano a été un très grand et bon capitaine, mais pourtant estimé plus vaillant, hardy et hasardeux que sage, considéré et provident. » (Brantôme.)

[2] On était venu dire au roi que les Vénitiens occupaient déjà le château qu'il avait désigné pour son logis.

— « Eh quoi? demanda-t-il, y sont-ils déjà logés, pour sûr?

— « Oui, sire.

— « Or bien, le diable m'emporte! nous irons leur loger sur le ventre! » (Brantôme.)

« Le roi, fort joyeux et de bon visage, allait de bande en bande pour reformer la ligne de bataille. »

Les gros *basilics* vénitiens de la hauteur faisaient de larges trouées dans les rangs; un écuyer, effrayé du danger que courait le roi, l'engagea à ne pas s'exposer ainsi.

— « Un roi de France ne meurt pas de coup de ca-
« non, lui répondit brusquement Louis XII; si tu as
« peur, mets-toi derrière moi! »

L'action durait depuis trois heures; l'arrière-garde

[Fig. 30. [1]

française, composée des gens de pied conduits par

[1] Fac-simile d'une vieille estampe de 1510. Le chevalier, capitaine de la bande, chevauche tout armé en avant de ses gens *formés en redoute*; les piquiers, par enseignes, sont *enclavés* dans les hacquebutiers, formant les trois rangs et les trois files extérieurs. Les *sergents de*

Bayard[1], Daillon de la Crotte, Richemont et Molart, avait eu le temps de tourner la position ennemie.

Se faufilant, homme par homme, à travers les vignes, passant les fossés avec de l'eau jusqu'à l'échine, les aventuriers débouchèrent tout à coup sur les derrières de la cavalerie vénitienne, qui se dispersa sans soutenir le choc, et, d'un seul élan, ils s'emparèrent des grosses pièces du plateau, dont ils dirigèrent le feu contre l'infanterie romagnole.

Celle-ci, entourée de toute part, épuisée par la longue lutte qu'elle soutenait, à elle seule, depuis le matin, fut sommée de mettre bas les armes. Elle s'y refusa. 4.000 fantassins soutinrent, pendant plusieurs heures encore, l'effort de toute l'armée française, et le dernier de ces héros tomba mort ou blessé sans qu'un seul eût consenti à se rendre[2].

---

bande (pag. 74, fig. 20), la hallebarde à la main, sont répartis autour de la redoute. Le nombre des enseignes n'est pas limité; il dépend de la réputation du capitaine, de l'argent dont il dispose ou de la confiance que le roi lui témoigne.

[1] Au début de la campagne « Louis XII avait voulu donner à Bayard la charge de 1.000 hommes de pied; ce que voyant, il accepta, encore qu'il eût fait profession plus de cheval que de pied, *mais à lui tout était guerre*. Toutefois il remontra au roy que c'était trop que ces mille piétons pour s'en acquitter dignement, et il le pria de ne lui en donner que 500, l'assurant qu'avec l'aide de Dieu et de ses amis, sa troupe, pour si petite qu'elle fût, en battrait une deux fois plus grande. Aussi, fit-il cette compagnie de 500 hommes de pied, tous gens d'élite, si bien que plusieurs gendarmes quittèrent la lance pour prendre la pique avec lui. » (Brantôme.)

[2] « Monsieur de Bayard, qui était à l'arrière-garde, s'avança si bra-

Grand et noble exemple que l'histoire n'a pas assez raconté et qui laisse une trace lumineuse dans les fastes militaires de l'Italie [1] !

Alviano, blessé, fut pris par Vendenesse et conduit à Louis XII, qui lui promit bonne prison et lui demanda pourquoi il avait accepté la bataille dans ces conditions inégales.

— « C'est que si je l'avais gagnée, répondit le « prisonnier, je serais aujourd'hui le plus victorieux « homme du monde, et, nonobstant que je l'aie per- « due, j'ai eu du moins l'honneur de combattre un roi « de France [2] ! »

On ne poursuivit pas le reste de l'armée vénitienne, qui s'enfuit jusqu'aux lagunes.

La victoire d'Agnadel livra au vainqueur tout le pays compris entre l'Adda et le lac de Garde [3].

vement avec ses gens de pied, et donna si à propos par le flanc et aux côtés des Vénitiens, qu'ils perdirent cœur et ne firent après plus rien qui vaille, sinon quelques bons soldats élus de Barthélemy Alviano, *habillés de blanc et de rouge*, qui, s'opiniâtrant au combat, demeurèrent tous sur le champ. Braves gens, certes ! »

[1] « Un de ceux qui moururent le plus glorieusement dans cette occasion fut le marquis toscan Pierre del Monte Santa-Maria. » (Guicciardini, livre VIII, chap. XII).

[2] Fleurange, chap. VII.

[3] Le dernier exploit de Louis XII fut la prise de Peschiera (1er juin), après laquelle il rentra triomphalement à Milan. « Il aurait pu subjuguer toute l'Italie, dit Mézeray, s'il n'eût moins estimé le profit d'une si belle conquête que l'honneur de garder sa foi aux signataires de la Ligue de Cambrai, gens qui n'en eurent jamais pour lui. »

C'en était fait de la seigneurie de Venise si la discorde n'avait éclaté parmi ses ennemis.

SIÈGE DE PADOUE (octobre 1509).

Les signataires de la Ligue de Cambrai, qui avaient laissé l'armée française gagner sans eux une bataille décisive, furent aussi les seuls à profiter de la victoire.

Pendant que Louis XII repassait les Alpes, Jules II reprenait les villes de Romagne ; le duc de Ferrare, Este et Rovigo ; Ferdinand le Catholique, Tarente et Bénévent ; et l'empereur se préparait à mettre le siége devant Padoue.

Maximilien donna rendez-vous devant cette place aux princes de l'empire et aux contingents des puissances alliées.

Le sénat de Venise tenta un suprême effort pour sauver Padoue, son *boulevard de terre ferme*.

« Toute la fleur de la noblesse s'y rendit avec ses amis et ses domestiques [1]. »

Le comte de Petigliano réunit 600 hommes d'armes [2], 1.500 chevau-légers, 1.500 Albanais, 12.000 gens de

---

[1] « Les jeunes nobles furent suivis jusque sur le rivage par le sénat et par le peuple, qui saluaient par des acclamations leur courageuse entreprise. » (Guicciardini, livre VIII, chap. XXX).

[2] « Commandés par des capitaines célèbres et pleins d'expérience,

pied italiens¹, 10.000 matelots esclavons ou grecs, et s'enferma avec eux dans la place, qui était armée d'une nombreuse artillerie et bien pourvue de vivres. Les paysans des environs, qui s'étaient réfugiés dans Padoue avec leur bétail, furent activement employés aux travaux de défense.

On fit entrer l'eau du Bacchiglione dans le fossé qui entourait la muraille romaine; on construisit des *bastions* devant toutes les portes; on fortifia les approches. Tous les ouvrages furent mis en communication avec le rempart et l'intérieur de la ville; ils furent garnis de canons qui battaient le bas du fossé, et *minés*, pour qu'on pût les faire sauter à la dernière extrémité.

Bien qu'on eût soigneusement réparé le mur d'enceinte et bouché les créneaux, on fit, à l'intérieur, une *palissade* de gros arbres et de pièces de bois, en laissant entre elle et le rempart un espace égal à l'épaisseur du mur; l'intervalle fut comblé avec de la terre.

On entoura intérieurement cette terrasse d'un fossé de 40 pieds, rétréci par le bas, dans lequel on *disposa des casemates et des blindages garnis d'artillerie*.

Derrière le fossé, un *retranchement intérieur*, de la même largeur que le rempart, fut construit et revêtu d'un parapet haut de 12 pieds; le tout était miné ².

Bernardino de Mantoue, Antonio Pio, Luca Malvezzi et Giovanni Greco (Guicciardini). »

[1] « Sous les ordres de Donisio de Naldo, Zitolo de Pérouse, Lattanzio de Bergame, Saccocio de Spolette. »

[2] Guicciardini.

L'empereur, avec sa lenteur habituelle, laissa aux ingénieurs vénitiens le temps d'achever leurs travaux, et à la garnison celui de se préparer à la défense.

L'élite de la gendarmerie française, que Louis XII avait mise, avec Chabannes de La Palice, à la disposition de Maximilien [1], ne trouva devant Padoue que 6.000 lansquenets et quelques hommes d'armes, commandés par Rodolphe d'Anhalt.

Après s'être fait longuement attendre, l'empereur arriva le 7 octobre, suivi de 120 ducs, comtes, marquis et autres princes et seigneurs d'Allemagne, de 12.000 chevaux, de 5 à 600 hommes d'armes bourguignons et hennuyers [2], et de 32.000 gens de pied allemands, espagnols, italiens ou français [3].

« Il avait 106 pièces d'artillerie sur roues, dont la

---

[1] « Le roi commanda au seigneur de La Palice, qu'il prît 500 des plus gaillards hommes d'armes de l'ordonnance qui fussent en Italie, et qu'il s'en allât au service de l'empereur. La Palice choisit Bayard, qui n'avait alors que 30 hommes d'armes sous lui (mais 25 de ceux-là méritaient d'être capitaines de cent), le baron de Béarn, Frédéric de Mailly, le baron de Conty, Théodore Trivulce, Jules de San-Severino, les capitaines La Clayete et La Crotte. A ces 500 lances d'élite se joignirent 200 gentilshommes volontaires, « pour qui toute la vie n'était que la guerre, » entre autres Bussy-d'Amboise, Bonnet et My-Pont. » (D'après *le Loyal Serviteur*, chap. XXI).

[2] Du Hainaut.

[3] « Le seigneur de Millaut, hardi et entreprenant capitaine, fils d'un vertueux et sage chevalier d'Auvergne, rejoignit le camp de l'empereur avec 1.000 ou 1.200 aventuriers français, tous gens d'élite et d'escarmouche. » (*Le Loyal Serviteur*).

moindre était un faucon, et six grosses bombardes de fonte, qui ne se pouvaient tirer sur affût, mais qu'on portait, avec leurs engins, sur de puissantes charrettes.

« Pour mettre ces bombardes en batterie, on les descendait à terre, puis on levait un peu, par le devant, la bouche de la pièce avec un levier, pour placer dessous une grosse poutre, et derrière on faisait un merveilleux *taudis*, de peur qu'elle ne reculât [1].

« Ces bombardes ne pouvaient tirer que 4 fois le jour au plus; elles portaient boulets de pierre, car on n'aurait pu les soulever s'ils eussent été en fonte. »

Les autres canons, montés sur leurs affûts, étaient

Fig. 31. [2]

disposés sur des tertres bien remparés et les servants étaient protégés par des gabions d'osier.

---

[1] C'était la disposition primitive des batteries de siège. M. Lorédan Larchey, dans le remarquable et trop rare album qu'il a publié, en 1863, sur les origines de l'artillerie française, nous montre deux grosses bombardes de fer « sans affût et sur chantier, dont les culasses sont masquées par de forts épaulements en terre. Planche 23. (D'après une miniature de la *Fleur des Histoires*, manuscrit, 525 de la 2ᵉ moitié du XVᵉ siècle. Bibliothèque Mazarine.)

[2] D'après une vieille estampe.

C'était la plus nombreuse armée qu'on eût réunie depuis bien longtemps. Mais cette armée, composée d'éléments étrangers, mal commandée, plus mal payée encore, n'avait d'autre lien commun que le *point d'honneur*, et d'autre stimulant que le pillage de ce territoire fertile [1], où les sujets de la Seigneurie avaient accumulé et caché leurs richesses.

La Palice voulait combattre en champ clos le *lieutenant général* de l'Empereur, le capitaine grec Constantin, que le camp tout entier accusait de trahison.

Les seigneurs allemands voyaient avec quelque dépit la gendarmerie de France se prodiguer dans les escarmouches ou les *combats d'approches*; ils disaient « que c'était déroger que de se mettre à pied pour « combattre en un siège, et que leur vrai état était « de charger à cheval en gentilshommes. »

Quant aux lansquenets, ils couraient le pays pour chercher fortune et désertaient, par bandes, aussitôt qu'ils avaient fait une bonne prise, afin de la conduire en Allemagne.

Quand la brèche fut praticable, les hommes d'armes allemands refusèrent l'offre que leur avait faite la

---

[1] « Le camp impérial tenait, de tous côtés, plus de quatre milles de pays. Ce fut une merveilleuse chose que, durant ces deux mois de siège, les fourrageurs n'allèrent jamais plus loin que six milles du camp pour avoir à force foin, blé, avoine, chairs, poulailles, vins et autres choses nécessaires tant pour les hommes que pour les chevaux. Il y en avait si grande abondance qu'à la levée du siège, il fut brûlé pour 100.000 ducats de vivres, dont on avait fait provision croyant que plus longuement durerait le siège. » (*Le Loyal Serviteur.*)

gendarmerie de France de marcher à l'assaut à ses côtés ou derrière elle.

— « Mon cousin, avait écrit l'Empereur à La Palice, j'ai
« été, ce matin, voir la brèche de la ville et je la trouve
« plus que raisonnable pour qui voudra faire son de-
« voir. J'ai avisé d'y faire donner l'assaut aujourd'hui.
« Je vous prie donc que, incontinent que mon *grand*
« *tambourin* sonnera (ce qui sera sur le midi), vous
« fassiez tenir prêts tous vos gentishommes français,
« *pour aller audit assaut avec mes piétons*, et j'espère, avec
« l'aide de Dieu, que nous l'emporterons ! »

La Palice réunit aussitôt les capitaines français en son logis et, après un joyeux déjeûner, il leur lut la lettre de l'Empereur.

— « Ma foi ! Monseigneur, dit Adrien d'Himber-
« court, mandez à l'Empereur que nous sommes tous
« prêts. Il m'ennuie déjà aux champs, car les nuits
« sont froides et les bons vins commencent à nous
« manquer. »

Tout le monde de rire, excepté Bayard qui ne disait mot.
— « Et vous, l'Hercule de France, qu'en pensez-vous,
« lui demanda La Palice ?
— « S'il faut croire Himbercourt, répondit le bon
« chevalier, allons droit à la brèche, bien que ce soit
« un passe-temps assez fâcheux pour hommes d'armes

« que d'aller à pied. Cependant, puisque vous me de-
« mandez mon opinion, la voici : L'Empereur veut que
« les gentilhommes français se mettent à pied pour
« donner l'assaut avec ses lansquenets ; il pense que
« c'est chose raisonnable de mettre tant de noblesse en
« péril et hazard avec des piétons, dont l'un est cordon-
« nier, l'autre maréchal, l'autre boulanger, tous enfin
« gens mécaniques, qui n'ont pas leur honneur en si
« grosse recommandation que gentilshommes ; c'est
« son affaire. Quant à vous, Monseigneur de La Palice,
« vous répondrez à l'Empereur, si vous m'en croyez,
« que vos capitaines sont tous, prêts à lui obéir ; mais
« que, comme le roi, leur maître, n'a pas de gens en
« ses ordonnances qui ne soient gentilshommes, il vous
« semble que les mêler parmi les gens de petite con-
« dition, ce serait les tenir en peu d'estime ; que lui,
« l'Empereur, a force comtes, seigneurs et gentils-
« hommes d'Allemagne ; qu'il les fasse donc mettre
« à pied avec les gens d'armes de France, et volon-
« tiers ceux-ci leur montreront le chemin ; puis ses
« lansquenets suivront, s'ils trouvent qu'il y fait
« bon [1]. »

Ce fut l'avis de tous les capitaines français et de
l'Empereur, mais non celui des comtes, seigneurs et
gentilshommes d'Allemagne, qui refusèrent de marcher à l'assaut.

Maximilien, mécontent et humilié, leva brusquement

[1] *Le Loyal Serviteur*, chap. XXVIII.

le siége de Padoue, après 15 jours de tranchée ouverte.

EMBUSCADES ET SURPRISES. [1]

Aussi, nous n'aurions pas grands enseignements à tirer du siége de Padoue, si les gens d'armes de France n'avaient trouvé que ce fût un bon théâtre pour se faire connaître des princes de l'Europe, et si Bayard, par ses coups d'audace et ses expéditions habilement conduites, ne nous avait laissé plusieurs exemples instructifs de l'emploi de la cavalerie dans la *guerre de partisans*.

Trévise, le second boulevard de terre ferme de la Seigneurie, renfermait une garnison alerte et audacieuse, dont les coureurs venaient, « deux ou trois fois par semaine, réveiller sans trompette le camp de l'Empereur. »

Il y avait surtout un certain capitaine Luca Mallevéchio, dont les bons coups donnaient bien de la fâcherie au bon chevalier.

Celui-ci se fit renseigner sur ses allées et venues par des espions, qu'il payait si bien que pour mourir ils ne l'eussent trompé, et il se prépara, de concert avec La Clayete et Daillon de La Crotte, deux gaillards et triomphants capitaines qui étaient logés avec lui, à faire connaissance avec ledit Mallevéchio.

— « A deux heures après minuit, dit-il aux deux capi-

[1] D'après le *Loyal serviteur*.

« taines, faites armer chacun 30 hommes d'armes des
« plus gentils galants que vous ayez; je mènerai ma
« compagnie et les bons gentilshommes qui sont avec
« moi comme Bonnet, My-Pont, Cossé, Brézon et autres
« que vous connaissez comme moi. Puis, sans sonner
« trompette ni faire de bruit¹, nous monterons à
« cheval. Qu'il vous suffise de savoir que j'ai un bon
« guide. »

Ainsi fut fait.

Dans la nuit du 2 au 3 septembre, les gens de Bayard montèrent à cheval et quittèrent leur quartier.

Un espion, « très-bien gardé de 4 archers », leur fit faire dix milles de pays et les amena, au point du jour, devant un grand palais abandonné, où il y avait une longue clôture de murailles.

Ce palais était sur le chemin que suivait Luca Mallevéchio, chaque fois qu'il allait visiter le camp de l'Empereur.

Les Français y entrèrent et s'y tinrent cachés deux heures environ, après lesquelles ils entendirent gros bruit de chevaux.

Le bon chevalier avait fait monter dans un colom-

---

1 109. « Une embuscade est une position cachée que prend une troupe pour surprendre l'ennemi ou pour l'arrêter dans sa poursuite.

« Le secret, est dans cette circonstance, la première condition du succès; aussi le départ doit-il avoir lieu généralement pendant la nuit, pour permettre au détachement d'arriver avant le point du jour à l'endroit choisi. » (*Instruction pratique de* 1875 *sur le service de la cavalerie française en campagne.*)

bier un vieil archer de sa compagnie, appelé Monart, autant expérimenté en guerre qu'homme vivant, afin de voir quels gens passeraient et en quel nombre.

Ce guêteur vit venir, d'assez loin, messire Mallevéchio avec 100 hommes d'armes, l'armet en tête, et 200 Albanais, conduits par le capitaine Jean Scander-bey[1], tous bien montés et *gens d'effect*[2].

Ils passèrent à un jet de boulet du palais où les Français étaient en embuscade.

Quant ils l'eurent dépassé, Monart descendit tout joyeux et fit son rapport. Bayard ordonna aussitôt de seller les chevaux.

— « Messeigneurs, dit-il à ses compagnons, il y a
« dix ans que nous n'avons eu si belle aventure. Ils sont
« deux fois plus que nous, mais nous sommes gentils
« galants; allons après! »

— « Allons! » dirent les autres, et la porte fut ouverte.

Ils n'avaient pas trotté l'espace d'un mille, qu'ils aperçurent les Vénitiens sur un beau grand chemin.

— « Sonne, sonne! trompette! » dit le bon chevalier.

Les capitaines de Trévise n'auraient jamais pensé

---

[1] C'était le fils du prince albanais Georges Castriot, surnommé l'Alexandre ou *Scander-bey*, qui avait soutenu, pendant 23 ans, la guerre contre les Ottomans, en partageant la gloire du roi Ladislas IV de Hongrie et de son lieutenant Jean Corvin Hunyade. A la mort de Scander-bey, en 1467, le Sénat de Venise avait pris son fils Jean sous sa tutelle.

[2] Gens d'action.

qu'ils eussent les Français derrière eux; ils crurent que c'était quelque troupe des leurs qui venait les rejoindre. Cependant ils s'arrêtèrent et ne tardèrent pas à reconnaître l'ennemi.

Un peu étonné de se voir *enclos* entre le camp de l'Empereur et ces hommes d'armes qui venaient à lui, le capitaine Mallevéchio se rassura en les comptant, et engagea ses gens à bien faire.

D'ailleurs, la route étant bordée de deux larges fossés qu'un homme d'armes ne pouvait pas faire sauter à son cheval sans crainte d'y demeurer, les Vénitiens étaient bien forcés de combattre.

Les trompettes se mirent à sonner de part et d'autres et, à une portée d'arbalète, les deux escadrons d'hommes d'armes commencèrent à se courir sus, les uns criant :

— « Empire ! France !
les autres :
— « Marco ! Marco !

C'était plaisir de les entendre.

Scander-bey et ses 200 Albanais sautèrent les fossés et firent un détour pour prendre les Français à dos, mais Bayard avait deviné leur intention :

— « Compagnon, dit-il au capitaine Daillon, gar-
« dez les derrières, que nous ne soyons enclos ! »

Daillon y alla; aussi, quand les Albanais s'approchèrent, furent-ils reçus et bien frottés. Une douzaine en demeura par terre; le reste prit la fuite. Daillon rejoignit au galop le gros de la compagnie; mais il trouva les Vénitiens déjà rompus, et les Français occupés à choisir leurs prisonniers.

Mallevéchio, avec 30 de ses cavaliers les mieux montés, avait sauté le fossé et courait vers Trévise; on le laissa courir.

Bayard, ayant plus de prisonniers que de compagnons, fit rendre aux Vénitiens leurs épées et leurs masses d'armes, puis il les plaça au milieu de sa troupe pour retourner au camp de l'Empereur.

Quand il y fut, Maximilien le fit appeler, pour lui dire :

— « Seigneur de Bayard, mon frère, votre maître,
« est bien heureux d'avoir un serviteur comme vous;
« je donnerais par an 100.000 florins pour en avoir
« une douzaine de votre sorte! »

Bayard eut à cœur de mériter le compliment impérial et se prépara à de nouvelles entreprises.

Scander-bey et ses Albanais s'étaient retirés dans le château de Bassano, où, de concert avec Rinaldo Contarini, capitaine d'une compagnie d'arbalétriers à cheval, il faisait des courses continuelles sur ceux qui venaient au camp de l'Empereur, ou sur les lansquenets qui conduisaient en Allemagne le bétail volé dans le Padouan.

Bayard savait par son fidèle espion que les gens de Bassano avaient gagné, à ce métier, plus de 500 bœufs ou vaches. Il se mit en tête de les leur reprendre ; mais il ne voulut demander le concours d'aucun capitaine pour cette expédition : ses 30 hommes d'armes, tous gens d'élite, lui suffisaient.

Une heure avant le jour, un samedi, la compagnie de Bayard monta à cheval, et fit 15 milles tout d'une traite, pour s'arrêter à une portée de canon du château. Là, elle se tint cachée jusqu'à ce qu'elle eût entendu la trompette des gens de Bassano.

L'espion prévint Bayard qu'il y avait, à un mille, sur la route de Vicence que devait suivre l'ennemi, un petit pont de bois que deux hommes pouvaient garder contre 500, et, à une demi-heure de chemin, un défilé favorable à une embuscade.

Bayard désigna les gentilshommes volontaires Bonnet et My-Pont, 6 hommes d'armes et une douzaine d'archers commandés par Petit-Jehan de la Vergne, pour garder le pont et couper la retraite à l'ennemi.

Sur ce, les Albanais et les arbalétriers vénitiens descendirent du château, semblant aller aux noces.

Quand ils furent passés, Bonnet et sa troupe se dirigèrent vers le pont de bois, pendant que le bon chevalier, avec le reste de sa compagnie, allait s'embusquer dans le défilé.

— « Capitaine[1], dit-il au bâtard du Fay qui portait

---

[1] Remarquons qu'en 1507 le mot *capitaine* signifie *officier* ; l'emploi

« son guidon, prenez 20 de vos archers et allez escar-
« moucher avec les Vénitiens. Quand ils vous verront
« en si petit nombre, ils vous chargeront n'en doutez
« pas ; alors tournez bride, faites l'effrayé, amenez-les
« jusqu'ici, où je vous attendrai au revers de la mon-
« tagne, et vous verrez beau jeu [1] ! »

Le bâtard du Fay ne se le fit pas dire deux fois, car il connaissait au possible ce métier de la guerre.

En apercevant les 30 archers, le capitaine Scanderbey les reconnut pour Français aux croix blanches qu'ils portaient sur leurs armes.

Tout joyeux de cette rencontre, il marcha fièrement au devant d'eux, et se mit à les charger au cri de :

— « Marco ! »

Du Fay obéit de point en point aux instructions du bon chevalier ; il fit l'effrayé, tourna bride et, vivement poursuivi, il amena les chevau-légers ennemis dans le défilé où Bayard attendait, l'armet en tête et l'épée au poing.

Au premier choc, plus de 30 Vénitiens furent portés à terre, et le reste, Albanais ou arbalétriers, s'enfuit au galop vers Bassano.

---

diffère, mais le titre est le même pour tous les *gentilshommes* qui ont un grade, soit dans la cavalerie, soit dans l'infanterie. Le *guidon*, dans une compagnie d'ordonnance, est le chef des *archers à cheval*.

[1] « On peut non-seulement tendre une embuscade sur le chemin que doit suivre l'ennemi, mais encore chercher à l'attirer au moyen de petits détachements qui se laissent poursuivre. » (*Instruction sur le service en campagne de la cavalerie française*, 1875.)

Les hommes d'armes français, montés sur de lourds destriers, n'auraient pas pu atteindre les légers étalons grecs et auraient laissé échapper leur proie, si le pont de bois n'avait été bien gardé; mais Bonnet, My-Pont, la Vergne et leurs gens en barrèrent l'accès.

Le capitaine Scander-bey, n'osant pas forcer le passage, s'enfuit à l'aventure, à bride abattue ; les Français chaussèrent si bien leurs éperons, qu'ils prirent les deux capitaines, avec 90 de leurs cavaliers et l'enseigne [1] des arbalétriers vénitiens.

Les hommes pris, restait le château.

Pour s'en emparer sans artillerie, Bayard s'avisa d'un moyen sommaire, souvent employé au moyen âge.

---

[1] Ce fut un archer de 17 ans, Guignes Guiffrey, fils du seigneur de Boutières, gentilhomme dauphinois, qui prit cette enseigne.

Elle était portée par un colosse albanais qui fuyait de son mieux. L'adolescent, se voulant essayer, poursuivit le colosse, le jeta à bas de son cheval en lui brisant sa lance entre les deux épaules, et mit aussitôt l'épée à la main.

— « Rends-toi, enseigne, ou je te tue! » criait-il.

L'enseigne, ne voulant pas encore mourir, bailla son épée au jeune garçon, qui ne l'aurait pas échangée contre 10.000 écus, et qui conduisit son prisonnier à Bayard.

— « Boutières, mon ami, lui dit le bon chevalier, vous avez un bon « commencement; Dieu vous le veuille continuer ! »

Le soir, à souper, on railla le Vénitien de s'être laissé prendre par un enfant, qui était page six jours avant et qui n'aurait pas, de 3 ans, barbe au menton. L'enseigne eut honte et dit à Bayard en son langage :

— « Si je me suis rendu, capitaine, ce n'est pas par frayeur de celui « qui m'a pris, car il n'était pas capable d'avoir, sans aide, raison de moi

Il déclara à Scander-bey et à Contarini qu'ils auraient la tête tranchée devant la porte de Bassano, si la place ne lui était pas immédiatement rendue.

Cette menace suffit. Le neveu du capitaine Scander-bey, resté dans Bassano, capitula, à la prière de son oncle, et livra le château avec toutes les richesses qu'il recélait.

Malgré les prouesses des chevaliers français, Padoue était délivré, et sa résistance avait sauvé Venise.

Jules II traita avec le doge et profita de la nonchalance de Maximilien et de la haine de Ferdinand le Catholique contre Louis XII, pour tenter de rejeter les Français au delà des Alpes.

La *Ligue de Cambrai* contre Venise devint la *Sainte ligue contre les Français;* au mois de février 1510, ceux-

---

« et j'aurais échappé à meilleur homme de guerre que lui, mais je ne
« pouvais pas combattre toute votre troupe à moi seul. »

— « Monseigneur, dit à son tour Boutières, marry et courroucé, je
« vous supplie de m'accorder ce que je vais vous demander. »

— « Oui vraiment, dit le bon chevalier, qu'est-ce? »

— « C'est que je rendrai à mon prisonnier son cheval et ses armes;
« je monterai sur mon cheval, nous retournerons ensemble à l'endroit
« où je l'ai pris; si je le puis conquérir une seconde fois, qu'il soit
« assuré de mourir, j'en fais vœu à Dieu; s'il peut échapper, je lui
« donne sa rançon. »

— « Vraiment, je vous l'accorde, » répondit Bayard en riant.

« Mais ce fut le Vénitien qui ne l'accorda point. Il n'en eut guère
d'honneur et, par contre, le petit Boutières, beaucoup. » (*Le Loyal Serviteur.*)

ci occupaient encore la Lombardie et le Piémont, mais ils n'avaient plus, dans le reste de l'Italie, d'autre allié que le duc de Ferrare.

CHAPITRE IV

GASTON DE FOIX

SOMMAIRE.

Rupture avec les Suisses. — Campagne de 1511. — L'assaut de Brescia. — Reconnaissance de cavalerie. — Ravenne. — Artillerie légère. — L'année 1513. — Novare. — Invasion de la France. — La journée des éperons. — Mort de Louis XII.

RUPTURE AVEC LES SUISSES.

Le père du peuple était un roi économe.

Il trouvait que les Suisses étaient des mercenaires altiers et indisciplinés, qui acceptaient rarement sans discussion l'ordre de marcher à l'ennemi, et qui demandaient double solde au moment de se battre [1]; aussi, quand il s'agit de renouveler l'alliance avec les cantons, Louis XII marchanda leur pension annuelle,

---

[1] « Comme les Grecs, les Suisses combattaient mal sur un terrain coupé; la guerre d'escarmouche leur répugnait, et ils se refusaient à prendre part aux sièges et aux assauts. Ils comprenaient si bien que l'appui de la cavalerie et du canon leur était indispensable, qu'ils ne voulaient pas marcher à l'ennemi sans avoir à leurs côtés la gendarmerie française et qu'ils s'imposaient comme *soutiens et gardiens de l'artillerie.*

« D'ailleurs, âpres au gain, les Suisses ne perdaient jamais une occasion de réclamer l'arriéré de leur solde ou d'en demander le double quand ils se savaient indispensables : la guerre n'était pour eux qu'un métier plus lucratif que les autres. » (*Folard.*)

et refusa la grosse augmentation qu'ils réclamaient.

Il voulait, en attendant que l'infanterie française eût pris son essor définitif, remplacer les Suisses par les lansquenets du Palatinat et par les montagnards des Grisons et du Valais (mai 1510).

Le pape Jules II profita aussitôt de cette rupture pour faire entrer les cantons dans la Sainte ligue, et il donna aux Suisses le titre de *défenseurs du Saint-Siège*.

Son agent Mathias Schinner, évêque de Sion, rassembla 10.000 Suisses à Bellinzona, et les poussa contre le Milanais, pendant qu'une nouvelle *rébellion* se préparait à Gênes, et que l'armée vénitienne se réunissait aux troupes du pape pour envahir le duché de Ferrare.

Chaumont d'Amboise fit habilement face à cette triple attaque.

Il envoya Yves d'Alègre au secours de la garnison de Gênes, et, pour mettre Ferrare à l'abri d'un coup de main, il donna au fidèle ami de la France, à Alphonse d'Este [1], les capitaines Clermont-Montoison, Bayard, Fontrailles et du Lude, avec 4.000 aventuriers français, et 800 Suisses levés sans l'aveu des cantons.

Chaumont quitta Turin, (où le duc Charles de Savoie l'avait appelé pour fermer aux Suisses l'accès de la

---

[1] « Gentil prince, homme de guerre de bon entendement et hardi; qui prenait tout son passe-temps et exercice à fondre de l'artillerie, à réparer et à fortifier ses places. » (Fleurange.)

vallée d'Aoste), et, avec 400 lances, les 200 gentils-hommes de la maison du Roi et un petit nombre de gens de pied, il vint attendre les défenseurs du Saint siège dans la plaine de Varèse.

Les Suisses n'avaient que 400 cavaliers ; 2.500 de leurs gens de pied étaient armées d'hacquebutes et 50 de grosses arquebuses à croc.

« Ils s'avançaient sans artillerie et sans équipage de pont pour passer les rivières et les canaux, qui les arrêtaient à chaque pas.

« Ils marchaient fort serrés, au petit pas, présentant, quand le terrain le permettait, un front de 80 à 100 hommes. Sans troupes légères, ils ne pouvaient battre la campagne pour se procurer des vivres, ni se déployer avec avantage sous le canon ennemi »[1].

Chaumont, « ayant fait ôter tous ferrements de moulins et tous vivres de leurs chemins »[2], les côtoyait avec son artillerie sans leur offrir la bataille, et les harcelait chaque jour par de vives escarmouches.

Les Suisses allèrent ainsi jusqu'à Castiglione, dans l'espérance de se joindre à l'armée vénitienne ; mais exténués, manquant de tout, traqués par les paysans qui tuaient leurs traînards, « il leur convint bientôt de retourner en leur pays, toujours suivis de près par les Français, qui voulaient ainsi les empêcher de mettre

---

[1] Machiavel.
[2] *Loyal Serviteur*, chap. L.

le feu aux villages qu'ils traversaient » (septembre 1510).

CAMPAGNE DE 1511.

Les Suisses revinrent plus nombreux l'année suivante.

Chaumont d'Amboise était mort[1], et le nouveau vice-roi du Milanais était un prince de 21 ans, Gaston de Foix, duc de Nemours.

Ce neveu de Louis XII avait fait glorieusement ses premières armes [2] sous Louis d'Ars et Bayard pendant la campagne de printemps, où Trivulce avait dispersé devant Bologne (22 mai 1511) l'armée pontificale et ses auxiliaires vénitiens [3].

Les 16.000 Suisses, venus en novembre de Bellin-

---

[1] 11 mars 1511.

[2] Gaston de Foix était fils de Jean de Foix, vicomte de Narbonne et d'Etampes, et de Marie d'Orléans, sœur de Louis XII.

« Il se déroba au roi, emmenant avec lui le prince de Talmont, fils de Louis de la Trémoïlle, pour aller à Milan, où le seigneur de Chaumont était lieutenant général. Le roi et Louis de Trémoïlle feignirent d'être courroucés de ce que les deux jeunes princes s'en étaient allés sans leur congé, mais ils leur envoyèrent or et argent avec tout ce qui était nécessaire » (Jean Bouchet).

[3] Trivulce avait des intelligences dans la Bologne et voulait y entrer. Le duc d'Urbin, général de Jules II, prit position à Casalecchio, à 3 milles de la ville, entre le Reno et le canal; mais son armée se débanda sans attendre l'attaque des Français.

« Jamais on ne vit si grosse pitié de camp; car tout le bagage y demeura, avec l'artillerie (15 pièces de gros canon), les tentes et les

zona à Varèse, gagnèrent mal les 20.000 ducats que Jules II leur avait envoyés pour les décider à ce nouveau voyage.

Suivis à petite distance, jusqu'aux portes de Milan, par les 500 lances et les 3.000 fantassins de Gaston de Foix, ils n'osèrent pas se hasarder loin de leurs frontières pour gagner les plaines, de peur qu'en laissant derrière eux les villes fortifiées, on ne leur coupât la retraite, une fois qu'ils se seraient engagés en rase campagne.

« Bientôt rebutés de cette guerre sans profit, ils retournèrent brusquement chez eux, sans avoir pris une place ni livré un combat [1]. »

Ils avaient compris que leur solide *infanterie de ligne* ne pouvait se passer ni de gendarmerie, ni d'artillerie, ni de troupes légères pour tenir la campagne, et que la réunion des éléments tactiques était la cause principale des victoires qu'ils avaient gagnées sous les bannières françaises.

.

Les Suisses mis hors de cause, Gaston de Foix avait encore à défendre la Lombardie contre les Vénitiens

---

pavillons. Il y avait tel Français qui, à lui seul, amenait 5 ou 6 gens d'armes du pape, ses prisonniers. Un nommé La Baulme, qui avait une jambe de bois, en conduisait trois liés ensemble » (*Le Loyal Serviteur*).

« Les troupes vénitiennes, commandées par Romazotti, et qui étaient campées plus loin sur le mont Saint-Luc, se retirèrent en Romagne par les montagnes » (Guicciardini, Livre IX, Chap. LXVI).

[1] Machiavel.

et les Espagnols, que Jules II avait fait entrer dans la Sainte ligue.

Bologne était assiégé par le vice-roi de Naples don Ramon de Cardona et par Pedro Navarro [1], qui, de pauvre aventurier, était devenu amiral de Castille et capitaine général de l'infanterie espagnole.

Le jeune prince, malgré une tempête de neige, se porta au secours de la ville par une rapide marche de nuit et y entra, le 5 février 1512, avec 1.300 lances et 15.000 fantassins.

Les Espagnols levèrent le siège; mais, en même temps, Gaston de Foix apprenait que Brescia venait d'être enlevée à son gouverneur, Jacques du Lude, par un hardi coup de main du provéditeur Andrea Gritti, et que la garnison française était assiégée dans le château [2].

Le duc de Nemours se mit en chemin si diligemment qu'un chevaucheur, sur un *courtaud* de cent écus, n'eût pas parcouru plus de pays que le duc, avec toute son armée.

---

[1] « Petit homme maigre du Val de Rancal, qui avait fait beaucoup de belles choses sur les Mores d'Espagne et au royaume de Naples; ingénieux pour prendre places et les défendre, il s'entendait aussi pour faire mines et contre-mines. » (*Fleurange*.)

[2] Le provéditeur fit canonner le château à merveille, et il y eut grosse brèche faite, de plus il fit soudainement dresser deux *engins en manière de grue*, pour approcher de la plate-forme, lesquels portaient bien chacun 100 hommes de front. (*Le Loyal Serviteur*.)

Les engins poliorcétiques de l'antiquité et du moyen âge étaient donc encore employés en 1512.

Il fit 30 milles par jour, bien qu'on fût à la mi-février, et devança, aux environs de Valeggio, un renfort de 400 hommes d'armes et de 4.000 piétons, que la Seigneurie envoyait à son provéditeur.

Bayard et Théligny conduisaient la pointe d'avant-garde.

Le bon chevalier, ayant eu la fièvre toute la nuit, chevauchait sans armure, vêtu d'une robe de velours noir; mais, quand il vit qu'il fallait combattre, il mit par-dessus sa robe le halecret d'un aventurier et, bien que la *grosse troupe de l'avant-garde*[1] fût encore loin, il chargea les Italiens, qui avaient mis 5 ou 6 pièces en batterie et tué l'enseigne de la compagnie Théligny.

« Il y eut dure et âpre rencontre qui dura un quart d'heure toujours combattant. »

Un renfort étant survenu à Bayard, les hommes d'armes italiens tournèrent bride, en abandonnant leur artillerie et leurs gens de pied.

Gaston de Foix courut au château de Brescia pour promettre à Jacques du Lude une prompte revanche.

Son armée campa sur les rampes du château, en face de la citadelle et se prépara joyeusement à l'attaque du lendemain.

L'ASSAUT DE BRESCIA (17 février 1512).

Le 17 février au matin, Gaston de Foix, après avoir

---

[1] Le gros d'avant-garde ; l'expression est encore à peu près la même.

pris conseil de ses capitaines, forma ses 12.000 hommes en *colonnes d'assaut*.

« Le seigneur de Molard conduisait la *première pointe* composée de ses gens de pied; devant lui, les *enfants perdus* du capitaine Herigoye devaient engager l'*escarmouche*.

D'après *Philippoteaux*.

Fig. 32.

Le *gros d'avant-garde* se composait des 2.000 lansquenets du capitaine Jacob Demps.

A la bataille étaient les 7.000 piétons qui restaient, sous le commandement de Bonnet, Maugiron et du bâtard de Clèves.

Le duc de Nemours et le grand sénéchal de Normandie, Louis de Brézé, flanquaient cette bataille avec les gentilshommes de la maison du roi et la plus grosse force de la gendarmerie; tous étaient à pied, l'armet en tête et la cuirasse au dos.

Yves d'Alègre, avec 300 cavaliers, garda la porte

Saint-Jean, la seule que les Vénitiens n'eussent pas murée.

Sur le conseil de Bayard, on flanqua également les aventuriers de la pointe de 150 hommes, d'armes que le bon chevalier voulut conduire en personne.

— « Je suis plus qu'assuré, dit-il, que Monseigneur
« de Molard et tous les gens de bien qui sont avec lui
« ne reculeront pas ; mais si les Vénitiens ont, comme
« je le crois, quelques gens d'étoffe bien connaissant
« la guerre, c'est à la pointe qu'ils les mettront, et pa-
« reillement leurs hacquebutiers. Or, en de telles affai-
« res, il faut, s'il est possible, ne jamais reculer. Si,
« d'aventure, les gens de pied étaient repoussés sans
« être soutenus de gendarmerie, il y pourrait avoir
« gros désordre. Les hommes d'armes, dans leurs ar-
« mures, supporteront bien mieux les coups d'hacque-
« bute que les gens de pied qui sont nus [1]. »

Ces dispositions prises, le trompette du duc de Nemours alla sommer Brescia de se rendre [2].

Andréa Gritti répondit que la ville était de la Seigneurie, et qu'à la Seigneurie elle resterait.

— « Alors, messeigneurs, dit Gaston de Foix à ses

---

[1] C'est-à-dire sans armes défensives.
[2] Remarquons que les trompettes remplissaient souvent le rôle de héraut ; on les considérait si peu comme des combattants qu'ils n'avaient pas d'armure (fig. 18, p. 62), et qu'ils assistaient aux plus rudes mêlées en simples spectateurs.

« capitaines, nous n'avons plus qu'à bien faire et à
« nous montrer gentils compagnons. Marchons, au
« nom de Dieu et de monseigneur Saint-Denis ! »

« Aussitôt tambourins, trompettes et clairons sonnèrent l'assaut et l'alarme, si impétueusement qu'aux *couards les cheveux dressaient en la tête, et aux hardis le cœur croissait au ventre.*

« Molard et Hérigoye se portèrent en avant; ils avaient sur leur aile le gentil chevalier sans peur et sans reproche avec sa compagnie.

« Ils approchèrent du premier rempart, derrière lequel les ennemis commençaient à tirer artillerie et hacquebutes, dru comme mouches.

« Il avait un peu pluviné, et la rampe qui menait du château à la ville était glissante; le duc de Nemours, en vrai montagnard béarnais, ôta ses souliers de fer et se mit en *eschapins de chausses.*

« Les capitaines l'imitèrent, et s'en trouvèrent mieux pour marcher à l'assaut.

« Cependant le bon chevalier et le seigneur de Molard combattaient furieusement au rempart, merveilleusement défendu par Andréa Gritti.

Les Vénitiens fléchirent un peu; Bayard entra le premier dans la ville, gagna le premier *fort*[1] avec un

---

[1] La première enceinte.

millier d'hommes, et il poursuivait les fuyards, lorsqu'il reçut dans le haut de la cuisse un si grand coup de pique que le fer y demeura avec un bout du *fût*.

« Le sang sortait en abondance ; il lui fallut, pour ne pas mourir là sans confession, sortir de la foule avec deux de ses archers, lesquels lui étanchèrent sa plaie, au mieux qu'ils purent, avec leurs chemises, qu'ils déchirèrent et rompirent pour ce faire.

« Le pauvre seigneur de Molard pleura amèrement la perte de son ami ; mais d'abord il songea à le venger. Il poussa devant lui, comme un lion furieux, et le bon duc de Nemours le suivit avec sa *flotte*[1] ».

« Ce renfort survenu aux assaillants obligea les Vénitiens à abandonner la citadelle ; ils se retirèrent vers la ville, sans avoir eu le temps de lever le pont. Ils entrèrent pêle-mêle sur la grande place, où se tenait toute leur force, gendarmerie et chevau-légers à cheval, avec les gens de pied en bataille bien ordonnée.

« Les lansquenets et les aventuriers français se montrèrent gentils compagnons à l'attaque de la place.

« Le capitaine Bonnet se porta en avant de sa troupe

---

[1] Nous nous sommes imposé de rajeunir le texte des chroniques quand il présente des obscurités qui peuvent embarrasser certains lecteurs, mais nous conservons tous les vieux mots militaires qui perdraient à être traduits.

de la longueur d'une pique, et marcha droit aux ennemis ; il fut très bien suivi.

« Le combat dura plus d'une demi-heure. Les citadins de Brescia et leurs femmes, en jetant par les fenêtres pierres, gros carreaux et eau bouillante, endommagèrent les Français, plus que ne firent les gens de guerre.

« A la fin cependant, les Vénitiens furent défaits. 7 ou 8.000 s'étaient endormis sur la grande place pour ne plus se réveiller ; les autres s'enfuirent à travers les rues, mais ils trouvèrent toutes les issues gardées et on ne leur fit pas de quartier.

« Andréa Gritti et le comte Louis d'Adnogadre, avec les gens de cheval, voulurent s'échapper par la porte Saint-Jean, et ils en firent baisser le pont ; mais, à la sortie, ils furent assaillis par les 300 lances d'Yves d'Alègre, qui les portèrent par terre pour la plupart.

« Nul n'échappa des Vénitiens, qu'il ne fût mort ou pris ; les Français n'avaient pas perdu 50 hommes.

« Quand il n'y eut plus à qui combattre, chacun se mit au pillage parmi les maisons. Il y eut de grosses pitiés, car en de telles affaires il se trouve toujours des méchants [1].

---

[1] Il suffit de se reporter à la description que Brantôme fait des lansquenets au service de la France, pour se rendre compte des atrocités qu'ils devaient commettre dans une ville prise d'assaut :

« Ils étaient, dit-il, pour la plupart, gens de sac et de corde, méchants *garnements* échappés de la justice, et surtout, force étaient mar-

« On estima le butin à 3 millions d'écus. La prise de Brescia[1] fut en Italie la ruine des Français, car ils y avaient tant gagné que la plupart abandonnèrent l'armée et s'en retournèrent en leur pays. On aurait eu bon besoin de tous ces déserteurs à la journée de Ravenne. »

L'ARMÉE ESPAGNOLE

Pendant le siège de Brescia, les troupes pontificales s'étaient retirées à Imola ; de là, elles donnaient la main à l'armée espagnole concentrée à Forli. Celle-ci, fidèle au système de guerre défensive qui avait si bien réussi à Gonsalve de Cordoue pendant la campagne de 1502, se dérobait à un engagement décisif.

Gaston de Foix s'avisa, pour décider les capitaines espagnols à combattre, d'aller mettre le siège devant Ravenne, la vieille ville pontificale que le Saint-Siège avait reçue de Pépin le Bref en 754.

Il établit son camp entre deux petites rivières, le

---

qués de la fleur de lys sur l'épaule, essorillés (mais ils cachaient leurs oreilles, à dire vrai, par longs cheveux hérissés), avec barbes horribles, pour se montrer effroyables à leurs ennemis. » (Brantôme, *Discours sur les colonels de l'infanterie française*.)

[1] La noble attitude de Bayard blessé, couvrant ses hôtes de sa protection et refusant leurs présents, est une description des mœurs chevaleresques qu'il faut lire toute entière dans le chapitre L du *Loyal Serviteur*. On peut se convaincre, par cette lecture, que le sentiment populaire ne s'est pas trompé en faisant du chevalier sans peur et sans reproche le type idéal de l'honneur français.

Ronco et le Mantone, dont le confluent forme le port de Ravenne, et il donna à cette place importante un assaut qui fut repoussé.

Au bruit du canon de Ravenne, Ramon de Cardona, vice-roi de Naples, réunit en une seule colonne les troupes d'Imola et de Forli, et, le 9 avril, il marcha au secours de la place, avec 1.400 lances, 1.000 chevau-légers, 12.000 fantassins et une nombreuse artillerie.

Il s'arrêta à trois milles de Ravenne et prit position sur la rive droite du Ronco, en avant du confluent de cette rivière dans le Mantone. Dans la pensée du vice-roi de Naples, le voisinage de l'armée espagnole devait suffire pour empêcher Gaston de Foix de donner un nouvel assaut à Ravenne; il employa, en conséquence, le reste de la journée du 9 avril et la nuit toute entière à entourer le front de bandière de son camp d'un fossé large et profond. Le remblai formait un long épaulement, derrière lequel il abrita son artillerie.

RECONNAISSANCE OFFENSIVE DE CAVALERIE.

Gaston de Foix avait de graves raisons pour brusquer l'attaque de la position ennemie : il manquait de vivres[1]; des galères vénitiennes, croisant sur la côte, barraient le Pô et interceptaient les convois qui venaient

---

[1] « Les Français sont venus, cette semaine sainte, avec toute leur

par eau de Ferrare. Louis XII, menacé d'une invasion anglaise, croyait qu'une bataille décisive, gagnée en Italie, lui permettrait de traiter à de bonnes conditions avec le Pape, et il envoyait courrier sur courrier à son neveu pour lui ordonner de combattre. Enfin, les 2.000 lansquenets des bandes noires [1], les seuls qui n'eussent pas déserté après l'assaut de Brescia, l'élite de l'infanterie française, étaient rappelés par Maximilien. Le meilleur de leurs capitaines, Jacob Demps, venait de montrer à Bayard une lettre impériale, qui lui ordonnait d'abandonner, sur le champ, les enseignes françaises; en noble et loyal frère d'armes, Demps consentait à ne publier cette lettre qu'après la bataille, si l'on se battait le lendemain.

Le jeune général réunit son conseil de guerre; Lautrec, La Palice, Brézé, Crussol et la plupart des capitaines se tinrent à l'opinion de Bayard, qui voulait qu'on donnât la bataille.

---

armée, mettre le siège devant Ravenne. Bientôt après l'armée du pape et les Espagnols (*Espaingnars*), bien qu'ils ne fussent pas, à beaucoup près, en aussi grand nombre, se mirent de l'autre côté de la rivière pour secourir la dite cité. Les Vénitiens, séparés des Espagnols par une autre très grande rivière (*le Pó*), ôtèrent aux Français les vivres, qui, pour la plupart, leur venaient de Lombardie; tellement que les Français, par nécessité ou autrement, levèrent le siège en feignant de vouloir se retirer. »

(Lettre de Ferry Carondelet à Marguerite d'Autriche, gouvernante des Pays-Bas. — *Correspondance de Louis XII*. Bruxelles, 1712.)

[1] On les appelait ainsi à cause de la couleur de leurs enseignes et surtout de la cruauté avec laquelle ils faisaient la guerre.

Le bon chevalier fût chargé de faire la reconnaissance de la position ennemie.[1]

Il y avait une telle émulation de vaillance entre les capitaines français, que le lieutenant de la compagnie du duc de Nemours, le baron Roger de Béarn[2], « aventureux chevalier et toujours prêt à l'escarmouche, » résolut, sans en rien dire, de devancer Bayard dans le camp du Ronco. Au petit jour, il alla, avec une cinquantaine de lances, « dresser une chaude alarme aux Espagnols. »

Ceux-ci faisaient bonne garde. Deux ou trois coups de canon[3] arrêtèrent les Français devant le fossé, et 120 armures de fer, espagnoles ou napolitaines, les chargeant à la fois, les obligèrent à reculer au pas, puis au trot, puis au galop.

Heureusement, la compagnie Bayard arriva à temps, pour secourir le baron de Béarn.

Le bon chevalier avait divisé ses gens en 3 bandes,

---

[1] « Je serais d'avis, dit le duc de Nemours à Bayard, s'il vous semble bon (car depuis longtemps déjà vous connaissez la manière de faire des Espagnols) que demain matin ils eussent par vous quelqu'escarmouché; de sorte que vous les fassiez mettre en bataille et que vous voyez leur contenance. » (*Loyal Serviteur*, chap. LII).

[2] Brantôme l'appelle le prince de Béarn. D'après Petitot (*Collection des mémoires relatifs à l'histoire de France*), c'était un bâtard de la maison de Foix, qui était baron de Ravat et vicomte de Conserans.

[3] « L'un emporta le bras droit d'un fort gaillard gentilhomme appelé Bazillac; l'autre tua le cheval du seigneur de Bersac; galant homme d'armes de la compagnie du duc de Nemours. » (*Loyal Serviteur.*)

qui marchaient à un jet d'arc l'une de l'autre, conformément aux instructions données la veille.

Son guidon, le bâtard du Fay, avec 50 archers à cheval (*pointe*), avait passé le Mantone au-dessous de l'artillerie des Espagnols; il avait pour mission de « faire l'alarme dans le camp ennemi le plus avant qu'il pourrait. »

Son lieutenant, le capitaine Pierrepont, suivait du Fay avec 50 hommes d'armes et le reste des archers (*Tête*).

Bayard conduisait le *gros* de la compagnie, qui marchait sous les enseignes du gentil duc de Lorraine.

Du Fay s'arrêta pour rallier les gens d'armes du baron de Béarn et fit prévenir Bayard, qui lui manda incontinent de se replier sur Pierrepont.

Le bon chevalier s'avança lui-même au galop, à la tête du 3ᵉ échelon, pour mettre toute sa compagnie ensemble.

— « Avant, compagnons, secourons nos gens! » — criait-il.

La cavalerie espagnole et napolitaine avait passé le Mantone à la suite des Français.

Bayard la chargea impétueusement.

« Dès la première pointe, il fut porté par terre cinq ou six Espagnols; toutefois les autres se mirent en défense très honnêtement (fig. 33); mais, à la fin, ils tournèrent le dos et galopèrent droit au Mantone, qu'ils repassèrent en grande diligence.

« L'alarme était déjà dans leur camp; de sorte que

tout s'était déjà formé en bataille, gens de pied et gens de cheval.

Fig. 33. [1]

Nonobstant, le bon chevalier les mena, battant et chassant, bien au delà dudit camp, où lui et les siens firent merveilles d'armes, car ils abattirent tentes et pavillons et poussèrent par terre ce qu'ils trouvèrent. » [2]

[1] Ce fac-simile d'une vignette de l'ouvrage (déjà cité) de Walhausen nous indique comment une compagnie d'hommes d'armes, sans les archers, se ralliait en carré pour se mettre en défense. Le capitaine (C), escorté de son écuyer menant un cheval de rechange, se tient à la droite de l'escouade (peloton) qui fait face à l'ennemi; le lieutenant (L) est à la droite de l'escouade opposée; l'enseigne au premier rang de la première escouade; les trois trompettes (T) sont au centre du carré.

[2] Le Loyal Serviteur, ch. LIII.

Une troupe de 2 ou 300 hommes d'armes ennemis, qui venait sur son flanc pour le tourner, obligea Bayard à la retraite; mais sa reconnaissance offensive avait réussi, puisqu'elle avait obligé les Espagnols à se former en bataille et à montrer leurs dispositions.

On se prépara activement, de part et d'autre, à la bataille du lendemain : Gaston de Foix, assisté de ses principaux capitaines, régla minutieusement l'ordre de bataille de ses troupes, en indiquant à chacune d'elles son emplacement et son rôle.

Ravenne (11 avril 1512).

Le jour de Pâques, de grand matin, les lansquenets franchirent en bon ordre le pont du Mantone.

Les aventuriers français devaient les suivre. « Mais le gentil seigneur de Molart dit à ses rustres :

— « Comment! compagnons, nous sera-t-il reproché « que les lansquenets aient passé plus tôt que nous « du côté de l'ennemi. J'aimerais mieux perdre un « œil pour mon compte ! »

« Et tout chaussé et vêtu, il se mit au beau gué dedans l'eau, et ses gens après; et les rustres firent si bonne diligence, qu'ils furent de l'autre côté de la rivière avant les lansquenets.

« L'artillerie put ainsi passer le pont plus tôt, et se placer devant les gens de pied [1], qui tantôt se mirent

---

[1] « Les Français passèrent la rivière par ponts jetés de trois côtés,

eh bataille ; après, passa l'avant-garde des gens de cheval, et puis la *bataille*[1]. »

L'armée française se composait de 1.600 lances, de 18.000 hommes de pied et de l'artillerie du duc de Ferrare, la plus perfectionnée de l'Europe. Gaston de Foix disposa ses troupes en croissant, pour envelopper les lignes ennemies tracées en demi-cercle.

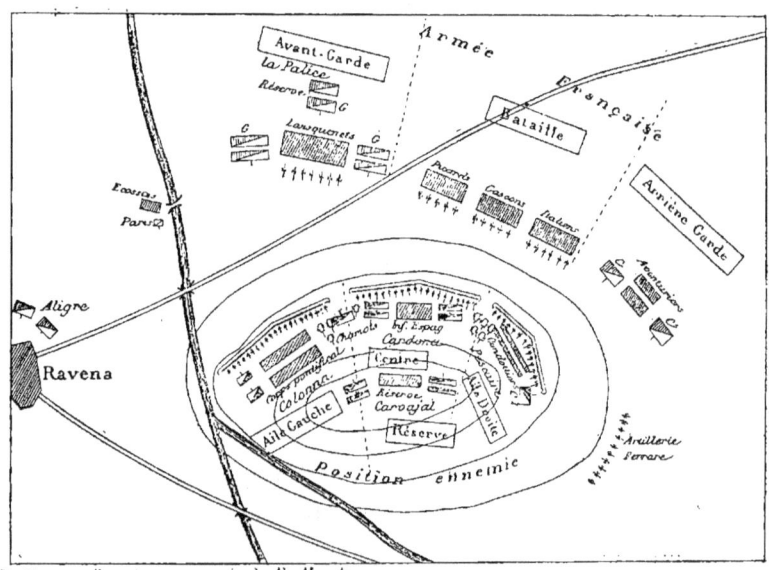

P. MERLE, d'après un croquis de E. Hardy.
Fig. 34.

L'aile droite, appuyée au Ronco, était commandée

et prirent assez à la dépourvance les Espaignars qui se mirent incontinent au point pour combattre ; mais, avant qu'ils pussent être bien en ordre et conseiller leur fait, ils furent assez offensés de l'artillerie que les Français avaient placée fort à leur avantage, de trois côtés, au nombre de 80 pièces. » (*Lettre de Ferry Carondelet*.)

[1] *Loyal Serviteur.*

par Louis de Brézé et par le duc de Ferrare; elle se composait de 700 lances et de 2.000 lansquenets.

8.000 Français, des bandes de Picardie et de Gascogne, et 5.000 piétons italiens, conduits par un cadet de la maison de Mantoue, formaient le *corps de bataille*.

Trivulce était à *l'aile gauche* avec 3.000 chevau-légers (C, C') et les *rustres* du capitaine Molard.

Le maréchal de La Palice, avec l'élite de la gendarmerie de France (G), formait la *réserve*, en arrière de l'aile droite.

Sur la rive gauche du Ronco, Yves d'Alègre et 400 lances tenaient en respect la garnison de Ravenne; le capitaine Paris, avec 1.000 Écossais, observait le cours du Mantone.

Avant d'engager l'action, Gaston de Foix parcourut les rangs suivi d'une brillante escorte de jeune noblesse, en priant chacun « de bien faire pour l'amour de sa dame. »

C'était Pedro Navarro, tacticien consommé autant qu'ingénieur habile, qui avait rangé l'armée ennemie en arrière des retranchements.

L'*aile gauche*, opposée à l'aile droite française et appuyée comme elle au Ronco, se composait des 800 hommes d'armes et des 6.000 fantassins de l'armée pontificale, sous Fabrice Colonna;

Le vice-roi de Naples, Cardona, se tenait au *centre*, avec 600 lances et 4.000 fantassins espagnols;

A l'*aile droite*, 1.000 chevau-légers et les condottièri napolitains, sous le marquis de Pescaire;

Une *réserve* de 400 lances et de 4.000 fantassins espagnols, sous Carvajal, formait la deuxième ligne en arrière du centre.

L'artillerie des deux armées était répartie sur le front de l'infanterie. Les gros canons napolitains étaient placés derrière le retranchement; mais Pedro Navarro, afin de pouvoir transporter l'artillerie légère d'un point à un autre de la ligne de bataille, avait monté 20 couleuvrines et 200 grosses hacquebutes à croc sur des chariots, cuirassés et hérissés d'épieux à la façon des chars de guerre des anciens.

La bataille commença par une violente canonnade. Pendant trois heures, les gens de pied français, qui s'étaient avancés à découvert jusqu'à deux jets de pierre du camp ennemi, tinrent à honneur de rester debout sous le feu; ils furent très maltraités. Tous leurs capitaines s'étant mis au premier rang, 38 sur 40 restèrent sur la place.

M. de Molard, « vieux routier aux guerres d'Italie, qui avait charge de 2.000 hommes de pied braves et vaillants », et Jacob Demps furent emportés par le même boulet, pendant qu'ils trinquaient ensemble devant l'ennemi.

Le duc de Ferrare eut alors une inspiration tactique qui décida du gain de la bataille. Comme l'aile gauche française débordait les retranchements ennemis, il porta vers la pointe du croissant quelques coulevrines, et prit, à la fois, d'écharpe ou à revers, l'intérieur des retranchements, les batteries et les masses profondes de l'infanterie espagnole, que Pedro Navarro, son chef, avait maintenues jusque-là couchées à plat ventre.

L'armée du pape faisait mauvaise figure sous le canon ; Fabrice Colonna fit combler le fossé qui couvrait son front, et marcha au devant de l'aile droite française, en entraînant la gendarmerie de Cardona et de Carvajal. Cette cavalerie fut aussitôt chargée par la gendarmerie française, conduite par Gaston de Foix en personne.

Au même moment, les lansquenets, les bandes de Picardie et les Gascons s'élançaient à l'attaque du retranchement; mais Pedro Navarro, faisant lever brusquement ses Espagnols, les lança contre les assaillants.

La mêlée devint générale ; elle fut courte.

La cavalerie espagnole et italienne, culbutée, prit la fuite, à l'exemple du vice-roi de Naples [1].

---

[1] « Il y demeura des deux côtés plus de 23.000 personnes. Les Français, au dire de tous, y ont perdu autant de gens que les autres; toutefois ils ont gagné la bataille, parce que le vice-roy de Naples, don Ramon de Cardona, capitaine général de l'armée, voyant le grand désarroy et meurtre que faisait la dite artillerie des Français, ne combattit oncques, mais s'enfuit avec 500 lances et 7.000 piétons. » (*Lettre de Ferry Carondelet.*)

L'infanterie de Colonna, attaquée en flanc par la réserve de 400 lances de La Palice, se débanda ; son chef fut pris.

On n'eut pas si bon marché de l'infanterie espagnole. Combattant, à la manière des Romains, avec l'épée et le bouclier, elle avait réussi à rompre la phalange des lansquenets, et elle avait mis en désordre les bandes de Picardie et les hacquebutiers gascons, lorsque la gendarmerie française, « accourant à la rescousse de l'infanterie, » obligea les Espagnols à se replier sur leur camp retranché [1].

Là, ceux-ci firent tête de nouveau ; les piquiers de Pedro Navarro s'entassèrent dans les passages ménagés dans le retranchement, et les arquebusiers garnirent le parapet. Lansquenets, Picards et Gascons se ruèrent à l'assaut ; mais tous leurs efforts semblaient impuissants, lorsqu'un capitaine de lansquenets, Fabian, prenant sa pique par le travers et l'élevant à deux mains au-dessus des piques espagnoles, en rabattit brusquement quelques-unes et fit une étroite trouée, où les Français s'élancèrent en passant sur le corps du héros.

---

[1] « Les Suisses et les Espagnols ont une infanterie redoutable qui cependant a ses défauts : les Espagnols ne tiennent pas contre la cavalerie française, et les Suisses prennent peur quand ils ont affaire à des fantassins qui rivalisent avec eux d'opiniâtreté. A Ravenne, quand les gens de pied espagnols, couverts par leurs boucliers, se jetèrent avec leur agilité ordinaire au milieu des piques des lansquenets, ils rompirent l'infanterie allemande qui gardait le même ordre que les Suisses, et ils l'auraient mise en déroute si la gendarmerie française n'était venue fondre sur eux. » (Machiavel. *Le Prince*.)

Une lutte acharnée main à main, s'engagea entre les deux infanteries d'élite. Mais la gendarmerie française avait tourné les retranchements, et déjà elle chargeait la queue des bataillons de Navarro; lui-même fut pris.

Alors les Espagnols vaincus se rallièrent, reformèrent leurs bataillons décimés et battirent fièrement en retraite le long de la chaussée étroite du Ronco. De distance en distance, ils s'arrêtaient pour tirer leurs arquebuses et les recharger, faisant tourner le dos aux piétons français débandés qui les approchaient de trop près.

F. Weiss.
Fig. 35.

Gaston de Foix, couvert de sang, recevait les rapports de ses officiers[1], lorsqu'un de ses archers d'ordonnance vint lui dire que 2.000 gens de pied ennemis avaient échappé.

Aussitôt le jeune prince s'élança, à peine suivi, à leur poursuite. Entouré par les Espagnols, désarçonné et jeté dans un fossé, il se releva l'épée au

---

[1] « La bataille gagnée, M. de Bayard vint au duc de Nemours, qu'il trouva tout couvert du sang et de la cervelle d'un de ses gendarmes, tué près lui d'une canonnade.

— « Monseigneur, êtes-vous blessé, lui demanda-t-il ?

poing, et se défendit « comme Roland à Roncevaux. »

Malgré les prières du maréchal de Lautrec, son cousin, qui criait aux Espagnols :

— « C'est le frère de votre reine ! »

Gaston de Foix fut percé de plus de vingt coups d'épée et de pique.

« Il mourut à vingt-trois ans, déjà couvert d'une gloire immortelle; et l'on peut dire *qu'il fut grand capitaine avant d'avoir été soldat.* »[1]

Après Alexandre et Gaston de Foix, il n'y a, dans l'histoire des peuples, que le grand Condé et Napoléon qui aient mérité un pareil éloge.

ARTILLERIE LÉGÈRE.

Ainsi, depuis Fornoue, où le canon n'avait pas tué 10 hommes, l'artillerie avait pris, peu à peu, sur le champ de bataille le rôle prépondérant.

Pour elle, Ravenne est une date mémorable, car c'est la première victoire qu'on ait due aux *batteries légères*.

Pedro Navarro comprenait si bien tout le parti qu'on pouvait tirer de l'artillerie en la rendant mobile, qu'il

---

— « Non ; mais j'en ai blessé bien d'autres, répondit le jeune prince.

— « Or, Dieu soit loué, monsieur, dit Bayard; vous avez gagné la
« bataille et demeurez aujourd'hui le plus honoré prince du monde.
« Mais ne tirez pas plus avant, et rassemblez votre gendarmerie en ce
« lieu. Surtout qu'on ne se mette pas au pillage, car il n'est pas temps.
« Le capitaine Louis d'Ars et moi allons après ces fuyants. Pour homme
« vivant, monsieur, ne départez point d'ici que nous ne vous venions
« quérir ou mandions! »

[1] Guicciardini.

avait disposé ses fauconneaux sur des chariots blindés pour les lancer dans la mêlée.

Les capitaines français donnèrent à leurs adversaires un nouvel exemple de bravoure, en restant *debout et impassibles sous le canon*. Ce sera pour eux un point d'honneur pendant trois siècles et demi, jusqu'aux désastres de 1870; depuis, un règlement formel leur ordonne de faire coucher les hommes sous le feu de l'artillerie.

Cette fois encore la gendarmerie française s'est montrée brillante, audacieuse, irrésistible; elle fera mieux encore à Marignan; mais le canon et l'arquebuse ont ouvert dans ses rangs des brèches irréparables : ce sont les dernières prouesses de la *lance chevaleresque*.

— « Dieu nous garde de remporter jamais pareille
« victoire! s'écria Louis XII en lisant le rapport de La
« Palice. Je voudrais ne plus avoir un pouce de terre
« en Italie et pouvoir, à ce prix, rendre la vie à mon
« cher neveu et à tous les braves qui sont morts avec
« lui! »

Une défaite n'aurait pas eu de plus funestes conséquences.

Le pape, au lieu de traiter avec les Français, redoubla contre eux de haine et de colère; il obtint de nouveau l'intervention des Suisses, qui donnèrent à l'armée de Venise la cohésion qui lui manquait.

La Palice fut obligé d'évacuer le Milanais, et le fils de Ludovic le More, Maximilien Sforza, recouvra la couronne ducale que son père avait perdue.

L'ANNÉE 1513.

La Trémoïlle prit, au mois de mai 1513, le commandement de l'armée d'Italie. La campagne débuta par des succès : Alexandrie, Verceil et Pavie furent repris sans coup férir.

A l'approche des Français, Maximilien Sforza abandonna Milan, et, comme son père, il s'enferma dans Novare avec 10.000 Suisses.

La Trémoïlle vint l'y assiéger, le 4 juin ; il avait 1.200 lances, 800 chevau-légers, 6.000 lansquenets, autant d'aventuriers français et gascons et plus de 100 pièces d'artillerie.

C'était renouveler l'entreprise qui avait si bien réussi, en 1500, contre Ludovic le More.

Mais les Suisses, cette fois, ne songèrent pas à trahir, et l'on n'essaya pas de les acheter. Ils avaient devant eux leurs rivaux détestés, les lansquenets allemands, qui leur faisaient concurrence dans le métier de mercenaires, et que Louis XII leur avait préférés. Aussi, pour montrer au roi de France combien il avait perdu au change, ils tentèrent, dans la nuit du 5 au 6 juin, une attaque audacieuse contre le camp français.

Novare (6 juin 1513).

La Trémoïlle avait été prévenu par ses coureurs albanais qu'un renfort de 5.000 Suisses était déjà entré dans Novare et qu'une nouvelle colonne importante y était attendue.

Le général français crut prudent de lever le siège; mais, sur l'avis de Trivulce, il fit la faute d'établir son camp devant Trécate, à 3 milles de Novare, sur un terrain boisé, marécageux et coupé de canaux qui gênaient les communications en empêchant les manœuvres de la cavalerie.

« L'armée, très fatiguée par la chaleur, s'était logée assez tard. Monsieur de La Trémoille avait dit, le soir, aux capitaines, qu'ils pouvaient dormir sûrement et faire bonne chère, parce que les Suisses, n'ayant pas tous leurs gens ensemble, n'étaient pas encore prêts à combattre.

« Toutefois, vers une heure du matin, les Suisses vinrent, à l'ombre du petit bois qui tenait au quartier des lansquenets, rebouter le guet des aventuriers français jusqu'au logis de M. de La Trémoille.

« Celui-ci eut, à grand'peine, le loisir de se lever et de monter à cheval à demi-armé, car les Français et les Suisses étaient déjà pêle-mêle contre son logis.

« L'alarme fut grande au camp; la gendarmerie monta à cheval et se forma en désordre, pendant que les Suisses se renforçaient.

« Leur point d'attaque était bien choisi, car en cas d'échec ils pouvaient se retirer le long du petit bois jusqu'à Novare, sans être inquiétés par les gens de cheval. »

Les Suisses marchaient en deux colonnes.

L'une, pour gagner l'artillerie, devait attaquer les

lansquenets qui la gardaient; l'autre devait disperser les aventuriers français, puis faire irruption dans le quartier de la gendarmerie, afin de l'empêcher de venir *à la rescousse* des lansquenets.

Les *enfants perdus* de la première colonne suisse engagèrent l'attaque, main à main, avec les lansquenets ; mais Robert de la Mark, seigneur de Sedan, les chargea avec 300 hommes d'armes et les mit en fuite.

Les lansquenets, « qui étaient à peine 5.000 sains et en point de combattre », soutinrent bravement l'attaque du gros de la colonne suisse.

Leurs 800 hacquebutiers firent merveilleusement leur devoir; et ces deux infanteries d'élite, qui avaient le même armement, la même tactique et le même orgueil militaire, ne tardèrent pas à s'attaquer corps à corps et à se confondre dans une terrible mêlée à l'arme blanche (fig. 36) [1].

La deuxième colonne suisse mit en fuite, presque sans combat, les aventuriers français et les hacquebutiers gascons.

Les lansquenets ne furent vaincus qu'après deux

[1] « Alors on vit, à la faveur du jour naissant, toutes les vicissitudes et les horreurs d'un combat également opiniâtre. Quelques-uns pliaient, mais bientôt ramenés, ils enfonçaient les rangs qui les avaient fait reculer. On s'avançait de part et d'autre; on cédait, on gagnait du terrain et les deux partis faisaient de suprêmes efforts pour résister à la fièvre de l'adversaire. On ne voyait que des morts et du sang; tantôt les capitaines combattaient comme leurs soldats ; tantôt, reprenant le commandement, ils s'empressaient de pourvoir à tout, de ranimer le courage de leurs gens, de les diriger et de ramener ceux qui pliaient. » (*Guicciardini*, liv. XI, chap. XXXIV).

NOVARE (6 juin 1513).

heures d'une lutte acharnée, dans laquelle leur capitaine général, le sire de Fleurange, reçut 46 blessures [1]; « mais la fleur des Suisses y demeura, et plus de Suisses que de lansquenets. »

imile d'un dessin de Jean Holbein (Musée de Bâle).
Fig. 36. [2]

L'ennemi, maître de l'artillerie, la tourna contre le camp français : la première décharge fut le signal de la déroute.

---

[1] Ce fut son père, Robert de la Mark, qui le découvrit au milieu des morts; « il le mit sur un cheval de bagage et le fit mener avec la gendarmerie qui s'en allait. » (Fleurange, chap. XXXVII.)

[2] Paul Lacroix. *Vie militaire et religieuse du moyen âge et à l'époque de la Renaissance.*

La gendarmerie française, formée en carré sur ce terrain inaccessible, ne pouvait charger ni à droite ni à gauche, sans écraser son infanterie mélangée avec les assaillants. Entourée, acculée, labourée par ses propres boulets, elle se mit en retraite dans la direction de Verceil.

Ce fut un désastre irréparable, à la façon de Granson et de Morat.

L'Italie acclama les Suisses comme ses libérateurs, et un soulèvement général des Lombards rejeta les Français au delà des Alpes.

INVASION DE LA FRANCE (1513).

La Trémoïlle avait été rappelé en toute hâte dans son gouvernement de Bourgogne menacé par l'invasion.

L'empereur Maximilien, le roi d'Angleterre Henry VIII et le roi d'Espagne s'étaient coalisés pour attaquer les frontières françaises au nord et au midi.

Au nord, l'objectif était l'Artois; c'était la Navarre au sud.

L'empereur avait donné rendez-vous au roi d'Angleterre devant cette place de Thérouanne qu'il n'avait pas su prendre, en 1469, après sa victoire de Guinegatte.

C'était, pour nos ennemis, l'année des revanches.

L'armée française de Picardie, réunie à Blangi-en-

Ternois sous le commandement du sire de Piennes, du duc de Longueville et du maréchal de La Palice, reçut l'ordre de ravitailler Thérouanne, coûte que coûte, sans engager toutefois une bataille inégale avec les 40.000 hommes de l'armée de siège.

La Journée des Éperons [1] (16 août 1513).

Il fut conclu que toute la gendarmerie dresserait une alarme au camp ennemi, pendant que les Albanais iraient, au galop de leurs chevaux, jeter des vivres dans Thérouanne.

Le roi d'Angleterre fut averti de ce projet par ses espions; d'autant qu'il y en avait alors de doubles, qui servaient le parti adverse en feignant d'être bons Français.

Le 16 août 1513, les capitaines du roi de France montèrent à cheval avec leurs gens d'armes.

Dès le point du jour, le roi d'Angleterre avait fait mettre au haut d'un tertre 10 ou 12.000 archers anglais et 4 ou 5.000 lansquenets, avec 8 ou 10 pièces d'artillerie (fig. 191), pour couper le chemin à la gendarmerie française quand elle aurait passé outre. Par devant, il avait ordonné tous les gens de cheval d'Angleterre, de Bourgogne et de Hainaut pour assaillir cette gendarmerie.

Il est important de rapporter une chose que peu de

---

[1] D'après le *Loyal Serviteur*, chap. LVII.

gens ont sue, et qui est cause qu'on a accusé, à grand tort, de lâcheté les gentilshommes de France : c'est que les capitaines avaient déclaré à leurs gens d'armes que cette *course* n'avait d'autre but que de ravitailler la garnison de Thérouanne, et qu'il ne s'agissait aucunement de combattre.

F. Weiss.

Fig. 37.

En cas de rencontre d'une troupe ennemie, on devait, pour ne rien hasarder, revenir sur ses pas en passant, si l'on était pressé, du pas au trot et du trot au galop.

« Quand les Français furent à près d'une lieue de Thérouanne, l'escarmouche commença forte et rude. La gendarmerie fit très bien son devoir, jusqu'au moment où elle vit derrière elle les deux bandes de gens de pied anglais et allemands descendre de la colline d'Enguinegatte pour les enclore.

« Aussitôt les trompettes sonnèrent la retraite, et les gens d'armes, suivant la leçon de leurs capitaines, se mirent, le grand pas, au retour. Bientôt ils furent pressés, et passèrent au trot, puis au grand galop; si bien que les premiers vinrent se jeter dans les batailles du seigneur de La Palice et du duc de Longueville, en si grande fureur qu'ils mirent toute l'armée en désordre [1].

« Les capitaines avaient beau crier :

— « Tourne, homme d'armes! Tourne, ce n'est rien! »

« Chacun tâchait de rejoindre le camp de Blangi, où étaient demeurés l'artillerie et les gens de pied.

« Cependant Bayard, entraîné dans la déroute, « retournait sur les ennemis menu et souvent avec une quinzaine d'hommes d'armes. »

Il essaya de défendre un petit pont où deux hommes à cheval pouvaient à peine passer de front, et il envoya un archer à La Palice pour le prévenir qu'il allait essayer d'y arrêter l'ennemi pendant une demi-heure, afin de laisser au reste de l'armée le temps de se former en bataille.

Mais deux cents chevaux bourguignons passèrent le cours d'eau à quelque distance et vinrent l'assaillir par derrière.

[1] Comme à Azincourt.

Forcé de se rendre, Bayard songea à appliquer le précepte de guerre qu'il se plaisait à répéter :

« *Un parfait chevalier doit faire assaut de levrier, dé-*
« *fense de sanglier* et *fuite de loup.* »

Il aperçut, assis sous un petit bouquet d'arbres, un gentilhomme anglais bien en ordre, qui, exténué par la chaleur, avait ôté son armet et se reposait, sans daigner s'amuser aux prisonniers.

Il piqua droit sur lui et lui vint mettre son épée sous la gorge, en lui criant :

— « Rends-toi, homme d'armes, ou tu es mort ! »

Le gentilhomme bien ébahi eut peur de mourir et dit :

— « Je me rends, puisque je suis pris, mais qui êtes-vous donc !

— « Je suis, répondit le bon chevalier, le capitaine
« Bayard et je me rends à vous. Emmenez-moi, si c'est
« votre bon plaisir, voici mon épée ; mais ayez la cour-
« toisie de me la rendre, si nous rencontrons en che-
« min des gens qui aient envie de nous tuer. »

Le gentilhomme le lui promit et tint parole, car en rentrant au camp de l'Empereur, il fallut jouer du couteau contre certains anglais qui voulaient égorger tous les prisonniers [1].

Ce bon tour de Bayard n'empêcha pas le peuple de

---

[1] Bayard partagea pendant quatre jours la tente de l'Anglais qui lui fit très bonne chère. Le cinquième jour, il lui dit :

— « Mon gentilhomme, je voudrais bien être mené sûrement au camp
« du roi mon maître, car il m'ennuie déjà ici.

France d'appeler *lièvres armés* les nobles hommes d'armes, qui avaient tourné le dos devant l'ennemi à la *journée des éperons*.

MORT DE LOUIS XII.

Thérouanne fut pris. Les Suisses descendirent en Bourgogne et menacèrent Dijon.

Le bon roi Louis ne trouva de plus sûr moyen, pour arrêter cette triple invasion, que d'acheter la paix avec les beaux deniers, dont il était trop économe au dire des courtisans et des clercs de la basoche.

Louis XII, las de la guerre, ne songeait plus qu'à en réparer les maux, lorsque la mort vint le surprendre, quelques mois après son mariage avec une jeune sœur du roi d'Angleterre (1ᵉʳ janvier 1515).

Le peuple et l'armée le pleurèrent :

Le peuple, « parce qu'il avait été, en son vivant, un

— « Comment ! dit l'autre, mais nous n'avons pas encore parlé de
« votre rançon.

— « Ma rançon ! La vôtre, voulez-vous dire, puisque vous êtes
« mon prisonnier. J'ai reçu votre foi, et, si je me suis rendu à vous,
« c'était pour sauver ma vie et non autrement. »

L'Anglais se récria.

— « Mon gentilhomme, lui dit Bayard, ou bien vous me tiendrez
« promesse, ou bien, quand j'en réchapperai, en quelque sorte que ce
« soit, j'aurai le plaisir de me battre avec vous. »

L'Anglais, qui connaissait la réputation du capitaine Bayard, ne se souciait nullement de ce combat ; il en fut référé à l'empereur et au roi d'Angleterre, qui déclarèrent que les deux gentilshommes étaient quittes l'un envers l'autre. (*Loyal Serviteur.*)

bon roi, sage et vertueux, qui ne l'avait foulé que par contrainte [1], et l'armée, parce que c'était un gentil prince, lequel avait fait, en son temps, beaucoup de belles choses, où pour la plupart il était en personne »[2].

[1] *Loyal Serviteur,* chap. LVIII.
[2] *Fleurange,* chap. XLVI.

CHAPITRE V

LE ROI CHEVALIER

SOMMAIRE.

Le rosier des guerres. — Campagne de 1515. — Les Suisses. — Marignan.

LE ROSIER DES GUERRES.

— « Nous travaillons en vain, ce gros garçon gâtera « tout ! »

Avait dit Louis XII de son cousin, François d'Angoulême, l'héritier de sa couronne [1].

Cependant jamais règne ne commença sous de plus heureux auspices.

Le nouveau roi, dans tout l'éclat de ses vingt ans, « était de belle taille, bien proportionné de membres, beau de face, avec une telle majesté au visage que tout

---

[1] « Il l'avait fait élever aux études dans le collège de Navarre, à Paris ; et, bien que François n'y eût pris qu'une très médiocre teinture de la langue latine, néanmoins le peu qu'il savait lui donnait un grand goût des sciences, particulièrement de l'*astronomie*, de la physique, de l'histoire naturelle et de la jurisprudence. Il avait auprès de lui les plus habiles gens de son royaume, qui s'entendaient à lui faire des discours méthodiques de ces belles connaissances ; le plus souvent, durant son dîner, quelquefois à la promenade ou dans son cabinet. Il profita si bien de leurs entretiens, qu'il devint aussi habile que ses maîtres. » (Mézeray, *Histoire de France*.)

en lui ressentait de la grandeur royale. Eloquent au possible, homme de bon discours, il prenait un singulier plaisir à ouïr les hommes rares parler devant lui ; à leurs raisons il ajoutait souvent les siennes, si pertinentes que la plupart admiraient sa gentillesse et sa subtilité. » [1]

Mais c'était surtout de la guerre que François Ier aimait à s'entretenir, avec les merveilleux capitaines [2] qui l'avaient dirigé dans ses premières campagnes, en Navarre contre les Espagnols, en Picardie contre les Impériaux et les Anglais.

Les dernières négociations de Louis XII semblaient au nouveau roi autant d'humiliations, dont il fallait tirer une prompte vengeance ; aussi employait-il les heures de repos que lui imposaient les fatigues de la chasse, ou les horions reçus dans les tournois [3], à étudier, dans le traité de Machiavel [4], les devoirs d'un roi belliqueux.

[1] Jean Rabel, *Histoire de François Ier*.
[2] « Louis XII eut de son temps les meilleurs capitaines qu'eut jamais roi de France depuis les 12 pairs de Charlemagne. » (Brantôme.)
[3] « Le 29 novembre 1514, mon fils courant en lice aux Tournelles, fut blessé entre les deux premières jointes du petit doigt, environ 4 heures après midi. » (*Journal de Louise de Savoye.*)
[4] « C'est une nécessité pour un prince de se donner tout entier à l'étude de la guerre. En temps de paix, il doit tenir ses soldats en haleine et se livrer à la chasse. Cet exercice, en l'habituant à la fatigue, lui apprendra l'*assiette des lieux, la pente des montagnes, les entrées et les issues des vallées, la largeur des plaines, la nature des cours d'eau et des marais;* de cette façon, il connaîtra, non-seulement son pays et la manière de le défendre, mais encore les autres pays qu'il a intérêt à connaître; car les collines, les vallées, les plaines, les ri-

Admirateur de Louis XI, « qui avait eu bien raison, disait-il, de mettre les rois hors de pages, » il savait par cœur les maximes du *Rosier des guerres*[1], que le général de Montlhéry avait rédigé pour ses successeurs.

Voici les principales de ces maximes :

« Celui-là est digne d'être chevalier, qui a l'œil ouvert, la tête droite, la poitrine large, les bras gros et carrés, le cou gros, les doigts longs, le ventre petit, les reins larges, les cuisses et les pieds nerveux et

vières et les marécages de la Toscane, par exemple, ont une certaine ressemblance avec ceux des pays voisins. *Bien connaître une province, c'est apprendre le terrain en général.*

« Cette étude est le premier devoir d'un bon capitaine ; c'est celle qui lui apprend à reconnaître l'ennemi, à établir son camp, à diriger son armée, à livrer les batailles ou à assiéger les villes. Lorsque Philopœmen voyageait avec ses amis, il s'arrêtait souvent pour leur demander :

— « Si l'ennemi était sur cette colline, et que notre armée fût ici, qui aurait l'avantage de la position ?

— « Comment pourrions-nous aller à l'ennemi et l'attaquer dans les formes ?

— « Par où nous retirerions-nous en cas d'échec ?

— « Comment poursuiverions-nous en cas de succès ? »

« Il examinait tous les cas qui peuvent se présenter à la guerre, recueillait les avis et donnait le sien avec toutes les raisons à l'appui. De cette façon, quand il faisait la guerre, il ne lui arrivait jamais rien qu'il n'eût prévu.

« Un prince doit encore nourrir son esprit en recueillant dans l'histoire les actions des grands capitaines, les causes de leurs victoires et de leurs revers. C'est ainsi qu'Alexandre a imité Achille, César Alexandre et Scipion Cyrus. » (*Le Prince.*)

[1] Le manuscrit de Louis XI fut imprimé in-folio par ordre de François 1er, en 1523, sous le titre « *Rosier historial de France* ». Le président d'Espagnet en a donné l'édition la plus connue. (Paris. Nicolas Buon, 1616.)

durs; on doit, dans un chevalier, rechercher la force plutôt que la grandeur de la stature.

« Il est rare qu'on puisse férir bons coups d'épée ou de hache, quand on n'a appris qu'à tenir la plume, l'aiguille *ou le rasoir* [1].

« Le chevalier doit avoir sens, force, hardiesse, loyauté et exercice de son art.

« Sens de chevalier fait plus pour la victoire que multitude de gens ou force des combattants.

« Quand on jette dard en la bataille [2], le chevalier, par sa hardiesse, vient courant et saillant; il ébahit la pensée et les yeux de ses adversaires, et les navre avant qu'ils se soient mis en garde ou qu'ils se soient préparés à se défendre.

« Le loyal chevalier n'est pas corruptible; il aimerait mieux mourir que de servir en rien les ennemis du royaume ou faire une vilaine fuite.

« C'est pillard et non chevalier qu'il faut appeler celui qui, ordonné pour la garde et la défense du droit commun et bien payé de ses gages, vit nonobstant sur le commun. »

Quant au prince :

« Il n'a pas au monde de moyen plus sûr pour défendre son bien que d'être aimé de ses gens; le plus épouvantable c'est d'en être craint.

---

[1] Ceci était sans doute une épigramme de Louis XI à l'adresse de son barbier Olivier le Daim, qui tranchait du gentilhomme depuis qu'il avait été ambassadeur à Gand.

[2] Contre les gens de trait ou de canon.

« Celui qui veut être craint doit se tenir en garde contre ceux qui le craignent; sinon il se met en péril. Mais, pour être aimé, il faut aimer soi-même.

« Le prince doit, de ses mains, bailler les gonfanons et bannières en la plus triomphante manière.

« Tous ses capitaines doivent savoir garder et conduire l'armée, mettre aux champs les pavillons [1], surveiller, de jour et de nuit, les environs de l'ost, disposer et échelonner les batailles.

« Le prince doit être partout à la fois, tantôt ici et tantôt là, mais ne s'exposer de sa personne qu'en cas de nécessité.

« Bien garder les villes assiégées par l'ennemi.

« *On ne doit pas batailler pour avoir guerre, mais pour gagner pays.*

« Le prince qui veut mener sainement son armée doit :

1° Prendre par écrit les chemins ou passages les plus courts et les plus sûrs, et noter les dangers qu'on peut courir en les parcourant, avec les remèdes à l'encontre ;

2° Se servir des meneurs et des guides connaissant les voies ; les surveiller pour les empêcher de trahir, en les menaçant de mort si l'on doute d'eux, et en leur promettant riche récompense s'ils mènent bien ;

---

[1] Établir le camp.

3° Être assisté de bons et loyaux conseillers, usités et accoutumés d'armes et de batailles;

4° Laisser ignorer où il veut aller; plus le conseil sera tenu secrètement et mieux l'entreprise réussira;

5° Mettre l'élite de ses gens de guerre dans l'endroit qu'il croira le plus périlleux;

6° Avoir, dans chaque bataille, des coureurs et chevaucheurs bien montés et loyaux;

7° Tenir l'armée bien rangée et ordonnée par batailles, de manière que si l'ennemi survient à l'improviste, il la trouve en bonne ordonnance et toujours appareillée de combattre;

8° Savoir s'il dispose de plus de cavalerie que d'infanterie ou réciproquement, et quelle est la plus grande force de l'armée; se rappeler que c'est en plein champ que les gens de pied combattent le mieux.

« Le prince connaîtra, comme tout bon capitaine, les cinq manières de former une troupe en bataille.

La première, en *ligne longue et étroite;* ce qui n'est bon que pour défendre un port (passage);

La seconde, en *carré;* c'est la pire;

La tierce, en manière de *force* ou de *tenaille;* c'est la meilleure;

La quatrième, en *écu;*

La cinquième, en *cercle.*

Pour bien juger de la formation à choisir, on considérera l'artillerie des deux partis.

« Sept choses donnent l'avantage à la guerre :

1° Un bon ordre de bataille et la supériorité en artillerie et en gens de guerre ;

2° La position ;

3° Les circonstances atmosphériques : le vent, la pluie, le soleil, avantageux ou contraires ;

4° La connaissance qu'on a de l'approche de l'adversaire avant d'être attaqué ;

5° Être reposé et repu ;

6° Avoir concorde et amour entre soi ;

7° Savoir, peu ou prou, les projets de l'adversaire.

« *Les occasions favorables* pour une attaque sont :

1° Le moment où l'ennemi est lassé de cheminer ;

2° Quand il passe une rivière ; qu'il est engagé dans un défilé ou embourbé en terrain marécageux ;

3° Quand il gravit une montagne ;

4° Quand il a le soleil, la poussière et le vent dans les yeux ;

5° Pendant qu'il dort ou qu'il se repose ; à la condition que les troupes qui attaquent soient reposées elles-mêmes et qu'elles aient mangé.

« Si on est bien appareillé, prêt et ordonné, et si l'on surprend l'adversaire avant qu'il ait ordonné ses batailles, alors il se trouble, il hésite ; et c'est la moitié de la victoire que d'avoir troublé son ennemi avant le combat.

« En résumé, il faut faire ce qui est profitable aux

siens et nuisible à l'adversaire. Coutume[1] aide plus en bataille que vertu ; mais souvent *lieu*[2] aide plus que vertu, et vertu plus que multitude. »

« Un petit nombre de gens bien avisés est plus digne d'avoir victoire que grande multitude rude et sans enseignement. »

« Art et sagesse valent mieux que puissance[3]. »

CAMPAGNE DE 1515.

Pour entreprendre, à son tour, la conquête du Milanais, François Ier était assisté des *bons et loyaux conseillers* que prescrivait Louis XI ; mais, outre les *gens bien avisés* qu'il avait, en grand nombre, il disposait de 60.000 hommes et de 30.000 chevaux.

C'était la plus nombreuse armée qu'un roi de France eût réunie depuis Bouvines, et cette armée devait trouver en Italie de vaillants alliés.

Venise, menacée par les Espagnols, appelait les Français et leur assurait un renfort de 16.000 soldats aguerris, commandés par le célèbre Alviano. Gênes promettait d'ouvrir ses portes à François Ier, en haine du duc de Milan.

---

[1] L'expérience.

[2] La position topographique.

[3] « Tout l'avantage de la guerre ne gît pas en multitude de légions d'hommes armés, mais seulement en sûre conduite des sages capitaines, droite exécution de preux soldats et vigoureuse défense de juste querelle. » (*Discours de La Trémoïlle, rapporté par Jean d'Auton.*

Cependant Maximilien Sforza avait formé une nouvelle ligue avec l'empereur Maximilien, le roi d'Espagne Ferdinand le Catholique et le pape Léon X.

Pendant que l'armée de cette ligue se concentrait à Plaisance, sur le Pô, 20.000 Suisses venaient s'établir à Suse, au débouché des cols du mont Genèvre et du mont Cenis, afin de fermer aux Français les seules routes qu'on eût suivies jusqu'alors pour pénétrer en Piémont.

Lyon avait été désigné comme point de rassemblement de l'armée française.

Le duc de Gueldre et Robert de la Mark, seigneur de Sedan, y avaient conduit 26.000 lansquenets; la fameuse *bande noire*, reconstituée par le capitaine Tavannes et portée à 6.000 combattants, était le corps d'élite de cette infanterie allemande.

Pedro Navarro, le glorieux vaincu de Ravenne, devenu Français par vengeance contre Ferdinand le Catholique qui l'avait accusé de lâcheté, avait amené de Navarre, de Biscaye et de Gascogne, 10.000 gens de trait.

Il était venu le même nombre d'aventuriers français, sous les capitaines Georget, Bonnet et Maulevrier.

Le grand maître de l'artillerie, Jacques Galiot de Genoilhac, avait réuni à Lyon 72 gros canons et plus de 300 pièces légères, avec un nombreux matériel « à la mode française », qu'escortaient 2.500 pionniers, outre les *artillers*.

François Ier arriva à Lyon le trois août 1515, avec le connétable Charles de Bourbon[1], les trois maréchaux de France, Lautrec, Trivulce et La Palice, et un manifique cortège de princes, de grands seigneurs et de capitaines illustres[2].

La maison du roi, la noblesse volontaire et la gendarmerie formaient une force irrésistible de plus de 3.000 armures de fer, suivies d'un grand nombre de pages, d'archers et d'arbalétriers à cheval. 1.500 chevau-légers devaient faire le service d'éclaireurs et les reconnaissances.

De Lyon, cette armée alla, par différents chemins, se concentrer à Grenoble et à Briançon.

Mais, au moment de franchir le pas de Suze, François Ier apprit que le passage était gardé par les Suisses, et que Prosper Colonna, avec 700 cavaliers pontificaux, se tenait en embuscade aux environs de Saluces, « se flattant de prendre les Français comme pigeons en cage. »

PASSAGE DES ALPES (août 1515).

Cette prétention piqua l'amour-propre des capitaines français.

[1] Fils de Gilbert de Montpensier, descendant direct du sixième fils de saint Louis, Robert comte de Clermont et sire de Bourbon ; il avait épousé, en 1505, sa cousine Suzanne de Beaujeu, fille du duc Pierre II de Bourbon, gendre de Louis XI.

[2] Les ducs d'Alençon et de Vendôme, Claude de Lorraine, seigneur de Guise, Bayard, Himbercourt, Aubigny, Béarn, Bussy d'Amboise, La Clayette, Sancerre, Fleurange, etc.

PASSAGE DES ALPES (août 1515).

Un chasseur de chamois offrit de les guider à travers les défilés, qui mènent d'Embrun à la source de la Stura par la vallée de Barcelonnette.

Le roi fit faire la reconnaissance de ces défilés par le maréchal de Lautrec et par Pedro Navarro. Pour de tels hommes, il n'y avait pas d'entreprise impossible; le sentier proposé fut déclaré praticable, et Navarro se chargea d'y faire passer l'artillerie.

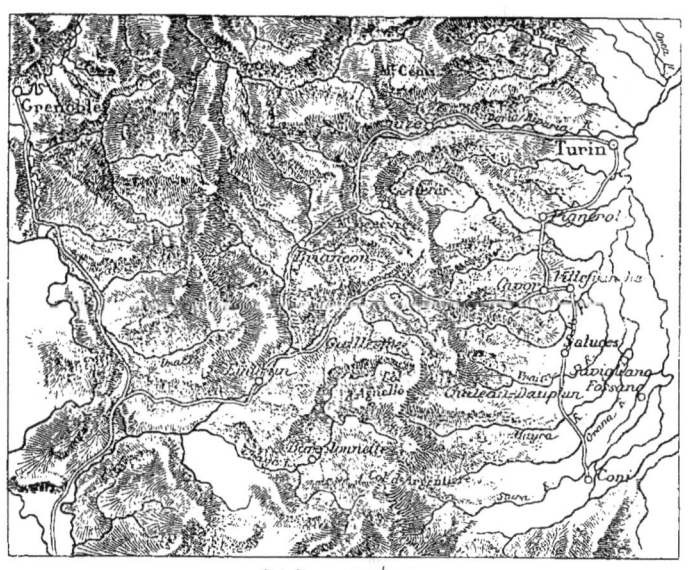

Echelle au 1/500 000

V. F. Ringeisen.

Fig. 38.

L'armée était divisée en 3 corps :

L'avant-garde avec les pionniers, sous le connétable de Bourbon ;

La bataille, commandée par le roi ;

L'arrière-garde, sous le duc d'Alençon.

Elle traversa la Durance à Embrun et se dirigea, par Guillestre, vers le col de l'Argentière, pour descendre dans le marquisat de Saluces.

Une colonne de cavalerie, commandée par le maréchal de La Palice, ayant avec lui Bayard, Aubigny, Montmorency et Himbercourt, couvrit le flanc gauche de l'armée du côté du pas de Suze et suivit, par Briançon, Sestrière et la Roque-Epervière, un sentier « où jamais cheval n'avait passé. »

En même temps Aymar de Prie, débarqué à Gênes avec quelques troupes légères, enrôlait 4.000 bourgeois, et tenait tête au détachement suisse qui opérait dans les Alpes liguriennes.

Le passage des Alpes par le col de l'Argentière fut un prodige d'audace et de persévérance. Depuis Annibal, on n'avait pas vu une armée jeter un pareil défi à la nature.

Pendant cinq jours, l'infanterie française, allemande ou gasconne se prodigua sous la direction de Pedro Navarro. Des ponts furent jetés sur les abîmes, la poudre fit sauter des rochers énormes ; les soldats traînèrent leurs canons avec des câbles et les hissèrent de cime en cime ; les trois corps principaux de l'armée se trouvèrent réunis, le 15 août, dans le marquisat de Saluces [1].

---

[1] « Après cinq jours d'efforts et de fatigues inouïs, la nature sau-

Le même jour, le détachement de La Palice surprenait dans Villefranche, sur le Pô supérieur, Prosper Colonna et ses 700 cavaliers italiens, qu'il l'obligeait à mettre bas les armes [1].

Ce coup d'audace déconcerta les Suisses; ils aban-

---

vage des Alpes fut aussi glorieusement domptée par les Français qu'elle l'avait été autrefois par le grand Annibal ; le troisième jour, l'armée coucha sur les sommets de la grande chaine qui sépare la vallée du Rhône de celle du Pô et la France de l'Italie ; le quatrième jour, elle atteignit Argentière et la source de la Stura ; le cinquième enfin, elle descendit dans les plaines de Saluces, après avoir surmonté autant de périls pour descendre que pour monter. »

(Henri Martin, *Histoire de France*, liv. XLVI.)

[1] « Colonna était à table et dinait; ses serviteurs lui crièrent :

— « Levez-vous, seigneur Prosper, voici les Français en grosse « bande qui sont déjà en cette porte. »

« Alors le seigneur romain cria :

— « Enfants ! gardez cette porte un petit que nous soyons accoutrés « pour nous défendre. »

« Laquelle chose fut faite. Mais le noble Bayard, d'un côté fit combattre ses gens à la porte du logis, et par les autres écheller les fenêtres ; il entra dans la chambre le premier, bien armé, et cria :

— « Seigneur Prosper, où êtes-vous ? Rendez-vous, ou vous êtes « mort ! »

« En disant cela, la porte était gagnée et les Français entraient en grande presse. Quand Colonna vit que la maison était déjà pleine, il cria :

— « Seigneurs français, qui est votre capitaine ?

— « C'est moi, seigneur, répondit Bayard.

— « Votre nom, capitaine ?

— « Seigneur, je suis Bayard de France, et voici le seigneur de La « Palice, les seigneurs d'Aubigny et Himbercourt, la fleur des capi- « taines de France !

— « Or, je me rends, dit le seigneur Prosper, car j'ai été bien sur- « pris ! » (Symphorien Champier. *Vie et gestes du chevalier Bayard*.)

donnèrent leur camp de Suze, se retirèrent à Novare et de là à Milan.

LES SUISSES EN 1515.

Le gros de l'armée française marcha de Turin à Verceil, sans rencontrer de résistance.

Un corps de 8.000 hommes occupa toute la partie cispadane du Milanais, pendant qu'Alviano, posté à Lodi sur l'Adda, observait, avec 16.000 Vénitiens, les 20.000 Espagnols ou Italiens qui campaient sous les murs de Plaisance.

François Ier, maître de Novare et de Pavie, essaya d'acheter la retraite des Suisses, afin d'éviter à Milan les ravages d'un siège.

La négociation semblait facile. Les défenseurs du Saint-Siège n'avaient pas reçu la solde promise par le pape et par le roi d'Espagne ; ils étaient mécontents, et répondaient aux sermons frénétiques du cardinal de Sion :

— « *Pas d'argent, pas de Suisses !* »

Leurs capitaines, gagnés par les agents français, s'apprêtaient déjà à évacuer la Lombardie, lorsqu'un nouveau corps de 20.000 montagnards, avides de pillage et de butin, descendit de Bellinzona. Les nouveaux venus criaient bien haut « que les lansquenets du roi n'oseraient pas les regarder en face, et que les piques des vainqueurs de Novare auraient raison des gendarmes de France, c'est-à-dire des *lièvres armés*, qui avaient tant joué de l'éperon à Guinegatte.

L'honneur français était en jeu: le roi et ses capitaines se préparèrent à combattre.

Ils vinrent prendre position à Melegnano (*Marignan*), sur le Lambro, afin de séparer les Suisses, réunis a Milan, de l'armée de Cardona, et de donner la main aux Vénitiens du camp de Lodi.

Le 13 septembre, l'armée campait sur deux lignes en avant de Melegnano, au bord de la Vahabia, petit affluent canalisé du Lambro.

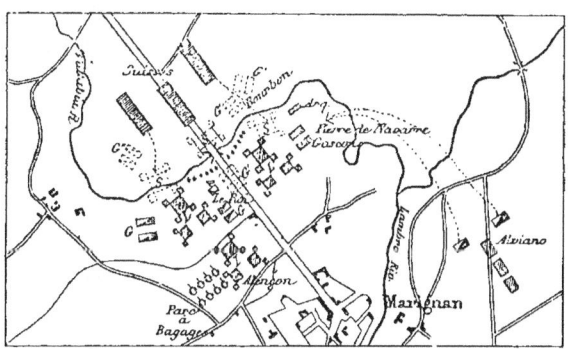

P. MERLE, *d'après un croquis d'E. Hardy.*

Fig. 39.

En première ligne, la plus grande partie des lansquenets (*L*) étaient établis des deux côtés « du droit chemin de Milan à Rome »; ils avaient à leur droite les bandes françaises et gasconnes; à leur gauche, une partie de la gendarmerie (*G*).

Au centre, la maison du roi et le reste de la gendarmerie bivouaquaient en arrière du parc d'artillerie. Galiot de Genoilhac avait placé ses canons en avant du front de bandière, le long de la rive droite du canal.

En deuxième ligne, les lansquenets de la bande noire (*L*) gardaient le bagage.

Il était trois heures du soir ; le roi faisait asseoir à sa table Alviano, venu de Lodi pour prendre ses ordres, lorsqu'il entendit les trompettes sonner l'alarme dans le camp francais.

Fleurange entra au même moment et lui apprit, qu'étant allé escarmoucher aux portes de Milan en compagnie du comte de Sancerre, il avait vu 24.000 Suisses sortir de la ville avec 8 pièces de campagne, et que cette armée, conduite par le cardinal de Sion, s'avançait, en trois colonnes, à l'attaque du camp royal.

Grâce à l'activité du connétable de Bourbon, des maréchaux de France et du grand-maître de l'artillerie, les Français prirent promptement leurs dispositions défensives, pendant qu'Alviano s'éloignait, au galop de son cheval, pour aller chercher du renfort.

— « Seigneur Barthélemy, lui avait dit le roi, tout
« en revêtant son armure, je vous prie d'aller en dili-
« gence faire marcher votre armée, et de venir le plus
« tôt que vous pourrez, soit de jour, soit de nuit, où je
« serai ; car vous voyez quelle affaire j'en ai ! » [1].

La bataille dura deux jours et, au dire du maréchal Jean-Jacques Trivulce, toutes celles qu'il avait vues

[1] Fleurange, chap. L.

dans sa longue carrière étaient jeux d'enfant au prix de celle-là.

François Ier, qui combattit pendant vingt-huit heures au premier rang comme général ou comme soldat, a adressé à sa mère, Louise de Savoie, un récit juvénil et coloré de ces deux journées mémorables; c'est pour l'histoire militaire une bonne fortune, dont nous profitons en citant la lettre tout entière.

Marignan (13 et 14 septembre 1515).

« Madame, afin que vous soyez bien informée du fait
« de notre bataille, je vous avise que hier, à une heure
« après midi, notre guet, qui était sur les portes de
« Milan, nous avertit que les Suisses se jetaient hors
« de la ville, pour nous venir combattre [1].

« Laquelle chose entendue, je tins nos lansquenets
« en ordre, c'est à savoir en trois *troupes* : deux de neuf
« mille hommes et la tierce d'environ quatre mille

---

[1] « Les Suisses s'avancèrent dans la plaine en trois corps massifs, leur artillerie, au centre, sur la grand'route. Les bannières d'Uri sous les landammans Imhof et Puntiner, celles de Schwytz sous Kœtzi et Fleckle, d'Unterwalden sous Fluenz, de Zug sous Schwarzmourer, de Glaris sous Tschudi et des Grisons sous les deux Salis, formèrent la colonne du centre ou le *corps de bataille*. Zurich sous le bourgmestre Roist et Schafthouse sous Ziegler, formèrent l'aile droite; Lucerne sous l'avoyer Hertenstein et Bâle sous les conseillers Offenburg et Meltinger, formèrent *l'aile gauche*. 500 volontaires sous Werner-Stein, de Zug, étaient à l'avant-garde. Marchant en échelons réguliers sur un front peu étendu, ces masses refoulèrent tout devant elles. »
(F. Lecomte, colonel fédéral suisse, *Études d'histoire militaire*. Lausanne, Chantrens, 1870.)

« qu'on appelle les *enfants perdus* de Pierre de Na-
« varre, sur le côté des avenues, avec les gens de pied
« de France et les aventuriers [1].

« L'avenue, par où venaient lesdits Suisses, étant un
« peu serrée, il fut impossible de placer nos gen-
« darmes comme en plein pays [2]; ce qui nous cuida
« mettre en grand désordre.

« De ma bataille [3] j'étais à un trait d'arc des deux
« troupes de ma gendarmerie; à mon dos mon frère
« d'Alençon avec le demeurant de son arrière-garde [4],
« et notre artillerie sur les avenues [5].

« Les Suisses étaient en trois troupes : la première
« de 10.000, la seconde de 8.000, et la tierce de 10.000;
« je vous assure qu'ils venaient pour châtier un prince,
« s'il n'eût été bien accompagné.

---

[1] Charles de Bourbon commandait l'avant-garde ; c'était un droit de sa charge de connétable. Il disposait de la plus grande partie de l'artillerie légère, d'une moitié de la gendarmerie, de 4.000 lansquenets et de 8.000 piétons français.

[2] Les compagnies d'ordonnance, groupées en deux masses (*G*, fig. 39, page 183), étaient *formées en presse*; l'une à l'aile gauche de l'avant-garde, l'autre à l'extrême gauche de la première ligne de bataille. On ne pouvait pas trouver de plus mauvais terrain pour la cavalerie : les avenues étaient bordées de fossés profonds, un canal longeait le front de bandière du camp, et des vergers, garnis de vignes rampantes, rendaient impossible toute manœuvre d'ensemble.

[3] Le roi commandait en personne le *corps de bataille*, formé de 9.000 lansquenets et de sa maison.

[4] 9.000 lansquenets. A la première alarme le duc d'Alençon se porta en ligne pour former l'aile gauche de l'armée française, ce qui était le rôle ordinaire de l'arrière-garde.

[5] Galiot de Genoilhac avait disposé sa grosse artillerie derrière des épaulements protégés par des abatis.

« D'entrée de table qu'ils sentirent notre artillerie
« tirer, ils prirent le pays couvert ¹.

« Le soleil commençait à coucher, de sorte que
« nous ne leur fîmes pas grand mal pour l'heure
« avec notre artillerie. Je vous assure qu'il n'est

Fig. 40. ²

« pas possible de venir en plus grande fureur ni plus
« ardemment.

¹ C'est-à-dire les vergers. « Le connétable de Bourbon avait si bien disposé son artillerie à l'avant-garde que les Suisses y perdirent contenance ; car comme ils tournaient, l'artillerie tournait aussi, les séparant et les étonnant de telle façon qu'ils ne savaient plus ce qu'ils faisaient ni où ils en étaient. Depuis son invention, l'artillerie ne fit oncques autant d'ouvrage que depuis midi jusqu'à la même heure le lendemain. » (*Pasquier Le Moyne*.)

² Bas-relief du mausolée qu'Henri II fit ériger à François Ier dans la chapelle sépulcrale de Saint-Denis, sur les dessins de Philibert Delorme. Les tombeaux fournissent à l'histoire des documents indiscutables ; celui-ci surtout nous fixe sur l'armement et la tactique de l'infanterie et de

« Ils trouvèrent les gens de cheval de l'avant-garde
« par le côté, et lesdits hommes d'armes chargèrent
« bien et gaillardement. Le connétable, le maréchal
« de Chabannes, Himbercourt, Theligny, Pont-de-Rémy
« et autres qui étaient là furent reboutés sur leurs
« gens de pied.

« La grande poussière aussi bien que la nuit qui ve-
« nait empêchaient qu'on ne se pût bien voir; il y eut
« quelque peu de désordre [1].

« Mais Dieu me fit la grâce de venir sur le côté de
« ceux qui les chassaient un peu chaudement, et il me
« sembla bon de les charger.

« Je vous promets, madame, que pour bien accom-
« pagnés et si gentils galants que soient les Suisses,
« deux cents hommes d'armes que nous étions en dé-
« fîmes bien quatre mille et les repoussâmes assez ru-

---

la gendarmerie à l'époque de Marignan (1525) et de Cerisolles (1544). Dans la figure 40, la colonne suisse du centre se prépare à l'attaque, sous les yeux du cardinal de Sion, qui fait porter devant lui la croix de saint Pierre.

[1] « Les lansquenets voulurent faire une hardiesse et passer le canal pour aller trouver les Suisses, qui en laissèrent passer sept à huit rangs, puis les poussèrent de telle sorte que tout ce qui était passé fut jeté dans le canal. Lesdits lansquenets furent fort défaits, et n'eût été le seigneur de Guise (Claude de Lorraine), le connétable de Bourbon, le gentil comte de Saint-Pol, Bayard et plusieurs autres gendarmes qui donnèrent (G', G', fig. 39, page 183) au travers de cette bande de Suisses, ils eussent fait grande fâcherie, car il faisait nuit, et la *nuit n'a pas de honte*. » (*Le Loyal Serviteur*, chap. LX.)

« Dans cette charge furent tués François de Bourbon, M. d'Himbercourt, qui était gentil capitaine, le comte de Sancerre et tout plein de gens de bien. » (Fleurange, chap. L.)

« dement, leur faisant jeter leurs piques et crier :
« France ! [1]

« Laquelle chose donna haleine à nos gens. Avec
« ceux qui me purent suivre, nous allâmes trouver
« une autre bande de huit mille hommes, laquelle, à
« l'approcher, cuidions que fussent lansquenets, car
« la nuit était déjà bien noire. Toutefois quand on
« vint à leur crier : — France ! — je vous assure qu'ils
« nous jetèrent cinq à six cents piques au nez, nous
« montrant bien qu'ils n'étaient pas nos amis.

« Nonobstant furent-ils chargés et remis en dedans
« de leurs tentes ; de telle sorte qu'ils laissèrent de
« poursuivre les lansquenets.

« La nuit était noire et, n'eût été la lune qui aidait,
« nous eussions été bien empêchés de nous connaître
« l'un de l'autre.

« Je m'en allai jeter dans l'artillerie, et là, rallier
« cinq ou six cents hommes d'armes, de telle sorte que
« je tins ferme à la grosse bande des Suisses.

« Cependant, mon frère le connétable rallia tous
« les piétons français et quelque nombre de gendar-
« merie, et fit une charge si rude, qu'il en tailla
« cinq ou six mille en pièces, et jeta cette bande de-
« hors ; et nous, par l'autre côté, fîmes jeter une volée
« d'artillerie à l'autre bande, et aussitôt les char-
« geâmes, de sorte que nous les emportâmes, et leurs

[1] « Par la gendarmerie de l'avant-garde fut le soir rompue cette bande de Suisses ; une partie d'environ deux mille vint passer vis-à-vis du roi, qui gaillardement les chargea. » (*Le Loyal Serviteur.*)

« fîmes repasser un gué, qu'ils avaient gagné sur nous¹.

« Cela fait, nous ralliâmes nos gens et retournâmes
« à l'artillerie; mon frère le connétable alla sur l'autre
« coin du camp. Les Suisses se logèrent si près de nous
« qu'il n'y avait qu'un fossé entre deux.

« Toute la nuit nous demeurâmes à cheval, la lance
« au poing, l'armet à la tête, et nos lansquenets en
« ordre pour combattre².

« Pour ce que j'étais le plus près de nos ennemis, il
« m'a fallu faire le guet; de sorte qu'ils ne nous ont
« point surpris le matin.

« Il faut que vous entendiez que le combat du soir
« dura depuis les trois heures d'après-midi jusques
« entre onze heures et minuit, que la lune nous faillit.

« On a fait une trentaine de belles charges, et croyez,

---

¹ C'est cette phase de la bataille que représente la figure 41. Les piquiers suisses, sur six rangs, chargent, *têtes basses*, les lansquenets qui ont même armement et même formation de combat. Les lansquenets sont flanqués par la gendarmerie de France; le roi, au premier plan, est accompagné de Claude de Lorraine, duc de Guise. Au milieu, les bandes françaises, sous leurs enseignes à croix rouge, sont précédées des arbalétriers gascons. A gauche, l'artillerie française est gardée par des piquiers et par de la gendarmerie. Les étendards suisses portent les deux clefs croisées du Saint Siège.

² « Le roi avait avec lui un trompette italien nommé Cristoforo qui le servit merveilleusement bien ; on entendait sa trompette pardessus toutes celles du camp; on savait ainsi où était le roi et on se retirait vers lui. M. de Vendôme, avec Fleurange qui savait le langage allemand, rallia les lansquenets, tellement que le roi en eut bientôt autour de lui près de quatre mille que lui amena le capitaine Brandecque; les autres capitaines suivirent à la file.... Quand le jour fut venu, il se trouva, là où était le roi, vingt mille lansquenets et toute la gendarmerie, le tout assez bien en ordre, auprès de l'artillerie. » (Fleurange.)

MARIGNAN (13 et 14 septembre 1515).

Fig. 41.

Bas-relief du Tombeau de François I.

« Madame, que nous avons été vingt-huit heures à
« cheval, l'armet à la tête, sans boire [1] ni manger.

« Au matin, une heure avant jour, nous prîmes
« place autre que la nôtre, laquelle sembla bonne au
« capitaine des lansquenets; et l'ai mandé à mon frère
« le connétable, pour soi tenir par l'autre avenue, et
« pareillement l'ai mandé à mon frère d'Alençon qui
« au soir n'avait pu venir.

« Dès le point du jour que nous pûmes voir, je me
« jetai hors du sort avec deux gentilshommes, qui
« m'étaient demeurés du reste du combat, et j'envoyai
« quérir le grand maître [2], qui se vint joindre à moi
« avec environ cent hommes d'armes.

« Cela fait, messieurs les Suisses se sont jetés en
« leur ordre [3] pour essayer encore la fortune du com-
« bat.

« Comme ils marchaient hors de leur logis, je leur
« fis dresser une douzaine de coups de canon qui les

---

[1] « Le roi demanda à boire, car il était fort altéré; un piéton lui alla quérir de l'eau qui était toute pleine de sang; cette eau fit tant de mal audit seigneur, avec le grand chaud, qu'il ne lui demeura rien dans le corps. » (Fleurange.)

[2] « Louis d'Orléans, comte de Dunois et duc de Longueville, grand maître de France. Fait prisonnier à Guinegatte, les armes au poing en brave seigneur et chevalier et mené en Angleterre, il avait par sa sagesse et prudence fait la paix entre les deux rois, au grand soulagement de toute la France. » (Brantôme.)

[3] Les Suisses avaient passé une nuit pénible; ayant fait près de cinq lieues avant d'engager la bataille, sans emporter de vivres, ils souffraient de la faim et de la soif autant que du froid et de la fatigue. Le taureau d'Uri et la vache d'Unterwalden avaient mugi longuement avant de rallier les trois colonnes dispersées. Les capitaines furent

« prirent au pié, de sorte qu'au grand trot ils retour-
« nèrent en leur logis.

« Là, ils se mirent en trois bandes. Comme leur
« logis était fort [1], et que nous ne les en pouvions
« chasser, ils me laissèrent à mon nez huit mille hom-
« mes et toute leur artillerie, et ils envoyèrent les au-
« tres deux bandes aux deux coins du camp : l'une, à
« mon frère le connétable, l'autre, à mon frère d'Alen-
« çon.

« Celle qui fut au connétable fut vertueusement *re-
« culée* par les aventuriers français de Pierre de Na-
« varre ; elle fut repoussée et taillée en grand nombre.
« Des Suisses, cinq ou six mille se rallièrent ; mais
« ils furent défaits par autant d'aventuriers, avec l'aide
« du connétable, qui se mêla parmi eux avec quelque
« gendarmerie.

« A cette heure-là, arriva Barthélemy Alviano [2] me-
« nant la bande des Vénitiens gens de cheval, qui tous

réunis en grand conseil autour d'un feu de bivouac par le cardinal de
Sion. Son ardeur belliqueuse était tombée, et il voulait qu'on rentrât
à Milan ; mais la majorité décida qu'on recommencerait l'attaque, au
petit jour, dans le même ordre que la veille.

[1] La *fortification improvisée* est employée dans les deux camps : les
Suisses ont *taudissé et remparé* leur artillerie ; ils ont enclos d'un
fossé les vergers au milieu desquels ils bivouaquent ; ils ont barricadé
les *cassines* et les maisons qui bordent la route de Milan.

[2] « Alviano, ne pouvant arriver avec son infanterie et tout le reste
de l'*attelage* de l'armée vénitienne, prit l'élite de son armée, et, par
une grande *cavalcade*, il arriva sur les dix heures du matin, ainsi qu'on
était aux mains, et bien à propos. Car il n'y a si grand capitaine, ni
si vaillant homme de guerre, qui, voyant arriver à l'improviste un
nouveau secours inopiné, n'en prenne l'alarme, ne s'en étonne, voire
même ne branle. » (Brantôme.)

« ensemble les taillèrent en pièces. Moi, j'étais vis-à-
« vis les lansquenets de la grosse troupe ; nous bom-
« bardions l'un et l'autre avec les Suisses [1] : c'était à
« qui se délogerait. Nous avons *tenu butte* huit heures
« à toute l'artillerie des Suisses, laquelle, je vous
« assure, a fait baisser beaucoup de têtes.

« A la fin, il se détacha, de cette grosse bande qui
« était vis-à-vis de moi, cinq mille hommes, lesquels
« renversèrent quelque peu de nos gendarmes, qui
« chassaient les gens que mon frère d'Alençon avait
« rompus.

« Ces cinq mille Suisses vinrent jusqu'aux lansque-
« nets, qui les recueillirent si bien à coups de hacque-
« bute, de lance et de trait, qu'il n'en réchappa la
« queue d'un ; car tout le camp vint *à la huée* [2] vers
« ceux-là et se rallia sur eux.

« Après cela, nous fîmes semblant de marcher aux
« autres, lesquels se mirent en désordre, laissèrent
« leur artillerie et s'enfuirent à Milan [3].

« De vingt-huit mille Suisses qui là étaient venus,

---

[1] « Les Suisses avaient mis dans une maison, brûlée la veille par les lansquenets de Fleurange, deux pièces d'artillerie, qui battaient l'endroit où était le roi ; ils faillirent tuer ledit seigneur et quelques gens de bien. » (Fleurange.)

[2] *Règlement du 12 juin 1875.* « Pour l'assaut, les tambours battent la charge, les soldats mettent la baïonnette au canon, et toute la ligne, enlevée par les officiers, *se précipite sur l'ennemi au cri répété de : En avant !* » (Titre IV, p. 113.)

[3] « Les Suisses voyant que toute l'armée vénitienne allait les assaillir, et n'ayant plus l'espoir de vaincre, battirent en retraite, en emportant leur artillerie sur leurs épaules. Ils quittèrent le champ de bataille

« n'en réchappa que trois mille qui ne fussent morts
« ou pris; des nôtres, j'ai fait faire la revue et n'en
« trouve qu'environ quatre mille.

« Le tout, je prends, tant d'un côté que d'un autre, à
« trente mille hommes.

« La bataille a été longue et a duré depuis hier, les
« trois heures d'après-midi, jusques aujourd'hui deux
« heures, sans savoir qui avait perdu ou gagné, sans
« cesser de combattre ou de tirer l'artillerie, jour et
« nuit; et vous assure, Madame, que j'ai vu les lans-
« quenets mesurer la pique aux Suisses, la lance aux
« gendarmes; *et ne dira-t-on plus que les gendarmes
« sont lièvres armés*, car, sans point de faute, ce sont
« eux qui ont fait l'exécution; et ne penserai point
« mentir en disant que, *par cinq cents et par cinq cents*,
« il ait été fait plus de trente belle charges, avant que
« la bataille fût gagnée.

« Et, tout bien débattu, depuis deux mille ans en ça,
« n'a point été vue si fière ni si cruelle bataille; ceux
« de Ravenne disent que ce ne fut au prix qu'un tier-
« celet.

sans désordre et sans confusion, et se dirigèrent lentement vers Milan, avec tant de fermeté et d'audace que les Français étonnés *(fatigués surtout)* n'osèrent pas les poursuivre. Cependant deux compagnies de Suisses s'étaient réfugiées dans une cassine : les chevau-légers italiens y mirent le feu, et les deux compagnies périrent dans l'incendie. Le reste de l'armée rentra à Milan en bon ordre, avec la même fierté sur le visage et le même éclat dans les yeux qu'au départ. On dit que les Suisses avaient pris quinze pièces de canon le premier jour, mais que, ne pouvant les conduire jusqu'à Milan, ils les laissèrent dans les fossés de la route. » (Guicciardini, liv. XII, chap. xxxiv.)

« Le Sénéchal d'Armagnac [1], avec son artillerie, peut
« bien oser dire qu'il a été cause en partie du gain
« de la bataille, car jamais homme n'en servit mieux
« et, Dieu merci ! tout fait bonne chère.

« Je commencerai par moi et mon frère le conné-
« table, par MM. de Vendôme, de Saint-Pol, de Guise,
« le maréchal de Chabannes, le grand maître M. de
« Longueville. Il n'est mort de gens de renom qu'Him-
« bercourt et Bussy, qui est à l'extrémité ; et c'est grand
« dommage de ces deux personnages.

« Il est mort quelques gentilshommes de ma maison,
« que vous saurez bien sans que je vous le récrive. Le
« prince de Talmont [2] est fort blessé, et vous veux assu-
« rer que mon frère le connétable et M. de Saint-Pol [3]
« ont aussi bien rompu bois que gentilshommes de la
« compagnie, quels qu'ils soient. Je parle des gens,
« comme celui qui a vu.

---

[1] Galiot de Genoilhac.

[2] « Cette victoire ne fut pas sans perdre plusieurs gens de bien de France, et mêmement la plus grande partie d'une bande de jeunes princes et seigneurs qui étaient à l'avant-garde ; lesquels, pour rompre les Suisses, se jettèrent entre eux et furent en partie cause de leurs désarroy et déconfiture. Là, Charles, prince de Talmont, fils de Loys de la Trémoïlle, fut abattu et blessé en soixante-deux parties de son corps, dont il avait cinq plaies mortelles. Messire Reynaud de Moussy, chevalier qui l'avait gouverné en ses jeunes ans, le retira de la presse et le fit porter ainsi blessé jusques en sa tente, où les chirurgiens le pansèrent en grande diligence. » (*Jean Bouchez*, chap. XXVI.)

[3] Frère cadet de Charles de Bourbon, duc de Vendôme ; « Il fut de son temps un très vaillant et hardi prince (car de cette race de Bourbon, il n'y en a pas de poltron). Le roi François l'aimait fort et il était de ses grands favoris. » (Brantôme.)

« Ecrit au camp de Sainte-Brigitte, le vendredi qua-
« torzième jour de septembre 1515.

« François. »

En résumé, c'est à l'artillerie et surtout à la gendarmerie que François Ier attribue sa victoire.

Il a raison. Les lansquenets, abusés par le mot *trahison*, qui a couru dans leurs rangs, ont reculé devant les Suisses; il a fallu, pour les rassurer, que le roi chargeât plusieurs fois en personne, à la tête de sa maison. Cependant ces braves lansquenets, des bords du Rhin pour la plupart, — (Français de cœur, parmi lesquels les Alsaciens d'aujourd'hui comptent plus d'un ancêtre), — ont vaillamment réparé leur premier échec. Pendant la terrible veillée de cette nuit sanglante, ils sont venus, un à un, se rallier autour de leurs enseignes, près du canon sur lequel le roi s'est endormi, et, au matin, c'est par une charge générale qu'ils ont préparé la victoire.

Les avenues que suivaient les trois colonnes suisses, offraient à l'artillerie française un but facile; mais la gendarmerie ne

Fig. 42.[1]

[1] *Histoire du Drapeau français*, par Dick.

pouvant se *déployer en haie* comme à l'ordinaire, chargea par *escadrons* de cinq cents, et renouvela plus de *trente fois* ses charges meurtrières !

Le souvenir de Novare et de Guinegatte et le terrible surnom de « *lièvres armés* » lui firent braver toutes les fatigues. Le premier jour, elle chargea jusqu'à minuit ; le reste de la nuit, elle fit le guet, à cheval, la lance au poing ; le lendemain elle recommença sans relâche, jusqu'à l'arrivée du renfort promis par Alviano.

C'est ce renfort qui obligea les Suisses à la retraite. Sans le dévouement et la promptitude d'Alviano, sans sa *cavalcade* hardie, qui menaça inopinément le flanc gauche des Suisses, les deux sanglantes journées n'auraient peut-être pas eu de résultat décisif.

Ce fut, au contraire, une éclatante victoire qui assura le premier rang à l'armée française, au début de la grande querelle européenne où le roi l'avait engagée.

François Ier avait noblement gagné ses éperons sur le champ de bataille ; c'est sur le champ de bataille qu'il voulut se faire armer chevalier de la main de Bayard [1].

---

[1] « Le roi voulut faire et créer les chevaliers qui lui avaient servi en cette bataille, et comme il appartient, par l'ordre de chevalerie, au seul chevalier de créer et faire des chevaliers, le roi appela Bayard et lui dit :

— « Bayard, mon ami, je veux aujourd'hui être fait chevalier par « vos mains, parce que le chevalier qui a combattu à pied et à cheval en

Au point de vue tactique, Marignan est le dernier grand jour de la lance et de l'armure de fer ; désormais le canon de campagne va devenir l'*ultima ratio regum*, mais cette *bataille de géants* mérite bien la place d'honneur qu'elle a prise, entre Bouvines et Rocroy, dans les fastes de la monarchie française.

« plusieurs batailles, est tenu et réputé le plus digne entre tous les
« autres.

— « Sire, répondit Bayard, celui qui est couronné, sacré, oint de
« l'huile envoyée du ciel, roi d'un si noble royaume, le premier fils
« de l'Eglise, est chevalier sur tous autres chevaliers.

— « Si ! dit le roi ; Bayard, dépêchez-vous ; il ne faut alléguer ni lois
« ni canons ; faites mon vouloir et commandement !

« Alors, Bayard prit son épée et dit :

— « Sire, autant vaille que si j'étais Rolland ou Olivier, Godefroy ou
« Baudouin son frère. Certes, vous êtes le premier prince que je fais
« chevalier. Dieu veuille que, en guerre, ne preniez la fuite ! »

« Après, pour manière de jeu, il cria hautement, l'épée en la main dextre :

— « Tu es bien heureux, Bayard, d'avoir aujourd'hui à un si beau
« et puissant roi donné l'ordre de la chevalerie ! Certes, ma bonne épée,
« vous serez moult bien comme relique gardée, et sur toutes autres
« honorée, et ne vous porterai jamais, si ce n'est contre Turcs, Sar-
« razins ou Mores ! »

« Puis, il fit deux sauts, et remit au fourreau son épée. » (Symphorien Champier. *Vie et gestes du chevalier Bayard*.)

CHAPITRE VI

CHARLES-QUINT

SOMMAIRE.

L'élection au Saint Empire. — Campagne de 1521. — Bayard à Mézières. — Lautrec. — Bataille de Bicocca. — Trahison du connétable. — L'amiral Bonnivet. — Mort de Bayard. — Premier siège de Marseille. — La reprise du Milanais. — Pavie.

L'ÉLECTION AU SAINT EMPIRE.

On appelait Marignan *la Journée des Suisses*.

François Ier, comme Louis XI après Saint-Jacques, voulut, à tout prix, prendre à sa solde les vaillants montagnards qu'il avait vaincus. Pour une rente annuelle de 700.000 livres, la monarchie française contracta avec les cantons une *alliance perpétuelle* [1], que les Suisses ont scellée, pendant trois siècles, du plus pur de leur sang [2].

D'ailleurs, l'armée du roi avait grand besoin de ce

---

[1] Traité de Fribourg, 29 novembre 1516.

[2] Un ministre de Louis XIV disait, devant un colonel des Gardes suisses : « qu'avec l'argent donné aux Suisses par les rois de France, on « ferait une chaussée de Paris à Bâle. »

— « C'est possible, répondit le colonel, mais avec le sang versé par « les Suisses pour le service des rois de France, on remplirait un ca- « nal allant de Bâle à Paris ! »

renfort, car jamais plus redoutable ennemi ne menaça le territoire français.

Cet ennemi était l'empereur Charles-Quint.

Charles d'Autriche avait succédé, en 1516, à son aïeul maternel Ferdinand le Catholique; puis, à la mort de l'empereur Maximilien, son aïeul paternel, il était devenu l'unique héritier des ducs de Bourgogne.

Dès lors, il avait songé à reprendre contre François I*er* l'antique querelle de Louis XI et de Charles le Téméraire.

Plus heureux que son bisaïeul, il réalisa, du premier coup, les rêves ambitieux du grand duc d'Orient : le 28 juin 1519, il était élu empereur d'Allemagne.

C'était une grosse déception pour François I*er*, qui s'était mis sur les rangs dans l'espoir de reconstituer l'empire de Charlemagne [1]; mais, contrairement à ce qu'aurait fait Louis XI à sa place, le roi chevalier résolut de se venger, les armes à la main, de son échec diplomatique.

« Alors commença entre le roi et l'empereur Charles-Quint une guerre plus âpre que jamais; lui, pour nous chasser de l'Italie, et nous, pour la conserver. Mais ce

---

[1] « Le souvenir de Charlemagne, mirage trompeur où se sont pris les plus grands princes des temps modernes, fascinait l'imagination de François I*er*, et il rêvait la domination de l'Europe par *l'union des Français et des Germains*. » (Henri Martin, liv. XLVI.)

n'a été que pour servir de tombeau à un monde de braves et vaillants Français.

« Dieu fit naître ces deux grands princes ennemis jurés et envieux de la grandeur l'un de l'autre : ce qui a coûté la vie à 200.000 personnes et la ruine d'un million de familles. Enfin, ni l'un ni l'autre n'en ont rapporté que le repentir d'être cause de tant de misères.

« Si Dieu eût voulu que ces deux monarques se fussent entendus, la terre eût tremblé sous eux, et Soliman, qui a vécu en même temps, eût eu assez à faire à sauver son État, au lieu que, cependant, il l'a étendu de tous côtés.

« L'empereur a été un grand prince [1], lequel toutefois n'a surmonté notre maître que de bonheur pendant sa vie, et que parce que Dieu lui a fait la grâce de pleurer ses péchés dans le couvent où il se rendit deux ou trois ans avant de mourir.

« Or, pendant cette guerre, qui dura vingt-deux mois, je vis de très belles choses pour mon apprentissage [2], et je me trouvai acquérir de la réputation. »

C'est le capitaine Blaise de Montluc qui résume avec

---

[1] « Les Picards, qui sont grands *ocquineurs*, l'appelaient *Charles qui triche* ; le badinage n'était pas mauvais, car il a été grand trompeur et un peu trop manqueur de foi. » (Brantôme.)

[2] Montluc débuta, en 1521, comme archer dans la compagnie d'ordonnance du maréchal de Lautrec; « ce qu'on estimait en ce temps là, car il se trouvait de grands seigneurs qui étaient aux compagnies et deux ou trois en une place d'archer. Depuis, tout s'est abâtardi. »

cette philosophie la rivalité de François Ier et de Charles-Quint.

Nous gagnerons beaucoup, au point de vue tactique, à feuilleter souvent encore les *Commentaires* du vaillant capitaine gascon, le livre qu'Henri IV appelait : *La Bible des gens de guerre.*

CAMPAGNE DE 1521.

Au mois de mars 1521, le duc de Bouillon, Robert de la Mark [1], père de l'historien Fleurange, commença les hostilités contre le nouvel empereur, en attaquant le Luxembourg.

François Ier mit aussitôt trois armées sur pied :

1° En Champagne, le duc d'Alençon, « avec le maréchal de Châtillon pour le conduire.», réunit au camp d'Attigny [2], sur l'Aisne, toutes les troupes disponibles du Nord et de l'Est ; il devait tenir tête à l'armée impériale du comte de Nassau, qui, après s'être emparé

---

[1] « On l'appelait le *Grand Sanglier des Ardennes* à cause de ses terres qui aboutissaient aux Ardennes, et parce qu'il ravageait toutes les terres de l'empereur et de ses autres voisins, en y faisant de grands maux, ni plus ni moins qu'un sanglier qui ravage les terres et les vignes des pauvres et bonnes gens. Ainsi fût-il le premier sujet des guerres entre le roi et l'empereur, car le roi le prit en protection. » (Brantôme).

[2] « Il y avait dix-huit mille lansquenets et les six mille aventuriers français de M. de Saint-Pol (qu'on nommait les six mille diables) et douze cents hommes d'armes tous logés dans les villages autour d'Attigny, tirant vers Sedan. » (Fleurange).

des principales villes du duché de Bouillon, menaçait la ligne de la Meuse[1];

2° Aux Pyrénées, André de Foix, sire de Lesparre, envahit la Navarre avec 300 lances et 5.000 Gascons ou lansquenets;

3° En Lombardie, Lautrec, lieutenant général du roi, réunit à ses compagnies d'ordonnance 13.000 Suisses ou Vénitiens, pour faire lever le siège de Parme, que le maréchal de Foix-Lescun[2], défendait contre les armées du Pape et de l'Empereur[3].

Le comte d'Egmont, gouverneur des Flandres pour Charles-Quint, tenta au nord une diversion importante : il investit Tournai, au moment même où le comte de Nassau, maître de Mouzon ville française, venait mettre le siège devant Mézières.

François Ier, ne pouvant faire face à la fois à la Meuse et à l'Escaut, ordonna au duc d'Alençon de quitter le camp d'Attigny pour marcher contre le comte d'Egmont, et il chargea Bayard de la défense de Mézières.

BAYARD A MÉZIÈRES.

« De ce commandement, dit *Le Loyal Serviteur*, le bon chevalier n'eut pas voulu tenir 100.000 écus; car tout

---

[1] Mouzon, Sedan, Mézières.
[2] Lesparre, Lautrec et Lescun étaient les trois fils de Jean de Foix.
[3] 700 lances et 2.000 piétons espagnols, sous Fernand d'Avalos, marquis de Pescaire et Antonio de Leyva; 500 lances italiennes sous le marquis Frédéric III de Gonzague, capitaine général de l'Église; 16.000

son désir était de faire service à son maître et d'acquérir honneur.

« Il s'en alla jeter dans la place avec le jeune seigneur Anne de Montmorency, quelques autres jeunes gentilshommes, qui, de leur gré, l'accompagnèrent, et 2.000 gens de pied sous la charge du capitaine Boncal de Reffuge et du seigneur de Montmoreau[1]. »

Bayard n'était pas depuis deux jours à Mézières, que le comte de Nassau venait camper sur la rive droite de la Meuse, pendant qu'un autre lieutenant de l'Empereur, Francisque de Sickingen, passait le fleuve avec 14 ou 15.000 Allemands des bords du Rhin, et s'établissait sur la rive gauche. A la mi-septembre, l'investissement était complet.

Les remparts effondrés de Mézières ne renfermaient ni vivres, ni munitions, ni artillerie.

« Bayard commença à faire remparer jour et nuit, et il n'y avait nul homme d'armes ni homme de pied qu'il ne mît en besogne; lui-même, pour leur donner courage, y travaillait ordinairement.

— « Si nous étions dans un pré, disait-il à ses com-
« pagnons, et que nous eussions devant nous fossé de
« quatre pieds, encore combattrions-nous un jour en-

---

fantassins allemands, romagnols et suisses sous Prosper Colonna. L'historien Francesco Guicciardini était le *commissaire général* de cette armée, et par conséquent le témoin des événements qu'il a racontés.

1 « Brave gentilhomme d'Angoumois, puiné de la maison de Mareuil. » (Brantôme).

« tier avant d'être défaits. Or, nous avons, Dieu merci !
« fossé, muraille et rempart, et, avant que les ennemis
« mettent le pied dans la ville, beaucoup de leur com-
« pagnie dormiront aux fossés ! »

Le comte de Nassau lui envoya, avec force compliments, l'invitation de capituler.

— « Héraut, mon ami, répondit Bayard au messager,
« je ne suis plus un enfant qu'on étonne avec des pa-
« roles ; j'espère conserver la place si longuement que
« vos maîtres s'ennuieront plus d'être au siège que
« moi d'être assiégé. »

Cependant, le siège durait depuis trois semaines ; 5.000 coups de canon avaient été tirés contre la ville, une partie de l'infanterie avait déserté et, malgré tout son bon vouloir, Bayard ne se croyait pas assez fort pour résister au double assaut des deux armées assiégeantes.

Alors, il s'avisa d'un stratagème.

Il savait, de bonne source, que les deux lieutenants de l'Empereur avaient eu de nombreuses altercations ; que Sickingen n'obéissait qu'à contre-cœur au comte de Nassau, et qu'il avait fallu un ordre formel de l'Empereur pour le décider à passer la Meuse et à attaquer la place avec le fleuve à dos.

Le bon chevalier écrivit à Robert de la Mark, qui tenait Sedan, pour le prévenir, en grand mystère, « qu'une armée de secours de 12.000 Suisses et de 800

« lances françaises devait attaquer, le lendemain à la
« pointe du jour, le camp de Sickingen et que lui,
« Bayard, ferait pendant l'attaque *une saillie* par un
« des côtés de Mézières pour jeter Sickingen dans la
« Meuse. Il sera, disait-il, bien habile homme s'il s'en
« sauve ! »

Le paysan, qui portait la lettre, fut pris, comme le
voulait Bayard, et conduit au capitaine Sickingen, qui
vit dans la révélation de cette attaque imprévue une
trahison du comte de Nassau.

— « Il m'a fait passer l'eau contre mon gré, dit-il à
« ses plus privés, pour me perdre, mais par le sang
« Dieu ! il n'en sera pas ainsi ! »

« Et, sans faire sonner ses tambourins à l'étendard,
il chargea tout son bagage et repassa la Meuse incontinent.

Le comte de Nassau lui ayant fait demander une explication, Sickingen lui répondit par des injures, et le
menaça de lui livrer bataille.

« Le bon chevalier se prit à rire à pleine gorge en
apprenant le résultat de sa ruse de guerre, et, le lendemain, il eut le plaisir de voir, du haut du rempart, les
deux corps ennemis « trousser leurs quilles et lever
« le siège de Mézières [1]. »

---

[1] « Le roi fit à Bayard accueil merveilleux ; il ne se pouvait lasser de le louer devant tout le monde ; il le fit chevalier de son ordre et *lui donna cent hommes d'armes en chef* » (*Loyal Serviteur*, ch. LXIII).

De 1495, où il avait pris une enseigne, jusqu'à 1521, où il avait sauvé Mézières, le chevalier sans peur et sans reproche, le conseiller indis-

Le comte de Nassau et Francisque de Sickingen rejoignirent l'Empereur à Valenciennes, où il avait pris le commandement de l'armée des Pays-Bas.

Francois Ier se mit en personne à la tête des troupes françaises [1], et une bataille décisive entre les deux monarques paraissait imminente, lorsque Charles-Quint, effrayé d'un échec subi par son avant-garde au passage de l'Escaut, regagna précipitamment les Flandres (22 octobre).

C'était pour les Français une campagne heureuse ; Bayard avait repris Mouzon, et la conquête du Hainaut allait remplacer l'invasion de la Champagne, lorsque le roi d'Angleterre Henri VIII imposa son intervention.

Pendant les négociations, Tournai, non secouru, fut obligé de se rendre faute de vivres.

En Navarre, Lesparre, après avoir pris Pampelune, assiégeait Logrono sur l'Ebre, lorsqu'il fut assailli et battu par une armée espagnole supérieure en nombre.

---

pensable des généraux en chef, le héros de Padoue, de Brescia, de Ravenne n'était parvenu qu'à l'emploi de lieutenant de la compagnie d'ordonnance du duc Antoine de Lorraine. Pour obtenir une haute charge militaire, il fallait, à cette époque, être prince ou courtisan.

[1] En vertu de sa charge de connétable, Charles de Bourbon avait le droit de *mener l'avant-garde* ; François Ier, qui se plaignait « de l'humeur taciturne, froide et mal endurante » de son trop puissant vassal, donna ce commandement à son beau-frère, le duc d'Alençon. Ce fut là une des causes premières du ressentiment et de la trahison du connétable.

De leur rapide conquête, il ne resta aux Français que Fontarabie ; mais son gouverneur, Jacques Daillon du Lude [1], la défendit héroïquement pendant plus d'une année.

LAUTREC.

En Italie, la mauvaise fortune de Lautrec [2] et le manque d'argent pour solder les mercenaires étrangers, entraînèrent la perte du Milanais.

Opposé au vieux Prosper Colonna, qui luttait contre la *furia francese*, en manœuvrant prudemment sur l'échiquier lombard, tant de fois parcouru et étudié, Lautrec voulut imiter la prudence de son adversaire et devenir comme lui un nouveau Fabius [3].

Il temporisa, fatigua ses troupes par des contre-marches et des lenteurs inutiles, et laissa prendre Milan,

---

[1] Frère de M. de la Crotte, et défenseur du château de Brescia en 1512. « Il endura le siége de Pampelune l'espace de treize mois, combattant et soutenant tous les assauts, plus que vaillant homme ne saurait faire ; n'étant pas seulement assailli ni combattu de la guerre, mais de la famine, si bien qu'il lui convint de manger les chats et les rats, et jusqu'aux cuirs et parchemins bouillis et grillés. » (Brantôme).

[2] L'histoire s'étant montrée sévère pour Lautrec, il est juste d'invoquer en sa faveur le témoignage de Montluc, qui se connaissait en hommes de guerre : « Nous perdimes en cette guerre (1522) le duché de Milan ; il n'y eut point de faute de la part de M. de Lautrec, *qui y fit tout le devoir d'un bon et sage général;* aussi était-il un des plus grands hommes de guerre que j'aie jamais connus. » (Ch. II).

[3] « Prosper Colonna a joui toute sa vie d'une grande réputation, et il sut encore en rehausser l'éclat dans ses dernières années. Il était habile et expérimenté, mais il ignorait l'art de saisir les occasions offertes par la négligence ou par la faiblesse des ennemis ; cependant, sa vigilance contre les coups de force ou les surprises compensait avantageu-

où son administration hautaine avait ravivé la haine contre la France¹.

Au mois d'avril 1522, après un rude hiver qui avait interrompu les opérations, l'armée italienne et espagnole² se tenait en observation à trois milles au nord de Milan, dans le parc de Bicocca³.

sement sa lenteur, et on peut avec justice donner à ce général le surnom de *Temporisateur*.

« Avant l'invasion de Charles VIII en Italie, la cavalerie, pesamment armée, était plus en usage que l'infanterie, et l'on ne pouvait pas transporter et faire agir les engins de guerre sans beaucoup de peine ; aussi les batailles, quoique fréquentes, n'étaient-elles pas meurtrières, et les places les plus faibles arrêtaient-elles souvent les plus fortes armées, moins par l'habileté des assiégés que par l'ignorance des assiégeants. Peu à peu, les Italiens se rassurèrent contre la furie française ; ils perfectionnèrent la défense des places, qu'ils munirent de remparts, de fossés, d'autres ouvrages encore ; ils les garnirent d'une nombreuse artillerie, dont une ville assiégée tire plus de parti qu'une armée assiégeante. Prosper Colonna changea le système de guerre, et il eut la gloire de sauver deux fois le duché de Milan. Il fut le premier qui réduisit l'art de la guerre à couper les vivres à l'armée ennemie, à la ruiner par le découragement, la disette et la confusion qu'une sage lenteur y produit ; il sut vaincre et conserver ses conquêtes sans risquer de bataille, sans rompre une lance et sans tirer l'épée. Les bons généraux qui l'ont suivi ont adopté cette prudente méthode, et plusieurs ont soutenu de longues guerres, moins par la force des armes que par leur science et par leur habileté à profiter du moindre avantage. » (Guicciardini, livre XV, ch. XVIII.

1 « Il était hardi, brave et vaillant pour combattre en guerre et frapper comme un sourd ; mais pour gouverner un état, il n'y était pas bon. » (Brantôme).

2 « 1.200 hommes d'armes, 10.000 Italiens ou Espagnols, 4.000 lansquenets, 3.000 Suisses. (*Mémoires de Gaspard de Saulx-Tavannes.*)

3 La Bicoque.

« Il y avait là une maison assez considérable au milieu d'un vaste rectangle de jardins disposés en terrasses, entourés de fossés continus et très-profonds. La campagne environnante était, comme toute la Lombardie, coupée de mille ruisseaux d'irrigation. Du côté de Milan, un pont en pierre donnait seul accès dans le rectangle »[1].

Lautrec n'avait nulle envie d'attaquer cette position; mais les Suisses, qui formaient la moitié de son armée, réclamaient impérieusement l'arriéré de leur solde qui avait été détournée par d'indignes intrigues de cour.

Fig. 43.

Les principaux de leurs capitaines, Albert Stein et Arnold de Winkelried, déclarèrent à Lautrec que leurs compagnons étaient résolus à ne plus attendre, et qu'ils allaient reprendre le chemin de leurs montagnes :
— « Cependant, dirent-ils,
« pour montrer à la terre en-
« tière que ce n'est ni la crainte
« de l'ennemi ni les périls de
« la guerre qui nous contrai-
« gnent à la retraite, mettez-
« nous à la tête de votre armée, et conduisez-nous,

---

[1] Guicciardini.

« dès demain, à l'attaque de la position ; nous n'au-
« rons pas plus de peine à forcer le camp espagnol de
« Bicocca, que nous n'en avons eu à enlever le camp
« français de Novare[1]. »

Le maréchal Anne de Montmorency, capitaine général des gens de pied, Jean de Médicis[2], chef des chevau-légers italiens, les maréchaux de Foix et de La Palice au nom de la gendarmerie de France, et tous les capitaines, appuyèrent la requête des Suisses.

Cependant le seigneur de Pont-de-Rémy, envoyé en reconnaissance avec 400 hommes d'armes et 6.000 Suisses, contourna les fossés du parc de Bicocca, sans y trouver d'autre accès que le pont de pierre ; il reconnut que le front de la position était une haute terrasse bien garnie d'artillerie, et déclara qu'il n'y avait pas lieu de l'attaquer.

Les capitaines suisses restèrent inébranlables dans

---

[1] Plusieurs historiens ont traduit cette version de Guicciardini par les trois mots impérieux : « *Argent, congé ou bataille !* » C'est une interprétation inexacte.

[2] Neveu du pape Léon X ; « il fit faire toutes ses enseignes noires après la mort de son oncle, pour le regret qu'il en eut ; de sorte que ses troupes n'étaient autrement nommées que les *bandes noires*. Elève du marquis de Pescaire, il acquit, en un rien, la réputation d'un très bon capitaine, même pour les gens de pied. » (Brantôme.)

Les armes offensives et défensives de ces terribles bandes noires, qui de 1520 à 1527 ravagèrent l'Italie et firent surnommer leur chef le *Grand Diable*, sont conservées dans le palais du Podestat, à Florence. Les casques et les cuirasses, en acier bruni, sont à l'épreuve de la balle, comme le témoignent les nombreuses atteintes qu'elles ont reçues et qu'on y voit encore.

leur résolution de combattre le lendemain et de partir après la bataille [1].

« Alors le seigneur de Lautrec, se voyant commandé par ceux qui lui devaient obéir, ordonna que le lendemain, jour de Quasimodo, l'armée fût prête à marcher. »

Bataille de Bicocca (29 avril 1522).

« Le point du jour étant venu, chacun se mit en état pour marcher droit à Bicocca[2]. »

Le maréchal de Foix, avec la gendarmerie de l'avant-garde, devait tourner la position par la gauche et assaillir le pont de pierre.

Il était précédé par Pont-de-Rémy, « qui, avec sa compagnie de 50 hommes d'armes et les *chevaliers nouveaux*[3], était chargé *d'avoir l'œil* à ce que l'ennemi ne fît aucune saillie par quelque lieu, et ne vînt pas, par derrière, mettre en désordre notre armée. Pont-de-Rémy devait aussi *porter secours au lieu où il verrait que serait le besoin* »[4].

---

[1] « J'ai vu le dépit des Suisses être cause de la perte de plusieurs plans et interrompre grandement les affaires du Roi. Ils sont, à la vérité, vrais gens de guerre et servent comme de rempart à une armée, mais il faut que l'argent ne manque pas, ni les vivres aussi ; ils ne se payent pas de paroles. » (*Commentaires de Montluc.*)

[2] *Mémoires de Martin du Bellay* (1513 à 1547).

[3] A la veille de chaque bataille, le général en chef et les principaux capitaines de l'armée conféraient la chevalerie aux jeunes gentilshommes qui avaient mérité cette faveur. Ceux-ci devaient, pour gagner leurs éperons, « marcher au premier front devant, » comme nous l'avons vu au moyen âge, et se signaler entre tous.

[4] Cette *pointe d'avant-garde* de cavalerie doit fournir les *éclaireurs* et

BATAILLE DE BICOCCA (29 avril 1522).   245

Le maréchal de Montmorency devait, avec 8.000 Suisses, attaquer le front de la position, c'est-à-dire la terrasse défendue par l'artillerie, après que les pionniers de Pedro Navarro auraient fait *les esplanades*[1].

Lautrec, La Palice, le bâtard de Savoie et le grand-écuyer Galéas de San-Severino « menaient *la bataille*, où était le reste de l'armée, tant de gendarmerie et de Suisses que d'autres gens de pied. »

Le duc d'Urbin faisait l'arrière-garde avec les Vénitiens.

Jean de Médicis et sa cavalerie légère couvraient le flanc droit; pour tromper l'ennemi, il avait remplacé les croix blanches de France par la croix rouge impériale[2].

Une vieille estampe italienne, conservée à la bibliothèque Nationale, donne une idée exacte des dispositions prises par Prosper Colonna. (Fig. 44).

En première ligne, 40 pièces de canon protégeaient le front des lansquenets, formés en une seule phalange rectangulaire sous le commandement de Georges

---

les *flanqueurs* pendant la marche en avant, pour former ensuite la réserve, quand le *mouvement tournant* du maréchal de Foix aura réussi. C'est à peu près le rôle que Jehan Chandos a assigné à Hugh Caverly à la bataille d'Auray, en 1364.

[1] C'est-à-dire quand ils auraient comblé les fossés avec des fascines, renversé les clôtures et percé les murailles.

[2] « Prosper Colonna ne fut pas dupe de cet artifice; pour le rendre inutile, il fit mettre à ses chevau-légers des épis sur leurs chapeaux. » (Guicciardini, livre XIV, ch. xviii).

Frandsberg ; la cavalerie italienne était massée en arrière de l'aile droite de l'infanterie allemande.

Le marquis de Pescaire, avec 400 lances et 6.000 fantassins espagnols, gardait le pont de pierre.

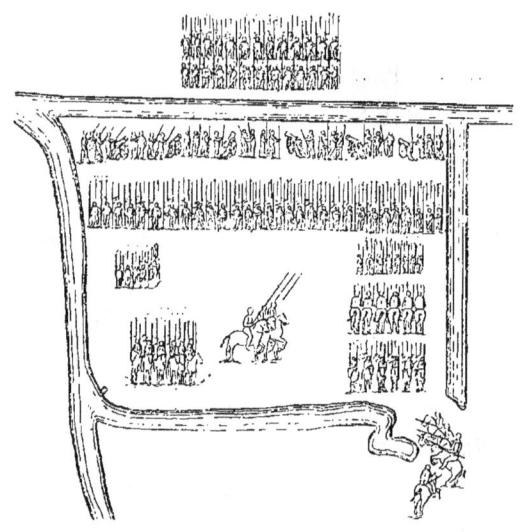

Fig. 44.

Au lieu de faire le siège de ce camp retranché ou, au moins, d'en préparer l'attaque par une violente canonnade, Lautrec laissa les 8.000 Suisses de la première bataille marcher *en colonne profonde* « droit au rempart des ennemis. »

Montmorency, capitaine général des Suisses, étant arrivé à un vallon que l'artillerie de la terrasse ne pouvait pas atteindre, pria les montagnards de temporiser quelque peu, afin de donner au maréchal de Foix le temps d'achever son mouvement tournant, et d'assaillir le pont de pierre.

C'était la seule manière d'assurer le succès de la double attaque ordonnée par le général en chef ; mais ces montagnards entêtés et indisciplinés ne voulurent rien entendre. Ils s'élancèrent à découvert, « comme taureaux furieux », en entraînant avec eux Montmorency et toute la brillante noblesse volontaire qui avait mis pied à terre pour combattre aux côtés du maréchal.

« Avant d'atteindre le rempart, plus de 1.000 des Suisses furent tués à coups d'artillerie, et le reste, en y arrivant, trouva un fossé et un parapet plus hauts que les piques.

Arrêtée court par ce double obstacle, la colonne du centre fut criblée, presque à bout portant, « par l'artillerie et l'arquebuserie dont le rempart était farci, » et, après avoir perdu 3.000 combattants dont 22 capitaines [1], elle fut forcée de battre en retraite vers le corps de bataille.

Le maréchal de Foix, retardé dans sa marche par les nombreux obstacles du terrain, n'atteignit le pont de pierre qu'après l'échec de *l'attaque de front*.

Cependant il força le passage à la première charge [2]

---

[1] « Le comte de Montfort, les seigneurs de Miolans, de Graville, de Launay et plusieurs autres furent tués ; le maréchal de Montmorency, porté par terre, fut relevé hors des fossés par ses gentilshommes. » (Martin du Bellay).

[2] La figure 44 représente naïvement cette charge.

et pénétra dans la position ennemie avec 400 hommes d'armes.

« Mais alors les Impériaux, étant délivrés des Suisses, tournèrent tout leur effort sur cette gendarmerie ; tellement qu'ils la contraignirent à repasser le pont en bien combattant. Le maréchal de Foix demeura sur la queue pendant toute la retraite qui fut lente, car ses gens ne pouvaient passer que deux ou trois de front »[1]. Son cheval fut tué entre ses jambes par une arquebusade, mais il sauta aussitôt sur un autre et continua le combat[2].

Le marquis de Pescaire, saisissant avec à propos le moment favorable à une *contre-attaque*, s'élança hors du retranchement à la tête de l'infanterie espagnole, pour faire une *saillie* sur les Suisses pendant qu'ils se repliaient sur le corps de bataille.

Heureusement, Pont-de-Rémy, « qui avait l'œil partout », fit une charge si furieuse contre les Espagnols qu'il les rembarra dedans leur fort. »

Les Vénitiens, qui formaient l'arrière-garde des Français, restèrent immobiles, à l'abri de l'artillerie ennemie, sans prendre part à l'engagement. Et pourtant, « s'ils eussent voulu assaillir de leur côté, comme

---

[1] Martin du Bellay.

[2] « M. de Lescun fit très bien avec la première troupe de la gendarmerie que son frère lui avait donnée à mener ; il força vaillamment le pont et entra dedans. Il combattit très bravement, eut son cheval tué sous lui, et une grande estocade dans le visage. Mais pourtant il fallut se retirer, par le secours qui survint aux ennemis. Il y perdit son enseigne, qui s'appelait Roquelaure, brave gentilhomme gascon, et force gens d'armes de sa compagnie. » (Brantôme).

firent la gendarmerie et les Suisses, les ennemis, obligés de diviser leurs forces et de faire face à trois attaques à la fois, auraient perdu la journée. L'inaction des Vénitiens nous coûta la victoire » [1].

Ce n'était cependant qu'une bataille indécise ; la double attaque repoussée, les Français étaient encore assez nombreux pour recommencer. Lautrec le voulait ; la gendarmerie proposait aux Suisses de se mettre à pied à côté d'eux et de former la *première pointe*. Ce fut en vain : les Suisses déclarèrent que, vainqueurs ou vaincus, ils étaient décidés à abandonner, le lendemain, les enseignes françaises ; aucune prière ne put les fléchir.

Les capitaines français, la rage dans le cœur, furent donc obligés de battre en retraite à leur suite, et Prosper Colonna, contenant l'ardeur de Pescaire, n'osa pas quitter « son fort » pour les poursuivre.

Les Français évacuèrent la Lombardie, où ils ne conservaient que le château de Crémone [2] ; mais à son retour en France, Lautrec eut le droit de dire au roi que c'était à ses ministres plutôt qu'à ses soldats [3]

---

[1] Martin du Bellay.

[2] Janot d'Herbouville, seigneur de Brunon, s'y maintint pendant deux années. Il mourut au printemps de 1523, mais les *huit hommes* qui restaient de la garnison tinrent bon jusqu'à l'arrivée des renforts français. Ce sont là des exemples bons à connaître et à retenir.

[3] Au sujet du mot *soldat*, nous trouvons, dans le *premier discours* de Brantôme *sur les colonels et mestres de camp français*, la curieuse étude étymologique suivante :

« Dans le temps passé, les rechercheurs de mots et états antiques

qu'il devait attribuer la perte du Milanais[1].

TRAHISON DU CONNÉTABLE.

Comme Charles le Téméraire après Héricourt, François Ier se persuada qu'il serait plus habile ou plus heureux que ses lieutenants.

Il avait chargé l'amiral Bonnivet, son favori, de conduire en Piémont une nouvelle armée de 40.000 hommes, et il s'apprêtait à passer les Alpes pour prendre le commandement de cette armée, lorsqu'il fut arrêté par une triple invasion de son royaume et par la trahison de son cousin Charles de Bourbon.

Ce prince avait osé offrir son épée de connétable à

---

de notre France ne trouvent guère grand cas de l'infanterie de France d'abord ; car la plupart n'était composée que de marauts, bélitres, mal armés, mal complexionnés, faicts-néants, pilleurs et mangeurs de peuple. On les appela successivement *brigands*, *francs-archers* ou seulement *archers*, *soudoyers*, *pillards*, *rustres*, *laquais*, *piétons*, *aventuriers de guerre*. Or, depuis, tous ces noms se sont perdus et se sont convertis en ce beau nom de *soldat*, à cause de la solde qu'ils tirent. Les Espagnols et Italiens nous les ont mis en usage, encore que quelquefois les Italiens les appellent *fantassins*; mais l'Espagnol use toujours de ce mot *soldados*, qui est le plus beau nom de tous ceux qu'on peut imposer aux gens de pied, et cela, n'en déplaise aux Latins avec leurs mots *milites* et *pedites*, qui sont fort sots et laids auprès de celui de soldats ! »

[1] « Le roi reçoit froidement M. de Lautrec ; celui-ci lui dit que, s'il a perdu Milan, c'est parce qu'on ne lui a pas envoyé les 300.000 écus qu'on lui avait promis. Semblancay, général des finances, est appelé ; il s'excuse sur madame Louise de Savoie qui les avait pris. Le roi s'en courrouce aigrement à sa mère, qui accuse Semblancay, lui fait députer des commissaires et le fait pendre injustement. » (*Mémoires de Tavannes*).

Charles-Quint pour l'aider à conquérir et démembrer la France!

La campagne de 1523 fut un mélange de succès et de revers.

Les Anglais, qui avaient échoué, l'année précédente,

Fig. 45.

au siège d'Hesdin[1], se joignirent à l'armée impériale

[1] Henry VIII, qui s'intitulait encore roi de France et d'Angleterre, avait déclaré la guerre à François Ier le 29 mai 1522; une flotte anglaise avait pris Morlaix (4 juillet) et débarqué à Calais l'amiral Surrey. Celui-ci avait opéré sa jonction avec l'armée impériale des Pays-Bas et mis le siège devant Hesdin. Le duc de Vendôme, sans s'exposer aux

du comte de Buren pour forcer, à Bray, le passage de la Somme, et les coalisés marchèrent sur Paris par Roie et Montdidier.

En même temps, le comte Guillaume de Furstemberg entrait en Champagne par le plateau de Langres avec 12.000 lansquenets, et une armée de 25.000 Espagnols mettait le siège devant Bayonne.

A la fin d'octobre, « 6.000 chevaux et 28.000 hommes de pied anglais ou flamands, ayant bonne quantité d'artillerie, » campaient sur l'Oise à onze lieues de Paris.

Si le connétable de Bourbon avait tenu la promesse qu'il avait faite à l'Empereur de rejoindre Guillaume de Furstemberg à la tête de toute la noblesse du Bourbonnais ; si cette seconde armée d'invasion avait marché sur Paris par la vallée de la Marne, pendant que les Anglais remontaient l'Oise, la capitale du royaume, dégarnie de troupes, serait tombée au pouvoir de l'ennemi.

Mais la noblesse du Bourbonnais resta fidèle à la patrie française ; le connétable ne trouva parmi ses gentilshommes qu'un seul complice, et lui-même dut s'enfuir en Allemagne sous des habits de laquais.

Les 12.000 lansquenets de la haute Marne, réduits à leurs propres forces, ne tinrent pas contre la gendarmerie d'ordonnance et contre les gentilshommes de

chances incertaines d'une bataille, harcela l'armée assiégeante, enleva ses convois, détruisit ses approvisionnements et obligea les deux corps ennemis à lever le siège et à regagner leurs points de départ.

l'arrière-ban, réunis à Chaumont par le duc de Guise Claude de Lorraine et par le seigneur d'Orval gouverneur de Champagne.

La cavalerie française suivit les lansquenets pas à pas, coupant les vivres, enlevant les traînards, attaquant les détachements isolés.

Furstemberg fut obligé de s'en retourner comme il était venu; mais le duc de Guise l'atteignit à Neufchâtel, au passage de la Meuse, et mit son arrière-garde en pleine déroute.

« Les dames de Lorraine et de Guise, qui étaient aux fenêtres du château de Neufchâtel, en eurent le passe-temps [1]. »

Restait l'armée anglaise de l'Oise.

Le vieux Louis de la Trémoïlle [2] réunit dans Saint-Quentin « 500 hommes d'armes des garnisons de Picardie et 10.000 gens du pays qui n'avaient jamais vu la guerre et qui ne faisaient que saillir de la charrue. »

Il vint résolument, avec ces conscrits, prendre position à Corbie, sur les derrières de l'armée ennemie, pendant que le duc de Vendôme, accouru de Lyon en toute hâte, conduisait à Paris 400 hommes d'armes de Champagne et de Bourgogne.

« Le duc de Suffolk et le comte de Buren, sachant la retraite de Furstemberg et craignant que M. de La

---

[1] Martin du Bellay.
[2] Il avait soixante-trois ans.

Trémoïlle vînt d'une part pendant que M. de Vendôme viendrait de l'autre, et que, par ce moyen, leur armée fut affamée, délibérèrent de faire leur retraite et de repasser la Somme » ¹.

Les premiers froids² et le manque de vivres avaient cruellement éprouvé les Anglais; cette nouvelle tentative les dégoûta pour longtemps du *voyage de France*.

« Ils prirent, en s'en allant, Beaurevoir et Bohain; mais Beaurevoir fut incontinent repris par Pont-de-Rémy, et Bohain par La Trémoïlle, bien que les ennemis ne fussent pas à plus de 6 lieues des Français; par quoi il ne demeura pas aux Anglais une seule place dans les terres du roi, où ils avaient perdu cependant un grand nombre de leurs gens ³. »

Lautrec défendit si bravement Bayonne que les Espagnols en levèrent le siège; mais ceux-ci, en retournant en Castille, enlevèrent Fontarabie qui n'avait plus Jacques du Lude pour gouverneur.

L'AMIRAL BONNIVET.

Le successeur de Lautrec à l'armée d'Italie, Guillaume Gouffier seigneur de Bonnivet, amiral de France⁴, ne fut pas plus heureux que son devancier.

Il descendit sans encombre en Piémont à la tête de

___
¹ Martin du Bellay.

² « C'était vers la Toussaint, environ dix ou douze jours après la Saint-Martin que les blés gelèrent presque universellement par tout le royaume de France. » (Martin du Bellay).

³ Jean Bouchet, *Panégyrique de La Trémoïlle*.

⁴ « Il avait fait son apprentissage aux armées et guerres d'Italie

1.800 lances, 10.000 Suisses, 6.000 lansquenets, 12.000 piétons français ou gascons, 3.000 Italiens, et passa le Tessin au-dessus de Vigevano, sans que Prosper Colonna ait pu l'en empêcher.

S'il avait marché rapidement sur Milan, dont le château était tenu par une garnison française et dont les faubourgs n'étaient pas fortifiés, il eût, dès le début des opérations, assuré le succès de la campagne en s'emparant de la capitale du duché, car l'armée confédérée, qui s'y était concentrée, s'apprêtait à se retirer sur Côme si les Français venaient du côté de Pavie ou sur Pavie, s'ils venaient du côté de Côme.

Mais l'amiral avait, comme Lautrec, la prétention d'être un tacticien prudent qui voulait réagir contre la *furia francese*, « seule cause, disait-il, de tous nos revers en Italie. » Il perdit huit jours à aller du Tessin à Milan, et, au lieu de tenter un coup de main, il prépara un siège en règle (14 septembre).

Il traça, selon les règles enseignées par Pedro Navarro, un vaste camp retranché, qui s'étendait, au sud et à une portée de canon de Milan, entre l'abbaye de Chiaravalle et la route de Pavie; il coupa les eaux qui alimentaient la ville, brûla les moulins, envoya un détachement ravitailler le château de Crémone réduit à 8 défenseurs, fit, au sud-est, occuper Lodi, et compléta,

---

sous M. le grand-maître Chaumont, où il fut toujours en bonne réputation ; et, pour ce, le roi le prit en grande amitié. Il était de fort gentil et subtil esprit et très habile, fort bien disant, fort beau et agréable. » (Brantôme).

au nord-est, le blocus de Milan en envoyant Frédéric de Bozzolo s'établir sur la route de Côme.

Dès qu'il s'agissait d'une guerre de temporisation et de prudence, Prosper Colonna reprenait tous ses avantages.

Pour se procurer des vivres, il fit faire des pointes hardies par Jean de Médicis, redevenu l'ennemi des Français après avoir été leur allié dans la précédente campagne; il fortifia les faubourgs, bloqua étroitement la garnison du château et lui opposa les arquebusiers espagnols.

Il envoya Antonio de Leyva à Pavie, le marquis de Mantoue à Pontedecimo, et il appela au secours de Milan le vice-roi de Naples, Charles de Lannoy, et l'armée vénitienne.

La Seigneurie de Venise s'était, cette fois, déclarée contre la France.

Le même hiver précoce qui avait fait reculer l'invasion anglaise, la rareté des vivres et l'oisiveté amenèrent bientôt le découragement dans le camp de l'amiral. Les Suisses, faisant entendre leurs murmures accoutumés, demandaient une haute paie pour faire le service de la tranchée, et parlaient encore de s'en retourner dans leur pays si on ne les menait pas au combat.

Bonnivet, pour ne pas imiter Lautrec en livrant la bataille qu'on prétendait lui imposer, leva brusquement le siège et repassa le Tessin, afin de se concentrer à

Abbiate-Grasso. Là, croyant que le froid et les neiges interrompraient les hostilités, il licencia l'infanterie du Dauphiné et du Languedoc, et attendit les renforts Suisses ou Grisons qui devaient lui venir par Ivrée et Bergame.

Le connétable de Bourbon et le marquis de Pescaire mirent à profit tant d'hésitations et de fautes tactiques. Prosper Colonna étant mort, le 30 décembre 1523, après avoir eu deux fois l'honneur de faire reculer les Français sans leur livrer bataille, ses quatre successeurs remplacèrent sa temporisation par une activité fiévreuse.

Le vice-roi de Naples et le marquis de Pescaire à la tête des Espagnols, le connétable de Bourbon venu d'Allemagne avec 12.000 lansquenets, et le duc d'Urbin chef de l'armée vénitienne, opérèrent leur jonction à Binasco dans les derniers jours de février 1524.

Le 2 mars, ils franchirent le Tessin sur 3 ponts, près de Pavie, en laissant à la garde de Milan François Sforza et Jean de Médicis.

Bayard, détaché à Rebecco[1], faillit être enlevé par Pescaire dans une surprise de nuit (*camisade*), et il eut grand'peine à regagner le camp de l'amiral[2].

L'armée française, ayant des forces trop inférieures

---

[1] Sur le Naviglio-Grande, au N.-O. d'Abbiate-Grasso, à moitié chemin de Buffalora.

[2] « Le vice-roi de Naples eut avertissement comme le capitaine Bayard avec sa compagnie de 100 hommes d'armes, les seigneurs de Mézières et de Sainte-Mesmes ayant chacun 50 hommes d'armes, et le seigneur

pour attendre le choc, opéra sa retraite. Elle quitta, dans le meilleur ordre, le camp d'Abbiate-Grasso pour se diriger vers Mortara et Novare, où Bonnivet espérait être rejoint par les Suisses qui campaient devant Ivrée.

L'armée confédérée se mit à la poursuite des Français et vint occuper une forte position retranchée à Biandra, entre Verceil et Novare.

A peine Bonnivet avait-il quitté Abbiate-Grasso que le renfort de 5.000 Grisons que le roi lui avait promis paraissait aux environs de Bergame. Mais Jean de Médicis conduisit au-devant d'eux la garnison de Milan et les obligea à rebrousser chemin; ensuite, il vint donner l'assaut à Abbiate-Grasso, qui, placée sur le

de Lorges avec les gens de pied français dont *il était colonel,* étaient logés à Rebecco, assez loin de notre camp et en un lieu mal aisé pour y être secouru. Il délibéra de leur donner une *camisade* et de les faire surprendre en leurs logis. A cet effet, il dépêcha le marquis de Pescaire avec l'infanterie espagnole et le seigneur Jean de Médicis avec bon nombre de gens de cheval; et, comme c'était de nuit que devait se faire l'exécution, *il fit prendre à chacun une chemise blanche par-dessus ses armes* pour mieux se reconnaître.

« Pescaire et Médicis firent si bonne diligence qu'ils arrivèrent deux heures avant le jour sur notre guet, qui ne se trouva pas suffisant pour soutenir leur effort, et ils le renversèrent dedans Rebecco. De sorte que Bayard et les autres capitaines virent leur guet renversé sur leurs bras aussitôt qu'ils eurent l'alarme. Bayard, encore qu'il fût malade ayant pris médecine, monta aussitôt à cheval; il trouva près de lui le seigneur de Lorges, et tous deux, avec ce qu'ils purent promptement assembler de soldats, soutinrent l'effort des ennemis, pendant que le reste se mettait ensemble pour se retirer vers le camp d'Abbiate-Grasso. En

grand canal, interceptait les convois venant du lac Majeur.

La situation des Français était des plus critiques ; cependant l'arrivée des 8.000 Suisses campés sur la rive droite de la Sésia devait permettre à l'amiral de mettre fin à cette retraite pénible, ou, au moins, de faire *fuite de loup* (comme disait Bayard) en assaillant brusquement l'avant-garde ennemie.

Bonnivet, général malhabile et ignorant, était un brave chevalier ; il voulut réparer par un coup d'audace toutes ses fautes de la campagne, et il envoya aux Suisses un pressant message pour les prier de le rejoindre.

Vaine prière ! les Suisses répondirent :

— « Qu'il leur suffisait de retirer ceux de leurs com-
« pagnons qui étaient encore avec l'amiral, attendu que
« le roi de France leur avait promis qu'ils trouveraient,
« à leur descente à Ivrée, le duc Claude de Longueville
« avec 400 hommes d'armes pour les accompagner,
« mais que le roi de France avait manqué à sa pro-
« messe et qu'ils n'avaient rien trouvé. »

« Alors les Suisses du camp français, sachant leurs compagnons sur le bord de l'eau, se mirent pour la

---

chemin, ils rencontrèrent monsieur l'amiral qui marchait avec l'armée au-devant d'eux pour les secourir. Nous y perdîmes peu d'hommes, mais tout le bagage y demeura. » (Martin du Bellay).

plupart à vau-de-route, pour rejoindre les nouveaux venus [1]. »

C'était pis encore qu'à Novare !

MORT DE BAYARD (30 avril 1524).

L'élite de la gendarmerie de France fut victime de l'incapacité du général en chef et du mauvais service des mercenaires étrangers.

« Les confédérés marchaient en belles batailles après les Français. Le vice-roi avait *débandé* [2] 1.000 ou 1.200 chevau-légers et 7 ou 800 arquebusiers espagnols, pour entamer l'escarmouche et amuser notre armée, pendant qu'il arriverait avec la grosse troupe.

« Mais Bayard et Vendenesse, le *petit lion au grand cœur*, se tenaient à l'arrière-garde avec quelque nombre de gens d'armes, montrant aux éclaireurs ennemis un visage si assuré qu'ils les faisaient demeurer tout coi ; et menu et souvent les rembarraient sur leurs batailles.

« Cependant l'ennemi posta aux deux côtés du grand chemin de grosses hacquebutes à croc dont il tira plusieurs coups ; de l'un, fut tué le gentil seigneur de Vendenesse.

« Le bon chevalier, assuré comme s'il eût été dans sa maison, faisait marcher les gens d'armes et se reti-

---

[1] Martin du Bellay.
[2] Détaché du gros de son armée.

rait le beau pas, toujours le visage tourné aux ennemis et l'épée au poing, leur donnant, à lui seul, plus de crainte qu'un cent d'autres.

« Mais, comme Dieu le voulut permettre, fut tiré un coup de grosse arquebuse, dont la pierre le vint frapper

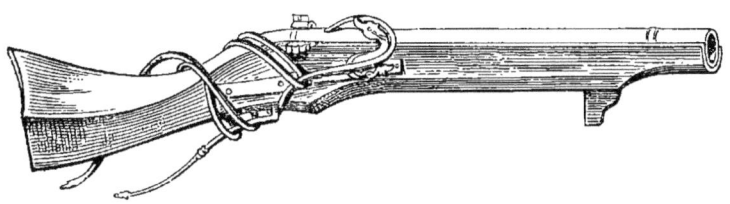

Fig. 46.

au travers des reins et lui rompit tout le gros os de l'échine.

« Quand il sentit le coup, il se prit à crier :

— « Jésus ! »

Et puis dit :

— « Hélas ! mon Dieu, je suis mort ! »

« Il prit son épée par la poignée et baisa la croisée en signe de la croix ; il devint incontinent tout blême, comme perdant ses esprits, et cuyda tomber. Mais il eut encore le cœur de prendre l'arçon de sa selle, et demeura en cet état jusqu'à ce qu'un jeune gentilhomme, son maître d'hôtel, l'aida à descendre et le mit sous un arbre. »

Devant cet arbre, les vaillants capitaines espagnols défilèrent, l'un après l'autre, pour saluer le héros mourant.

— « Plût à Dieu! gentil seigneur de Bayard, lui dit
« le marquis de Pescaire, qu'il m'en eût coûté une
« quarte de mon sang et que je vous tinsse en santé
« mon prisonnier! Car, depuis que j'ai connaissance
« des armes, je n'ai entendu parler d'un chevalier
« qui, en vertu vous ait approché! »

S'il faut en croire Martin du Bellay, le chevalier sans
peur et sans reproche résuma toute sa vie d'honneur et
de dévouement dans ses dernières paroles; il dit à
Charles de Bourbon :

— « J'ai pitié de vous, monsieur, de vous voir servir
« contre votre prince, votre *patrie* et votre serment! »

Ainsi, — Bayard mourant l'affirme, — la *Patrie*
doit primer toutes les ambitions et faire oublier toutes
les rancunes : c'est le devoir du soldat, et l'*esprit chevaleresque* a survécu à Bayard et à Vendenesse pour
demeurer la sauvegarde de l'honneur militaire [1].

La campagne d'Italie était terminée pour les Français. L'amiral Bonnivet, gravement blessé, laissa le
commandement au comte de Saint-Pol; l'armée attei-

---

[1] « Cette magnanime génération des Bayard, des La Trémoïlle, des La Palice, des Louis d'Ars finit la chevalerie, mais la chevalerie ne pouvait plus noblement finir. L'antique idéal des romans n'avait jamais été approché de si près par la réalité qu'au moment de s'éteindre. Le patriotisme et la discipline avaient régularisé, sans l'étouffer, l'esprit chevaleresque. » (Henri Martin; 4ᵉ partie, livre XLVII).

gnit Ivrée sans encombre et rentra en Dauphiné par le pas de Suze[1].

Les Suisses abandonnèrent les quinze pièces de grosse artillerie qui leur avaient été confiées, et retournèrent dans leur pays par la vallée d'Aoste.

Le château de Crémone, Novare, Alexandrie et Lodi ouvrirent leurs portes aux Espagnols.

L'Italie avait, une fois de plus, changé de maître.

PREMIER SIÈGE DE MARSEILLE (août 1524).

Charles de Bourbon trouva l'occasion favorable pour envahir la Provence et commencer la conquête du royaume éphémère que l'Empereur lui avait promis en récompense de sa trahison.

A la tête d'une armée de 15.000 hommes de pied, de 2.000 chevaux et de 18 pièces d'artillerie, il suivit, de Gênes à Nice, la route de *la Corniche*, franchit le Var le 7 juillet 1524, et arriva, en 5 semaines, à Aix, par Antibes, Grasse, Fréjus, Draguignan et Brignoles, sans que le maréchal de La Palice, gouverneur de la Provence, ait pu lui disputer une seule de ces villes, mal protégées par des murailles en ruines.

---

[1] « Entre Suze et Briançon, Saint-Pol trouva le duc Claude de Longueville qui venait à son secours avec 400 hommes d'armes; c'était trop tard : en arrivant quinze jours plus tôt, ces 400 lances se fussent jointes avec les Suisses nouvellement venus, lesdits Suisses eussent combattu, et tout cût été changé. Finalement, nous envoyons du secours, mais mal à propos, quand l'occasion est faillie, et nous faisons dépense inutile; au moins l'ai-je vu souvent advenir de mon temps. » (Martin du Bellay.)

Bourbon voulait passer le Rhône à Avignon, soulever la noblesse d'Auvergne et marcher sur Lyon, dont il avait rêvé de faire la capitale de son royaume de Provence.

Mais le marquis de Pescaire [1], qu'on lui avait imposé comme surveillant plutôt que comme lieutenant, lui déclara que l'Empereur désirait, à l'exemple du roi d'Angleterre, avoir un port de débarquement sur les côtes de France, et qu'il avait donné l'ordre d'entreprendre le siège de Marseille (19 août).

— « Ce ne sera qu'un mince retard, répondit Bour-
« bon ; trois coups de canon étonneront si fort les Mar-
« seillais, qu'ils viendront, la hart au col, nous ap-
« porter les clefs de la ville ! »

« Marseille n'était pas remparée ; elle était peu flanquée et dépourvue d'hommes et de munitions.

« Mais le roi, averti du chemin que prenait Bourbon, dépêcha le capitaine romain Renzo de Céri [2], homme fort

---

[1] « Il s'était fait déclarer capitaine général de l'armée de l'Empereur pour ne pas obéir à un traître. » (Guicciardini.)
Ce sentiment de réprobation était partagé par toute la noblesse espagnole. « L'Empereur ayant demandé au marquis de Vilenna à recevoir en son logis le prince de Bourbon, le marquis répondit « qu'il y
« consentait, mais que l'Empereur ne trouverait pas mauvais s'il mettait
« ensuite le feu à sa maison, car il ne voulait pas qu'on accusât cette mai-
« son d'avoir servi de retraite à un traître et infidèle à son roy. » (Brantôme.)

[2] « Dans Marseille s'était aussi jeté le seigneur Renzo de Céri, gentilhomme romain de grande maison, beau et vaillant, qui s'était sauvé de la déroute de l'amiral Bonnivet et qui avait ramené delà

expert au fait des armes, et Philippe Chabot, seigneur de Brion, avec 200 hommes d'armes et 3.000 hommes de pied, pour se mettre dans Marseille.

« Arrivés-là, ils firent telle diligence de remparer et construire plates-formes, qu'en peu de jours, avec l'aide tant des soldats que des citadins de la ville, ils mirent la place en état de donner honte à leurs ennemis [1]. »

Comme à Padoue en 1509, on construisit en arrière de la muraille romaine un *retranchement intérieur*, qu'on nomma le *Rempart des dames* parce que toutes les femmes de la ville, sans distinction de caste, y avaient travaillé.

Le bombardement commença le 7 septembre ; les canonniers marseillais y répondirent si vigoureusement, qu'un boulet, trouant la tente du marquis de Pescaire, tua son aumônier et deux de ses gentilshommes.

---

les monts 3.000 bons vieux *routiers de guerre*. Aussi M. de Bourbon ne craignait rien tant que ledit Renzo et ses compagnons ; témoin le refrain de la vieille chanson des adventuriers de guerre de 1524 :

> « Quand Bourbon vint à Marseille,
> « Il dit à ses gens :
> « Vrai Dieu ! quel capitaine
> « Trouverons nous dedans ?
>
> « Il ne m'en chaut d'un blanc
> « D'homme qui soit en France,
> « Mais que ne soit dedans
> « Le capitaine Rance ! »

(Brantôme.)

[1] Martin du Bellay.

Pescaire envoya le boulet à Bourbon avec ce billet ironique :

— « Voilà les clefs de Marseille, que les citadins « *étonnés* vous envoient ! »

En même temps, on annonçait au futur roi de Provence que François Ier s'avançait en personne à la tête d'une armée de secours.

L'artillerie impériale avait ouvert une brèche et Bourbon voulait qu'on donnât l'assaut, mais Pescaire exigea que la brèche fut reconnue. Des sept Espagnols qu'il y envoya, quatre furent tués ; les trois autres, plus ou moins blessés, revinrent en disant qu'il y avait en arrière de l'ouverture un fossé et *un rempart de terre* bien garnis d'artillerie et d'arquebusiers.

— « Vous voyez, dit Pescaire aux capitaines impé-
« riaux, que les Marseillais tiennent table ouverte,
« puisqu'il suffit de se rendre à la brèche pour aller
« souper en paradis. Pour mon compte, je n'en suis pas
« si pressé, et je m'en vais. »

Pescaire quitta le camp et tous les Espagnols le suivirent. Bourbon, réduit à ses lansquenets, fut forcé de lever le siège et de rentrer en Italie par Toulon.

L'armée française s'était concentrée à Avignon.

1.500 hommes d'armes, 14.000 Suisses, 6.000 lansquenets, 10.000 piétons français ou italiens, répartis en 3 corps, passèrent la Durance au-dessus de Cavaillon.

Le maréchal de la Palice, commandant l'avant-garde,

devança avec 500 chevaux le maréchal Anne de Montmorency qui conduisait l'infanterie, et il atteignit aux environs de Toulon « la queue des ennemis.

« Il défit bon nombre d'hommes et gagna un fort grand butin, car chacun, pour se sauver, laissait son bagage derrière, et les soldats de Bourbon, n'ayant plus la force de porter leurs armes, les jetaient par les chemins.

« Montmorency les suivit avec de bonnes troupes jusque par delà de Toulon, ne leur donnant pas loisir de reprendre haleine.

« Les Impériaux, sans s'amuser à poursuivre les paysans qui les inquiétaient dans leur route, arrivèrent à Monaco, le 15 octobre, en côtoyant la mer »[1].

Bourbon embarqua sa grosse artillerie pour la mener à Gênes, « et fit mettre la menue par pièces pour la porter à dos de mulet, parce que les chemins de sa retraite étaient presque impossibles pour y conduire charroi[2]. »

LA REPRISE DU MILANAIS (1524-1525).

Le roi s'était arrêté à Aix avec la bataille et l'arrière-garde.

Il réunit en grand conseil les princes et les capitaines qui l'avaient accompagné[3] et leur déclara son intention d'entrer immédiatement en Italie.

---

[1] Martin du Bellay.
[2] Guicciardini, liv. XV, chap. xxiv.
[3] « Le roi Henry II de Navarre, le duc d'Alençon, le comte de Saint-

Il avait pour cela, disait-il, trois puissantes raisons :

— « La première, c'est qu'il avait grosse armée d'Ita-
« liens et d'aventuriers de France, qui avaient déjà fort
« endommagé son royaume et qui en parachèveraient
« la ruine si on les retenait. Par quoi, il était nécessaire
« de les envoyer ailleurs ; ce qu'on pourrait honnête-
« ment faire en les menant guerroyer en Italie ;

« La seconde, que son armée était en bon ordre et
« prête à marcher ;

« La troisième, que ses gens d'armes avaient bon
« vouloir d'y aller pourvu que le roi fût du voyage, et
« qu'aussi sa présence croîtrait le cœur et courage de
« sa gendarmerie. »

Le souvenir de Marignan exaltait le roi chevalier.

Précédé d'une forte avant-garde conduite par La Palice, il franchit le Pas de Suze « et marcha droit à Milan, sans nulle part s'arrêter. » Il voulait y devancer l'armée impériale, qui se dirigeait, à marches forcées, des Alpes liguriennes sur Pavie, par le Montferrat.

Pol, le duc d'Albanie (Stuart d'Aubigny), le duc Claude de Longueville, les maréchaux Chabannes de La Palice, Foix-Lescun et Anne de Montmorency, le grand maître de France Réné bâtard de Savoie, l'amiral Bonnivet, du conseil duquel le roi s'inspirait plus que de nul autre ; messire Louis de La Tremoïlle, le marquis Michel Antoine de Saluces, le comte François de Vaudemont, M. de Lorraine son frère, *colonel* de 3.000 lansquenets, Suffolk Rose blanche, avec pareille charge, Renzo de Ceri, Chabot de Brion, Galéas de San Séverino grand écuyer de France, le capitaine Louis d'Ars et plusieurs autres gros personnages qu'il serait de trop longue déduction à nommer. » (Martin du Bellay.)

Le vice-roi de Naples, Jean de Lannoy, laissant Antonio de Leyva à Pavie avec 1.200 Espagnols et 6.000 lansquenets, entra à Milan le jour même où les Français atteignaient Vigevano. Il trouva les remparts et les bastions ruinés et les citadins peu désireux de soutenir un nouveau siège. Aussi, quand le marquis de Saluces et La Trémoïlle se présentèrent devant Milan à la porte de Verceil, Lannoy en sortit par la porte de Rome (26 octobre)[1].

Avant de faire son entrée dans la capitale de la Lombardie, François Ier voulut prendre Pavie.

Il vint établir son camp devant cette ville, le 28 octobre 1524.

Bas-relief du tombeau de François I.

Fig. 47.

« Il logea le maréchal de Chabannes, avec l'avant-

---

[1] « Si le roi eût poussé vivement après l'armée impériale, la victoire

garde, vers le château, du côté du Tessin ; lui-même s'établit, avec la *bataille*, à l'abbaye de San Lanfano, assez près de la ville ; puis il envoya le maréchal de Montmorency, avec 3.000 lansquenets, 2.000 Italiens, 1.000 Corses et 200 hommes d'armes, passer le Tessin et se loger dans le faubourg de l'Ile Saint-Antoine.

« Pour gagner ce faubourg, Montmorency fut contraint de battre une tour qui était sur le pont. L'ayant gagnée, il la fit remparer et garder, après avoir pendu ceux qu'il trouva dedans *pour avoir été si outrageux de vouloir garder un tel poulailler à l'encontre d'une armée française*.

« Les logements pris, le roi fit faire les approches et mettre son artillerie en batterie ; laquelle, après quelques journées, fit une brèche, mais non raisonnable. Toutefois on donna l'assaut pour tâter l'opinion de ceux de dedans.

« Nos gens, étant allés jusqu'au haut de la brèche, pensèrent la ville gagnée ; mais il advint autrement, car ils trouvèrent par dedans de larges et profondes tranchées bien flanquées ; les maisons voisines de ces tranchées étaient percées bien à propos et pourvues d'arquebuserie[1]. Ce qui fut cause que nos gens, après

---

et la conquête du duché de Milan étaient nôtres, car elle s'en allait en tel désordre que les soldats ennemis, exténués par leur retraite de Provence, jetaient leurs armes dans les fossés. » (Martin du Bellay.)

[1] Exemple à retenir de *l'organisation défensive des maisons* en 1524.

avoir longtemps combattu sur le haut de la brèche, furent contraints de se retirer [1]. »

La résistance d'Antonio de Leyva, « un des plus grands capitaines que l'Empereur ait eus [2], » donna à Lannoy, à Pescaire et à Bourbon le temps de réunir à Lodi une armée de 700 lances, de 500 chevau-légers et de 18.000 hommes de pied allemands, espagnols, basques ou italiens.

Au lieu de concentrer toutes ses forces pour marcher contre cette armée, le roi se laissa persuader par le pape Clément VII d'envoyer, sous Stuart d'Aubigny [3], un corps important à la conquête du royaume de Naples. Il ne resta devant Pavie que 800 lances, la grosse artillerie et moins de 13.000 hommes de pied [4].

Le siège, transformé en blocus, durait depuis plus

[1] Martin du Bellay.
[2] *Commentaires* de Montluc.
[3] 600 hommes d'armes, 500 chevau-légers et 10.000 hommes de pied.
[4] « Le roi, malgré les trop nombreux détachements qu'il avait à Gênes et dans les États de l'Église, se croyait plus fort que l'ennemi, parce qu'il payait son armée sur le pied de 1.300 lances et de 26.000 fantassins; mais ce chiffre n'existait que sur les contrôles grâce à l'avarice des officiers et à la négligence des commissaires. Les compagnies d'ordonnance ne comptaient que 800 lances effectives (6.400 chevaux) et il n'y avait pas moitié de l'infanterie, le roi ayant peu auparavant *cassé* 3.000 Grisons pour éviter la dépense, et son camp étant affaibli tant par la longueur du siège que par les maladies qu'il avait eues. Eh! que ces petites ménageries apportent quelquefois de pertes! » (Montluc.)

de 4 mois, lorsque, le 20 février 1525, 8.000 fantassins grisons ou italiens désertèrent les enseignes françaises.

Les généraux de l'Empereur profitèrent de cette occasion pour engager une bataille décisive.

« Les vieux capitaines du conseil du roi n'étaient pas d'avis d'accepter le choc d'une armée supérieure, avec une place forte à dos ; ils voulaient lever le siège et se retirer à Milan jusqu'à l'arrivée des renforts attendus de France [1] ; mais François Ier refusa de reculer devant Bourbon, le rebelle et le traître. »

Pavie (24 février 1525).

L'amiral Bonnivet, sénéchal de la maison du Roi, en transporta le quartier de San Lanfano aux portes mêmes

---

[1] « Si le roi eût voulu croire le maréchal de La Palice, La Trémoille, Galéas de San Severino et Théodore Trivulce, il n'eût pas donné la bataille de Pavie. Tous lui conseillaient de lever le siège et de se retirer à Binasco.

— « C'est la victoire seule, disait La Palice, qui fait l'honneur ou le « déshonneur de la guerre. Si, au lieu de s'obstiner au siège, on veut « se retirer, tarder et temporiser, l'armée ennemie se dissoudra d'elle-« même par faute d'argent. »

« L'amiral Bonnivet déclara :

— « Que M. de La Palice donnait conseil selon l'usage des vieux ; que, « quant à lui, il n'avait jamais fui le combat de sa vie, et qu'il ne « voulait pas penser que cette noble et ancienne valeur de combattre « toujours qu'on avait vue à M. de La Palice se fût refroidie pour « quelque petite charge d'années ! »

« Monsieur de Lautrec appuya l'avis de Bonnivet.

— « Eh bien ! répondit La Palice, à qui le rouge était monté au « visage, que Dieu donne raison aux fols et aux superbes ! Quant à « moi, afin qu'on ne pense pas que je refuse le péril, je m'en vais

de Pavie, sur le bord du Tessin, au débouché de la route de Lodi par laquelle on attendait l'ennemi.

L'avant-garde s'établit dans l'espace compris entre le Tessin et la route de Milan ;

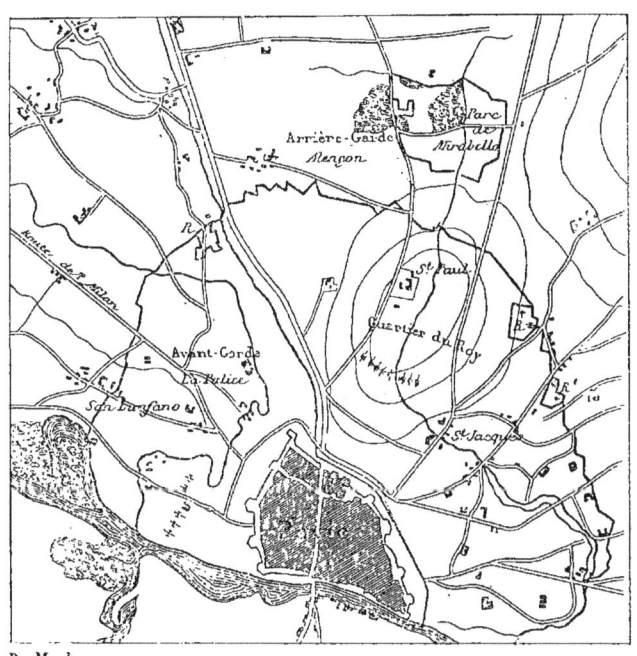

Fig. 48.

Le corps de bataille, entre les monastères de Saint-Paul et de Saint-Jacques, dans une position dominante située au sud du parc de Mirabello.

Dans ce parc, *réduit* des lignes françaises, campait le

« combattre à pied avec la première infanterie. Vous autres, gens
« d'armes français, combattez si vaillamment que l'on connaisse, dans
« ce cas périlleux, que la fortune vous a manqué plutôt que le cou-
« rage! » (Brantôme.)

duc d'Alençon avec les 500 chevau-légers de l'arrière-garde.

On ne pouvait secourir Pavie au nord, qu'en renversant les murailles du parc de Mirabello et qu'en prenant d'assaut les redoutes (*R*), que le grand maître de l'artillerie Galiot de Genoilhac avait fait construire, de distance en distance, pour flanquer les lignes de contre-vallation. Ces redoutes étaient armées de grosses pièces de position bien remparées et séparées par des gabions [1].

Ce fut cependant de ce côté que les généraux ennemis dirigèrent leur attaque; mais, afin de donner le change à l'armée française, ils l'inquiétèrent par des escarmouches continuelles du côté du Tessin.

Dans la nuit du 23 au 24 février, tous les soldats de l'armée impériale prirent une chemise blanche par-dessus leurs armes [2] pour se distinguer des Français, et se formèrent en bataille.

« Le marquis del Guasto avec l'avant-garde s'avança silencieusement jusqu'aux murailles du parc; des maçons, mêlés aux soldats, en abattirent 50 toises, sans que le duc d'Alençon ni ses gens se fussent réveillés au bruit des pioches et de l'éboulement.

Au point du jour, 3.000 arquebusiers, accompagnés de quelques chevau-légers, entrèrent par cette large brèche dans le parc de Mirabello; « ils furent

---

[1] Fig. 47, page 239.
[2] C'est ce qu'on appelait « *faire une camisade*. »

bientôt suivis de 4.000 lansquenets ou Espagnols des vieilles bandes, mêlés ensemble, après lesquels marchaient un bataillon d'Espagnols et deux de lansquenets ayant deux grosses troupes de gendarmerie sur les ailes. »

Cette colonne, laissant à sa gauche le quartier du Roi « que les généraux ennemis trouvaient trop avantageux pour l'assaillir, » se dirigea silencieusement vers Pavie.

Mais Galiot de Genoilhac et ses canonniers faisaient meilleure garde que le duc d'Alençon. Une formidable bordée de l'artillerie des redoutes réveilla subitement le camp français. Les gros canons firent, coup sur coup, de larges trouées dans les bataillons ennemis, « de sorte que vous n'eussiez vu que bras et têtes voler. »

La brèche fut criblée et devint inaccessible ; alors les lansquenets de Bourbon et les Espagnols du vice-roi de Naples se mirent à courir à la débandade pour chercher un refuge derrière les rampes du vallon de Saint-Paul.

Malheureusement, à la vue du désordre de l'ennemi, le roi « bouillant de courage et d'ardeur de combattre, s'élança en dehors des lignes à la tête de sa maison et masqua l'artillerie qui ne put plus jouer, ce dont M. Galiot cuida désespérer. »

François Ier ne savait, pas plus que Philippe de Valois ou que Jean le Bon, contenir, en face de l'ennemi, son ardeur chevaleresque.

L'infanterie d'élite du marquis del Guasto fit volte-face, à l'approche de la gendarmerie française, et soutint bravement son premier choc, pendant que Bourbon et Pescaire étendaient leur ligne de bataille de manière à déborder les Français.

Cependant, au premier coup de canon, le maréchal de La Palice avait quitté son quartier de San Lanfano pour venir se placer, avec la gendarmerie et les bandes françaises qui composaient l'avant-garde, à la

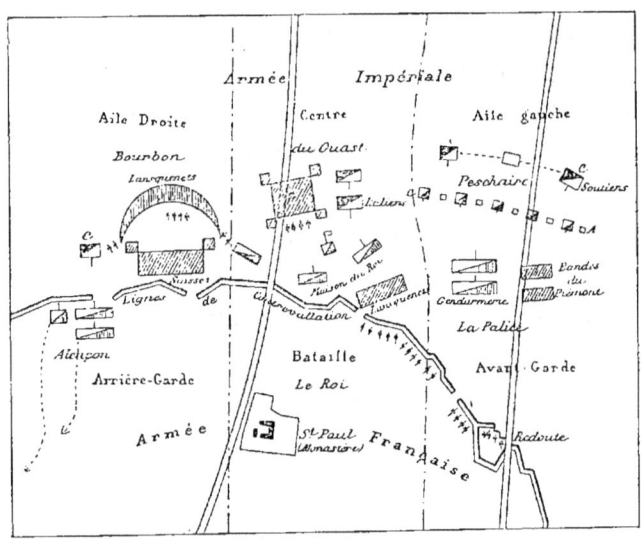

P. Merle, d'après un croquis de E. Hardy.

Fig. 49.

droite du corps de bataille, où il restait encore 4 à 5.000 lansquenets, débris des vieilles bandes noires de la Gueldre et de la Wesphalie, habituées à combattre sous la bannière de France et mises au ban de l'empire par Charles-Quint.

Le duc d'Alençon avait évacué en toute hâte le parc de Mirabello, et la cavalerie de l'arrière-garde s'était ralliée en arrière des Suisses, qui formaient l'aile gauche de la ligne de bataille.

Bourbon à la tête des 12.000 lansquenets du colonel Frendsberg attaqua furieusement les Suisses [1]. Les gros bataillons allemands, précédés par leur artillerie et flanqués par de la cavalerie, se formèrent en croissant et enserrèrent, comme dans une tenaille [2], la lourde redoute helvétique, qui, après une courte résistance, se retira derrière les retranchements [3].

Le roi avait enfoncé successivement l'escadron italien et les 500 gendarmes francs-comtois qui lui faisaient face; il croyait déjà tenir la victoire quand il fut assailli par le marquis de Pescaire.

---

[1] Seigneur de Mindelheim en Souabe.

[2] C'est une des formations indiquées par le *Rosier des guerres*.

[3] D'après les *Mémoires du maréchal de Vieilleville* rédigés par Carloix son secrétaire, les Suisses n'auraient pas même voulu combattre :
« Et pour montrer que le ciel s'était mis avec les hommes pour exterminer du tout ce grand roi, il avait en son armée 10 ou 12.000 Suisses qui firent, sur le gros du combat, *haut le bois*. Il ne fut pas possible de les faire combattre, mais ils se retirèrent de la bataille, prenant le chemin de Milan et s'excusant sur un vœu commun à leur nation *de ne jamais combattre un vendredi*. Mais la plaie de leur bataille perdue à Marignan était si récente que l'on jugea fort aisément qu'ils s'en voulurent ressentir, faisant pratiquer à ce pauvre prince, et à sa grande ruine, le proverbe qui défend de trop se fier à l'ennemi réconcilié. » (Livre I, ch. XLIV).

Cet habile capitaine avait intercalé, par petits pelotons (*A*), entre les escadrons de la cavalerie espagnole et allemande, 1.500 arquebusiers basques, les plus ingambes de son infanterie, dressés de longue main à cette manière de combattre renouvelée d'Arioviste et de César. Des soutiens compactes d'infanterie et de cavalerie suivaient sa première ligne à petite distance (Fig. 49).

Les balles de deux onces des arquebusiers traversaient les armures les mieux trempées ; les hommes d'armes de France tombèrent l'un après l'autre, sans pouvoir atteindre les tirailleurs agiles, qui allaient recharger leurs arquebuses derrière les escadrons.

Le roi, pour diminuer les pertes, fit déployer les compagnies de sa maison; mais alors, la cavalerie espagnole chargea à son tour; la mêlée devint générale et, au milieu des joutes individuelles de ces deux cavaleries d'élite, les tireurs basques ajustèrent, presque à bout portant, les grands seigneurs de France, signalés à leurs coups par des cottes d'armes bariolées.

Au même moment, La Palice, avec la gendarmerie de l'aile droite, enfonçait deux fois la cavalerie italienne; mais, assailli de tous côtés par les lansquenets victorieux de Bourbon et par l'infanterie espagnole du marquis del Guasto, pris à dos par la garnison de Pavie, le grand maréchal de France tomba sous son cheval et fut pris. Un lâche le tua d'un coup d'arquebuse.

La Trémoïlle[1], Louis d'Ars, le maréchal de Foix-Lescun, Suffolk *Rose blanche* et François de Lorraine, avaient été tués aux côtés du roi.

Cependant Pescaire était blessé et Lannoy avait tourné le dos; la cavalerie du duc d'Alençon était intacte, et les Suisses, ralliés derrière les lignes, pouvaient encore tenter un effort décisif.

Mais, en apprenant la défaite de l'aile droite, le duc d'Alençon tourna bride dans la direction de Milan et s'enfuit avec ses chevau-légers[2].

[1] « Au lit d'honneur il a perdu la vie
Le bon Loys Trimoïlle cy gisant,
Au dur conflit qui fut devant Pavie
Entre Espagnols et Français, par envie,
Dont son renom est en tous lieux luisant.
Il n'eut voulu mourir en languissant
Dans sa maison, ni sous obscure roche
De lâcheté, comme il allait disant;
Pour ce est nommé chevalier sans reproche! »

(Jean Bouchet.)

[2] « Le roi avait envoyé, le jour précédent, M. le maréchal de Montmorency avec 100 hommes d'armes, 1.000 hommes de pied français et 2.000 Suisses pour garder le passage de Saint-Ladre, où il fut en armes jusqu'au point du jour. Duquel lieu oyant jouer l'artillerie, il marcha en diligence pour se joindre avec le roi, mais ce fut trop tard, car il était déjà près en son armée défaite. Cependant Montmorency voulut combattre, et, avec le peu de forces qu'il avait, il se jeta, sans reconnaître, dedans l'armée impériale et défit de grande furie l'un des bataillons de lansquenets impériaux; mais il fut incontinent enveloppé, défait et pris par un gros *host* de cavalerie italienne, aimant mieux, en brave chevalier et loyal serviteur du roi et de la couronne de France, s'abandonner au hasard et se perdre, que de demeurer sain et sauf et

Les Suisses restèrent sourds aux prières de leur chef Jean de Diesbach de Berne, et prirent aussi la route de Milan. Diesbach, désespéré, se jeta presque seul dans la mêlée pour y trouver une fin glorieuse.

La bataille était perdue.

François Ier, blessé à la jambe et entouré de tous côtés, se défendait encore avec sa grande épée¹ lorsque son cheval, frappé à mort, se renversa sur lui.

voir son maître prisonnier. On dit qu'il fit cette aventureuse entreprise pour rallier les plus courageux de notre armée et principalement pour faire revenir au combat le duc d'Alençon, beau-frère du roi, qu'il voyait de loin, à son très grand regret, se retirer avec l'arrière-garde (de laquelle il était chef), encore fraîche et quasi entière, sans coup frapper ni faire contenance de vouloir combattre. Mais ce fut en vain, car il ne revint pas; mais se retira et passa par-dessus le pont que le roi avait fait dresser sur le Tessin deux jours avant la bataille. » (*Mémoires de Vieilleville*, livre I, ch. XLIV).

¹ « François Ier était le plus beau et le plus grand homme de sa cour, et d'une telle force corporelle qu'aux joûtes et tournois il renversait tout ce qui se présentait devant lui. Pour cette force et adresse et sa très belle assiette à cheval, les princes, seigneurs et capitaines de sa gendarmerie l'estimaient le premier homme d'armes de son royaume. Donc, se sentant ainsi nommé et en faveur de cette réputation, il avait institué la charge de *premier homme d'armes de France*, qui se donne à quelque chevalier d'honneur et de mérite et dont la charge est de chausser les éperons au roi le jour d'une bataille; mais il faut que, ce faisant, il soit armé de toutes pièces, prêt à monter à cheval et à combattre; et peut, par privilège spécial, marcher, ce jour-là, au rang des princes. » (*Mémoires de Vieilleville*, livre I, ch. XLVI).

L'armure que François Ier portait à Pavie est conservée à l'Armeria de Capodimonte, à Naples; la tête du cheval seule est bardée.

Le vice-roi de Naples, revenu sur le champ de bataille à la nouvelle de ce retour de fortune inattendu, reçut, en fléchissant le genou, l'épée sanglante du noble roi vaincu.

Nous avons lu le récit du vainqueur de Marignan : voici la lettre du vaincu de Pavie.

« Madame, pour vous faire savoir comment se porte
« le reste de mon infortune, *de toutes choses ne m'est*
« *demeuré que l'honneur et la vie qui est sauve*. Et,
« pour ce que, en votre adversité, cette nouvelle
« vous fera un peu de reconfort, j'ai prié qu'on me
« laissât vous écrire cette lettre (ce que l'on m'a aisé-
« ment accordé), vous suppliant de vouloir prendre
« l'extrémité de vous-même, en usant de votre ac-
« coutumée prudence, car j'ai l'espérance, à la fin,
« que Dieu ne m'abandonnera point; vous recomman-
« dant vos petits enfants et les miens, et vous sup-
« pliant de faire donner passage au porteur de cette
« lettre pour aller et retourner en Espagne, car il va
« devers l'Empereur pour savoir comme il voudra que
« je sois traité. »

Le même connétable de Bourbon, qui avait partagé la gloire de Marignan, avait la honte d'être le vainqueur de Pavie.

« La France, dit Montluc, a longtemps pleuré sa défaite et la prise du brave roi qui pensa trouver la fortune aussi favorable qu'à la journée des Suisses ; mais la fortune lui tourna le dos et fit voir combien il est grave qu'un roi se trouve lui-même à la bataille, vu que bien souvent sa prise amène la ruine de son État.

« Toutefois, Dieu regarda le sien d'un œil de pitié et le conserva : car les victorieux perdirent le sens, éblouis de leur victoire ! »

CHAPITRE VII

LES LEÇONS DE PAVIE

SOMMAIRE.

Le troisième voyage de Naples. — Cavalerie de France. — Cavalerie impériale. — Légions provinciales. — Exercices et manœuvres de l'infanterie ; instruction du soldat, de la bande, de la légion. — Camp légionnaire. — Formations en bataille. — Artillerie. — L'année 1536 ; Charles-Quint en Provence. — La guerre en Piémont. — Cérisoles. — Paix de Crespy.

LE TROISIÈME VOYAGE DE NAPLES (1527).

La captivité de François Ier dura plus d'une année.

Le roi chevalier, livré dans sa prison de Madrid à l'inflexible politique de Charles-Quint, consentit, pour être libre, à signer le traité humiliant du 14 janvier 1526, qui abandonnait à l'Empereur l'Italie tout entière et une partie de la France [1].

Mais les notables des provinces sacrifiées protestèrent contre cet abandon ; le Parlement rompit le traité de Madrid, et la nation s'imposa de lourdes charges [2] pour recommencer la guerre et venger les défaillances de son roi.

---

[1] La Bourgogne, la Flandre, l'Artois, le Tournaisis.

[2] Une assemblée générale des notables, composée de l'élite du clergé et de la noblesse, des délégués de tous les parlements du royaume et du corps de ville de Paris, offrit solennellement au roi, le 12 décembre 1526, *le corps et les biens* de tous ses sujets.

La France, partagée depuis 1521 en quatre gouvernements militaires [1], pouvait faire face de tous côtés à l'invasion ; mais elle n'avait plus d'autre adversaire que Charles-Quint. Le traître Bourbon avait été arquebusé à l'assaut de Rome (6 mai 1527), au moment même où ses aventuriers lui taillaient en Italie le

F. *Weiss.*
Fig. 50.

royaume qu'il n'avait pas su trouver en Provence ; le roi d'Angleterre, Henri VIII, était devenu notre allié, et l'Italie, terrifiée par le sac de la Ville éternelle ou lassée de l'insolence des garnisons espagnoles, appelait de nouveau les Français à son secours.

[1] Champagne, Picardie, Guyenne et Milanais.

Au mois d'août 1527, le maréchal de Lautrec entra dans le Milanais avec 900 lances, 8.000 lansquenets conduits par Louis de Lorraine, comte de Vaudemont, 3.000 Suisses des vieilles bandes, formées par le marquis de Saluces et commandées par Claude de Savoie, comte de Tende, 4.000 Gascons levés par Pedro Navarro[1], et 3.000 hommes de pied français, dont le seigneur de Burie était *colonel*. Le capitaine gascon de Montdragon avait charge de 24 bouches à feu : 12 canons, 6 bâtardes et 6 moyennes.

Pendant que Lautrec s'emparait d'Alexandrie et de Pavie, sans oser attaquer Milan, défendu par Antonio de Leyva, la domination de François Ier était rétablie à Gênes par Théodore Trivulce et André Doria[2].

Comme en 1495, les Italiens acclamaient l'armée française et s'enrôlaient sous ses enseignes, toutes les villes ouvraient leurs portes ; l'expédition de Lautrec

---

[1] Pour faire le service *d'infanterie de marine* :

    Le comte Pétre de Navarre
    Du roi a la commission
    De mener sur la mer grant guerre
    Et amasser des compaignons.
    Le tour qu'il nous fit n'est pas bon,
    Car nous sommes très-mal nourris;
    Pour l'amour du Roy l'endurons,
    Puisque foy lui avons promis !
        (Leroux de Lincy, *Chants historiques français*.)

[2] André Doria, que les Génois ont appelé le *Père de la patrie*, était un *condottière de la mer* qui servit, tour à tour, le pape, le roi de Naples, François Ier et Charles-Quint. « Tant qu'il servit la France, dit Brantôme, le roi était maître de la mer aussi bien que l'Empereur le fut après lui; voire mieux, car, qui n'est seigneur de Gênes et maître

ressemblait à la marche triomphale de Charles VIII.

François Ier promit au maréchal des renforts et de l'argent, et lui ordonna de pousser jusqu'à Naples, où le vice-roi Hugues de Moncade et le marquis del Guasto n'avaient que 8.000 Espagnols à lui opposer.

F. Weiss.

Fig. 51.

Les bandes allemandes et wallonnes de Bourbon auraient pu entraver la marche de Lautrec; mais elles étaient épuisées par leurs excès et décimées par la

de la mer, ne peut guère bien dormir en Italie. Si l'on n'eût mécontenté ce grand capitaine, les belles conquêtes et victoires qu'il a faites et gagnées pour l'Empereur eussent été pour nous; mais nous ne savons pas gagner les hommes, ni les entretenir quand nous les avons. »

peste. Le nouveau chef qu'elles avaient choisi, le proscrit français, Philibert de Châlons, prince d'Orange, eut grand'peine à leur faire quitter Rome pour marcher au-devant des Français.

Ceux-ci, au lieu de pousser sur Naples une pointe rapide par la Romagne, la marche d'Ancône, les Abruzzes et la Pouille, et d'assaillir la ville par terre, pendant que le capitaine des galères françaises et génoises, Philippino Doria, l'attaquerait par mer, s'étaient avancés, à petites journées, le long de l'Adriatique[1]. Partis de Bologne le 2 février, ils étaient cantonnés, le 27, entre Lucera et Foggia, dans la Capitanate.

Le prince d'Orange vint barrer à Lautrec la route de Naples, en occupant la forte position qui domine, au nord, la petite ville de Troja.

Lautrec rassembla aussitôt toutes ses forces et établit son camp près de Troja, au pied de la montagne occupée par l'ennemi.

« Ce logis ne se prit pas sans de belles et braves escarmouches, où chacun fit son devoir tant d'un côté que de l'autre.

« Le lendemain, qui était le premier samedi de carême, l'armée de France marcha en ordre de bataille,

---

[1] Par Rimini, Sinigaglia, Ancône, Recanati, où ils firent séjour, Pescara, Lanciano et Vasto, « auquel lieu il fit telle tempête que, encore que les soldats fussent frais et reposés, il en mourut plus de 300, tant de pied que de cheval, par la tourmente et les froidures. » (Martin du Bellay, livre III.)

toute prête à combattre, et gravit la montagne en laissant l'ennemi à main gauche, pour trouver moyen de l'attirer hors de son fort; mais jamais les Impériaux ne voulurent déloger.

« Alors notre armée tourna la tête vers l'ennemi; l'avant-garde, la bataille et l'arrière-garde, précédées de l'artillerie, la bouche en avant, marchèrent tout d'un front, avec 200 pas d'intervalle entre les bataillons. Sur les ailes de chaque bataillon, il y avait une troupe de gendarmerie pour la soutenir; à l'aile droite, les 150 hommes d'armes des compagnies Moriac et Pompérant, qui flanquaient les 3.000 Suisses du comte de Tende, engagèrent l'escarmouche avec la cavalerie légère du prince d'Orange.

Les Suisses baisèrent la terre comme de coutume, espérant combattre, et toute l'armée, d'une seule voix, cria :

— « Bataille ! » [1]

Une charge brillante de la gendarmerie de l'aile droite et de la noblesse volontaire [2] rejeta les chevau-légers impériaux dans le camp retranché de la hauteur; mais le prince d'Orange ne jugea pas prudent d'en sortir, et Lautrec laissa passer cette occasion de l'y attaquer. Sous prétexte qu'il attendait pour li-

---

[1] Martin du Bellay.
[2] « A ladite charge se trouvèrent les hommes d'armes du seigneur de Tournon, ainsi que la jeunesse française qui faisait le voyage pour son plaisir, telle que Bonnivet, Jarnac, Chastaigneraye, Cornillon, le baron de Conty et autres jusqu'au nombre de 30 ou 40. » (*Idem.*)

vrer bataille les bandes noires de Toscane, il se contenta de prendre position sur la hauteur voisine, et les deux armées restèrent sept jours en présence, des deux côtés du vallon de Troja, fort éprouvées, l'une et l'autre, par le froid et par la tempête.

Le renfort attendu par Lautrec (13 enseignes de vétérans italiens formés par Jean de Médicis [1]) arriva le vendredi 7 mars dans la nuit; à cette nouvelle, « le prince d'Orange mit toutes les clochettes de ses mulets dans des coffres et, sans sonner trompettes ni tambourins, il délogea prenant le chemin des bois droit à Naples »

Lautrec, au lieu de poursuivre les Impériaux, s'attarda à prendre Melfi [2] et Venosa, à faire occuper les

---

[1] Jean de Médicis, blessé mortellement d'une arquebusade devant Pavie en 1525, avait laissé un corps d'élite de 3.000 hommes de pied et de 3 guidons de gens de cheval. Son successeur, le capitaine toscan Horace Baglione, en porta l'effectif à 4.000, « lesquels, pour le deuil du seigneur Jean, portaient les enseignes noires, et eux-mêmes étaient vêtus de noir; aussi les appelait-on les *bandes noires*. » (Montluc, chap. III.)

[2] Pedro Navarro assiégea Melfi, le 22 avril, avec ses Gascons, les bandes noires et deux canons. La brèche ouverte, Gascons et Toscans se précipitèrent à l'assaut en rivalisant de furie, sans que les officiers pussent les retenir; mais, longtemps exposés au feu de la place qui les prenait en flanc, ils furent repoussés avec de grandes pertes. Le soir même, un second assaut fut donné sans succès. La nuit suivante, Lautrec envoya un renfort d'artillerie, et l'on établit deux fortes batteries. Alors les nombreux paysans qui étaient dans la ville se soulevèrent contre les 600 hommes de la garnison; à la faveur du désordre, les assiégeants pénétrèrent dans la ville, et massacrèrent indistinctement bourgeois et paysans.

villes ouvertes[1], et il ne parut devant Naples que le 1er mai, avec une armée découragée, encombrée de chariots, de malades et de bouches inutiles.

Fig. 52.

Pedro Navarro fit prévaloir dans le conseil des capitaines l'avis de réduire la place par la famine. Il traça, de l'est à l'ouest, de longues lignes de circonvallation, qui s'étendaient circulairement depuis le marais de la

« Carraciolo, prince de Melfi, se retira dans le château avec ce qui lui restait de soldats; mais il fut bientôt forcé de se rendre. Lui seul eut la vie sauve; toute la garnison fut passée au fil de l'épée, et la ville fut mise au pillage. Les vivres qu'on trouva dans Melfi furent une grande ressource pour les Français, car leur peu de précaution les avait exposés à en manquer, même dans la Pouille où ils sont en abondance. » (Guicciardini, livre XVIII, chap. xxxii.)

L'Empereur refusa de payer la rançon du prince de Melfi, qui entra au service de François Ier, devint maréchal de France, capitaine de 100 hommes d'armes et lieutenant général en Piémont.

[1] « Capoue, Mola, Acerra, Aversa et toutes les villes des environs, jusqu'à Pouzzoles, se rendirent à Lautrec, qui demeura sept jours à l'abbaye d'Acerra, à sept milles de Naples. Il avait été obligé de marcher à petites journées pour attendre les convois, retardés par la diffi-

Madeleine[1] jusqu'aux rampes du mont Saint-Martin[2]. Deux puissantes redoutes flanquaient l'extrémité de ces lignes.

Le siège fut inauguré par une victoire navale. Hugues de Moncade et le marquis del Guasto, ayant voulu ouvrir le port de Naples aux convois attendus d'Espagne, firent monter sur leurs six galères et sur des barques de pêcheurs, un millier d'arquebusiers pour attaquer Philippino Doria dans le golfe de Salerne. Mais les marins génois et provençaux, renforcés par 400 arquebusiers gascons, reçurent bravement le choc et mirent la flottille napolitaine en déroute; Moncade fut tué et le marquis resta le prisonnier de Doria[3].

culté des chemins et par l'inondation des campagnes. Il lui fallait beaucoup de vivres, car il y avait, disait-on, dans son armée plus de 20.000 chevaux et de 80.000 rationnaires, dont les deux tiers, suivant la corruption qui s'est introduite de nos jours dans la milice, étaient inutiles. » (Guicciardini, livre XVIII, chap. xxxiv.)

[1] « La Madeleine est une grande église sur le bord de la mer, à 100 ou 200 pas de la porte de Naples. » (Montluc, chap. iii.)

[2] Au sommet duquel s'élevait Castel San Elmo.

[3] « De cette victoire vint notre ruine : Philippino ayant envoyé les prisonniers à Gênes, à son oncle l'amiral André Doria, et le roi les voulant avoir, le sieur André ne les voulut pas rendre; le marquis du Guast, homme fin et rusé s'il en fut jamais et qui fut un grand guerrier, sut si bien ébranler l'esprit mal content d'André Doria, qu'enfin celui-ci tourna sa robe et se rendit à l'empereur avec 12 galères. André Doria fut cause de beaucoup de pertes qui advinrent au roi, et même de la perte du royaume de Naples, de Gênes et autres malheurs. Il semblait que la mer redoutât cet homme; voilà pourquoi il ne fallait pas, sans grande occasion, l'irriter ou le mécontenter. » (Montluc, chap. iii.)

Ce succès fermant le port de Naples, Pedro Navarro promit à Lautrec que la garnison, faute de vivres, se rendrait bientôt « la corde au col ». Mais une faute politique de François Ier jeta Gênes et sa marine dans le parti de l'Empereur, et les convois entrèrent dans Naples, pendant que la famine sévissait dans les lignes française. Les chaleurs transformèrent en foyers pestilentiels les marais malsains où l'armée de siège s'était établie; la peste se déclara dans le camp, et Lautrec en fut une des premières victimes [1] (15 août 1527).

Des 25.000 piétons et des 800 hommes d'armes que le maréchal avait amenés devant Naples, il ne restait pas 4.000 combattants valides, lorsque le marquis Michel Antoine de Saluces prit le commandement de l'armée française.

Il fallut lever le siège; Saluces se retira dans Aversa pour y attendre les secours que Renzo de Ceri et Carraciolo, prince de Melfi, devaient amener de Romagne; mais il fut presque aussitôt attaqué par le prince d'Orange et réduit à capituler. Quelques braves Français ou

---

[1] « Et pareillement y moururent le comte de Vaudemont, le prince de Navarre (oncle d'Henri IV), les deux Tournon, les seigneurs de Nègre-Pélisse, de Laval en Dauphiné, de Gruffy, de Moriac, de Montdragon, capitaine de l'artillerie, du Croq, de la Chateigneraye, Charles de Foix, comte de Candale, Pompérant, Luppé, Cornillon, La Grutture, Maunoury, Jarnac, Louis de Bonnivet, les barons de Grammont, de Conty et de Busançais, le comte Hugues de Pepolo, le comte Wolf et une infinité d'autres, dont les cimetières et champs de là sont encore bossus. » (Brantôme.)

Pedro Navarro fut fait prisonnier et étranglé dans son cachot par ordre de l'Empereur.

Italiens réussirent à se faire jour à travers les Impériaux, et rejoignirent dans les Abruzzes Renzo de Ceri, qui tint bravement la campagne jusqu'à la paix.

Dans le Milanais, le comte de Saint-Pol, qui avait conduit au delà des Alpes les renforts amèrement implorés par Lautrec, avait été battu le 21 juin et fait prisonnier par Antonio de Leyva, à quelques lieues de Milan.

C'était le quatrième désastre que les Français essuyaient en Italie depuis l'avènement de François Ier.

Cependant Charles-Quint, menacé en Allemagne par les progrès de la réforme religieuse, et en Autriche par l'invasion musulmane [1], consentit à signer avec François Ier la paix de Cambrai [2] (5 août 1529), qui lui livrait l'Italie [3].

---

[1] Le sultan Soliman assiégea Vienne le 13 septembre 1529 ; mais une diversion d'André Doria en Grèce le força à lever le siège.

[2] On l'appela la *Paix des Dames* parce qu'elle fut négociée par Louise de Savoie, mère de François Ier, et par Marguerite d'Autriche, tante de Charles-Quint.

[3] Charles-Quint, débarqué à Gênes le 12 août 1529, reçut l'hommage du duc de Milan, François Sforza, traita avec les Vénitiens, et, après avoir mis à sac la noble cité de Florence qui avait osé lui fermer ses portes, il reçut à Bologne la couronne impériale des mains du pape Clément VII.

Nous avons vu dans la galerie des Uffizi, à Florence, une très ancienne gravure sur bois, de 9 mètres de longueur sur 0^m,30 de hauteur, représentant l'entrée de Charles-Quint à Bologne le 5 novembre 1529. Ce

Ce fut une trêve de 6 années, pendant laquelle les deux rivaux se préparèrent à recommencer la lutte en document précise l'armement, la composition et l'ordre de marche des troupes impériales en 1529 :

6 chevaliers, armés de toutes pièces et montés sur des chevaux non bardés, ouvrent la marche; ils ont à la main des lances ornées de longues banderoles;

Viennent ensuite : 4 trompettes à cheval (leurs instruments ont la forme d'un S), 3 porte-étendards et 300 hommes d'armes;

3 lieutenants de l'Empereur suivis de 6 écuyers;

2 gros canons de siège, montés sur de lourds affûts à 4 roues (semblables à celui de la figure 37, page 164); le canonnier, son boute-feu à la main, est assis sur l'affût;

100 pionniers (guastadori), nu-tête et sans armes, avec la pelle ou la pioche sur l'épaule;

3 capitaines allemands à cheval, coiffés de riches toquets ornés de plumes, et le bâton de commandement sur la cuisse;

10 pièces de campagne (2 basilics, 4 demi-basilics et 4 faucons);

100 pionniers tenant à la main une branche de laurier;

Les arquebusiers allemands, sans armes défensives; leur arquebuse, à crosse droite et à serpentin, a un canon de $0^m,50$ environ, dont la bouche est évasée; longue épée avec la garde en croisière;

Antonio de Leyva, goutteux, est porté dans une chaise par 4 soldats et escorté par des piquiers (piques de 6 mètres environ) et des hallebardiers;

Les 3.000 lansquenets de la garnison de Milan (piquiers ou hallebardiers) sont précédés de tambourins, de fifres et de porte-enseignes; (ces piquiers ont la salade, le halecret et les cuissards, comme les lansquenets de la figure 195, page 275);

Deux cavaliers, armés de toutes pièces, portent : l'un, la grande bannière impériale avec l'aigle à deux têtes, l'autre, une bannière sur laquelle est peinte une croix latine; trois chevaliers les escortent, la lance à la main; sous le fer des lances, une houppe au lieu de banderole;

400 hommes d'armes espagnols sans lances; la plupart des chevaux sont bardés;

25 grands seigneurs en habits de gala, n'ayant d'autres armes que l'épée; (ils portent de grands feutres à plumes);

perfectionnant, dans leurs Etats, l'armement et les institutions militaires.

CAVALERIE DE FRANCE (1534).

La chevalerie était morte à Pavie et à Naples ; c'en était fait de l'élan individuel, des brillants coups de lance et de la charge en haie sur un rang.

Cependant le Roi chevalier, par ordonnance du 1er février 1534, conserva les compagnies de gendarmerie, en fixant le maximum de leur effectif à 100 hommes d'armes [1] et 150 archers. L'excédent des archers d'ordonnance fut incorporé dans les *compagnies de chevau-légers* [2].

---

100 hommes d'armes bardés et empanachés, en superbe ordonnance ;
La garde à pied de l'empereur ;
Les trompettes et les tambourins à cheval ;
Les massiers à cheval flanqués par une haie de hallebardiers ;
Le grand maréchal du palais, tenant l'épée de justice ;
L'Empereur à cheval, le sceptre à la main, l'épée au côté, la couronne sur la tête, sous un dais d'or porté par quatre grands seigneurs armés de toutes pièces ;
Les pages de l'empereur ;
25 gentilshommes de Bologne ;
Le comte de Nassau et 100 hommes d'armes ;
300 arquebusiers espagnols, ayant la salade sans cuirasse (enseignes, tambourins très gros et petits fifres).

[1] Les hommes d'armes devaient porter l'armure complète (solerets, bavières entières, cuissots, cuirasse avec tassettes, gorgerin, armet à grèves, gantelets, avant-bras, goussets et grandes pièces (figure 209, page 353). Les 25 gentilshommes les plus robustes de la compagnie montaient des chevaux bardés à la tête, aux flancs et au poitrail, qui avaient au moins 6 palmes et 4 doigts (1^m,54) de hauteur.

[2] « Les chevau-légers seront bien à cheval, auront le hausse-col et

Depuis Louis XII, ces compagnies s'étaient recrutées, peu à peu, de tous les gentilshommes qui aimaient mieux servir comme officiers dans la cavalerie légère que comme soldats dans la gendarmerie.

Montés sur de bons courtauds et revêtus d'une demi-armure de fer, les chevau-légers maniaient l'épée, la masse d'armes et « un fort et raide épieu ». Quelques uns portaient déjà à l'arçon de leur selle la petite escopette à rouet [1] nommée *pistole*, « diablerie récemment adoptée par la cavalerie italienne. »

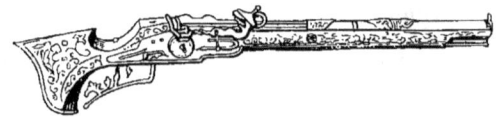

Fig. 53.

L'emploi de cette diablerie allait bientôt faire sup-

le halecret avec les tassettes jusqu'au-dessous du genou, les gantelets, les avant-bras, les grandes épaulières et une salade forte et bien couverte, à vue coupée; leurs casaques seront aux couleurs de l'enseigne; ils porteront l'épée large au côté, la masse à l'arçon, et la lance bien longue au poing. » (*Discipline militaire* de Guillaume du Bellay seigneur de Langey. Galiot du Pré, Paris, 1548).

[1] Dans la platine à mèche ou à serpentin (*page* 231, *fig.* 46), un simple mouvement de bascule mettait la détente en communication avec le chien (serpentin), pour faire tomber la mèche enflammée sur la poudre d'amorce. En 1520, un artilleur d'Augsbourg inventa la platine à rouet, qui fut bientôt perfectionnée à Nuremberg par Wolf Danner. Une pierre à feu remplaçait la mèche dans les mâchoires du serpentin; un ressort faisait tomber le chien sur le rouet, petite roue d'acier dentelée, qu'un second ressort faisait tourner lorsqu'on appuyait sur la détente, et le frottement de la pierre sur l'acier produisait des étincelles qui enflammaient la poudre d'amorce, contenue dans un *bassinet à couvercle mobile*. Il fallait, après chaque coup, remonter la platine en en-

primer la lance et modifier complètement l'équipement et la tactique de la cavalerie européenne.

Des *compagnies d'estradiots et d'arquebusiers à cheval* devaient faire les reconnaissances, servir d'éclaireurs et de flanqueurs. Au besoin, ces cavaliers mettaient pied à terre et s'aidaient de la zagaie ou de l'arquebuse pour engager l'escarmouche.

Le capitaine le plus instruit de cette grande époque guerrière, messire Guillaume du Bellay, seigneur de Langey [1], nous apprend, dans son livre très précieux sur la *Discipline militaire*, où en était l'instruction de la cavalerie en 1534.

« *Exercices des gens de cheval.* — Les arquebusiers doivent s'adonner à l'arquebuse; s'étudier à tirer sûrement et droit, de toutes mains [2] ou en arrière, même quand leurs chevaux courent, et aussi à descendre soudainement pour garder un pas, comme feraient les arquebusiers à pied. » *Voilà nos premiers dragons.*

« Les estradiots doivent savoir se servir de la zagaie à toutes mains, en frappant d'abord d'une pointe et ensuite de l'autre.

gageant une clef dans l'essieu du rouet pour le tourner de gauche à droite, dégager le chien et fermer le bassinet.

[1] « Guillaume du Bellay vivant France était en telle félicité que tout le monde avait sur elle envie; tout le monde s'y ralliait; tout le monde la redoutait. Soudain, après son trépas, elle a été en mépris de tout le monde bien longuement. » (Rabelais, livre IV, ch. XXVI).

[2] En avant, à droite ou à gauche.

« Les chevau-légers s'adonneront, comme les hommes d'armes, à bien mener et manier un cheval, à bien courir une lance, à s'aider de l'épée ou de la masse, quand il en sera temps.

Les hommes d'armes [1] s'exerceront à monter à cheval, armés de toutes pièces, la lance au poing, à descendre à droite ou à gauche sans étrier et sans aide. A ces fins, ils pourront avoir quelque *cheval de bois*, sur lequel ils s'exerceront au moins une heure par jour,

---

[1] « Il faudrait prendre garde à l'erreur qu'on commet aujourd'hui (1534) dans nos ordonnances, en y admettant des jeunes gens au sortir de pages ou de l'école. Tous les jeunes gentilshommes qui veulent être des bandes à cheval, sans autre exception que les princes, devraient être, à partir de dix-sept ans, *arquebusiers* pendant deux ou trois ans, *estradiots* autant, puis *chevau-légers*; c'est dans ces trois conditions de soldat qu'ils apprendraient les choses nécessaires à tout bon homme de cheval. Ils auraient ainsi jeté leur feu de jeunesse, et seraient assez froids et modérés pour savoir se gouverner sagement parmi les *hommes d'armes*, avec lesquels ils devraient rester trois ou quatre ans sans se pouvoir licencier. Ce temps passé, ils deviendraient *hommes d'armes par raison de leur fief*, seraient tenus de quitter la gendarmerie et de se retirer chez eux pour répondre, jusqu'à soixante ans, à la convocation du ban ou de l'arrière-ban.

« Pour qu'on ne pût pas alléguer la cherté des chevaux, le roi devrait fournir un cheval à chaque cavalier, le remplacer quand il se perd à son service, et le changer à mesure que l'arquebusier devient estradiot, chevau-léger ou homme d'armes; car la taille et la valeur des chevaux changent avec chaque espèce de cavalerie. Les *haras royaux* fourniraient coursiers et roussins pour hommes d'armes, chevaux turcs, valaques, polonais, cosaques et espagnols pour chevau-légers; barbes, maures et genets d'Espagne pour estradiots, et les plus petits pour les arquebusiers, à la condition qu'ils fussent légers et vites. » (*Discipline militaire*, livre I, chap. xi).

pour être prompts à descendre ou à remonter au premier signe des capitaines.

Fig. 54.

« Les arquebusiers, les estradiots, et même les chevau-légers, s'exerceront à passer, à cheval et tout armés, les plus grosses rivières à la nage, à gravir les montagnes les plus raides et les plus difficiles, et à les descendre au trot.

« Quant aux hommes d'armes, ils ne feront guère jamais cet office, mais ils tiendront ferme, ainsi qu'un fort, pour résister à tout venant et pour fracasser et rompre les assaillants. L'escarmouche appartient aux chevau-légers et non pas aux gens d'armes ; et encore les chevau-légers doivent-ils être toujours accompagnés d'estradiots et d'arquebusiers à cheval. » [1]

Les possesseurs de fiefs du ban et de l'arrière-ban furent astreints à des revues annuelles [2], et formèrent la réserve de cavalerie.

CAVALERIE IMPÉRIALE (1534).

A la même époque, la formation par escadre ou *escadron* devint réglementaire dans la cavalerie impériale, où les traditions de la gendarmerie de Bourgogne avaient été fidèlement entretenues par Maximilien et par Charles-Quint. L'escadron était un carré parfait ; pour marcher en bataille devant l'ennemi, on en détachait quelques chambres en avant et sur les flancs.

Charles-Quint avait dans son vaste empire plusieurs

---

[1] Livre I, chap. XII.

[2] Par ordonnance du 11 février 1533, le service du ban fut porté à 3 mois en temps de guerre ; les levées se faisaient par les soins des baillis et des officiers de justice, qui recevaient les montres. Le fief de 500 à 600 livres de revenus fournissait un homme d'armes ; le fief de 300 à 400 livres, un chevau-léger ; le fief de 200 à 300 livres, un piéton. (D'après Boutaric, chap. V.)

espèces de cavalerie, qui empruntaient à leurs origines les armes et les méthodes les plus diverses. Tandis que les Hongrois combattaient glorieusement, sur le Danube, l'invasion musulmane avec l'arc, la hache ou le large sabre de leurs ancêtres Daces ou

F. Weiss

Fig. 55.

Madgyares, les chevau-légers espagnols avaient adopté l'arquebuse, et les reîtres allemands le *pistolet à rouet*.

L'Empereur, qui avait l'esprit d'organisation de son aïeul Charles le Téméraire, s'appliqua à donner une même tactique à toute sa cavalerie. Il ordonna que les escadrons seraient formés sur 17 rangs et sur 17 files[1]; que les hommes d'armes, la lance à

---

[1] *Commentaires de Loys d'Avila.* Anvers, 1550.

la main, *formeraient la haie* sur le front et sur les flancs de l'escadron, les chevau-légers et les arquebusiers restant derrière les hommes d'armes.

Pour reconnaître l'ennemi et engager l'escarmouche, une partie des arquebusiers à cheval, mêlée à des gens de pied, devait se déployer et combattre *en enfants perdus*, comme le marquis de Pescaire l'avait enseigné à Pavie [1]. Derrière ce rideau de tirailleurs l'armée prenait sa formation de combat; puis, au moment de l'action décisive, cavaliers et piétons démasquaient brusquement le front de bataille, pour venir se rallier en arrière de la première ligne.

LÉGIONS PROVINCIALES (1534).

« Mieux vaut, dit le *Rosier des guerres*, apprendre aux siens l'usage des armes que de solder des étrangers pour vous servir. » [2]

---

[1] Page 248.

[2] « Il est plus profitable et plus sûr de bailler la garde de ses cités, villes et châteaux à ceux qui y possèdent des biens meubles et immeubles, qu'aux étrangers qui n'y ont rien et qui n'auraient rien à perdre si l'ennemi y entrait. » (*Rosier des guerres*).

« Je voudrais que le roi se servît des étrangers comme aides, mais qu'il ne leur donnât pas le haut bout, ni les avantages qu'ils sont accoutumés à trouver parmi nous : par exemple, d'avoir la garde de l'artillerie, de faire la bataille sans être tenus aux corvées et aux assauts, comme le sont les Français, qu'on met à l'arrière-garde comme les moins vaillants. Les étrangers sont toujours placés aux postes de confiance, comme si, sans eux, on ne devait avoir le cœur de rien entreprendre. Je ne leur envie pas l'honneur qu'on leur fait : je sais

L'abandon des Suisses à Pavie avait cruellement prouvé à François Ier la vérité de cette maxime de Louis XI. Il comprit que les mercenaires suisses, italiens ou allemands, qui ne se battaient que pour la solde sans être soutenus par le sentiment de la Patrie, ne devaient être qu'un appoint dans une armée française, et il réorganisa, en changeant son nom, la milice des francs-archers, que Madame de Beaujeu avait rétablie en 1484 [1] pour le service des garnisons [2].

Un édit du 24 juillet 1534 créa 7 *légions provinciales* [3] : le roi de la Renaissance voulait essayer de l'organisation militaire des Romains.

La nouvelle légion avait un effectif de 6.000 fantassins, armés et équipés aux frais de l'Etat ; 1.200 étaient ar-

bien que les places de combat réservées aux Français sont grandement honorables, et qu'ils peuvent montrer ce qu'ils valent aussi bien à l'arrière-garde qu'au corps de bataille, et à la bataille qu'à l'avant-garde ; mais je voudrais que le roi eût de nous une si bonne opinion, qu'il nous crût capables de le bien servir autant que toute autre nation, et qu'il ne comptât pas davantage sur les Allemands et sur les Suisses. Ceux-là n'ont qu'une véritable supériorité : c'est leur bon ordre et leur obéissance aux chefs ; voilà ce qui nous manque. » (Du Bellay-Langey.)

[1] Chassignet, *Institutions militaires*, p. 202. Paris, Victor Rozier, 1869.

[2] Boutaric cite une montre, faite le 17 juillet 1522 à Fontarabie, « de 200 hommes de pied, *francs-archers*, sous la conduite de Jean de la Roche leur capitaine, faisant partie des 1.000 francs archers qui composent la garnison d'icelle sous la conduite de Charles Chabot. »

[3] « Au pays et duché de Normandie se fera et dressera une légion ; au pays et duché de Bretagne, une autre légion ; au pays de Picardie, une autre ; au pays et duché de Bourgogne, comté de Champagne et Nivernais, une autre ; au pays de Dauphiné, Provence, Lyonnais et Auvergne, une autre légion ; au pays de Languedoc, une autre ; au

quebusiers, les autres étaient piquiers ou hallebardiers [1].

La légion était divisée en bandes de 1.000 hommes, commandées chacune par un capitaine; elle avait pour

pays et duché de Guyenne, une autre ; qui seront en tout 42.000 hommes de pied. » (Edit royal de 1534.)

8.000 pionniers devaient compléter cette *levée des* 50.000 *hommes,* renouvelée de Louis XI.

[1] « Pour que les gens de pied soient moins exposés aux coups et plus mal aisés à défaire, on armera ceux qui doivent servir *d'avant-mur*, du halecret complet avec tassettes jusqu'au dessous du genou et bas-de-chausses de mailles, de la braye de fer, de bons avant-bras, de gantelets de mailles et d'un bon cabasset ayant la vue presque couverte; les autres auront la chemise ou gollette de maille avec manches et gants, et le cabasset découvert. Les bâtons seront : une épée de moyenne longueur ; une courte dague, dont on se sert mieux que de l'épée dans une presse (mêlée); la pique, la hallebarde ou la pertuisane. Parmi les bâtons, on répartira les arquebuses, les arcs et les arbalètes. La rondelle sera aussi une très bonne pièce.

« Les piquiers se diviseront en *ordinaires* et *extraordinaires* : les ordinaires auront le halecret complet et la rondelle; ils formeront *le fort des batailles*. Les extraordinaires, destinés aux escarmouches, auront le halecret, les manches de mailles et de bons cabassets. Les hallebardiers auront le même armement défensif que les piquiers ordinaires.

« Les arquebusiers, les archers et arbalétriers porteront la chemise de mailles avec manches et cabassets, ou, au moins, des pourpoints d'écailles et de bonnes brigantines.

« Les capitaines seront chargés de répartir et de distribuer les armes ; ils donneront les piques et hallebardes aux plus grands et aux plus forts, et, aux plus légers, les armes qui demandent à être maniées par des gens agiles.

« Les armures et les bâtons donnés à chacun seront inscrits sur les contrôles des bandes, afin qu'on puisse vérifier s'ils n'ont pas été échangés ; on punira ceux qui auraient fait ce changement sans la permission du colonel. Les *piquiers des flancs* rempliront les vacances de piquiers qui auraient lieu dans le bataillon. » (Guillaume du Bellay, *Discipline militaire*, liv. I, chap. IV.)

chef l'un de ces capitaines, désigné par le roi et qui prenait le titre de *colonel*[1]. Le colonel était assisté d'un *mestre de camp*, chef d'état-major, d'un *sergent-major*, instructeur général de la légion, et d'un *prévôt*, conservateur de la discipline[2].

[1] « Le colonel aura un prêtre ou deux pour faire le divin service et administrer les sacrements de l'Église à ceux de la légion. Il lui faut encore un médecin, un apothicaire, un chirurgien, quelque faiseur de feux artificiels ou de poudre, et un armurier. » (*Discipline militaire.*)

[2] « Le prévôt aura un greffier avec quelques sergents ou archers et un maître des hautes œuvres.

« Il y a peine de mort pour quiconque :

Machine ou commet trahison contre le roi, conseille ou prête faveur ou aide à ses ennemis ;

Parlemente avec l'ennemi ou lui envoie lettre ou message sans congé du général ;

Révèle le secret du conseil ;

N'avertit pas son supérieur de tout ce qu'il apprend concernant l'honneur et le profit du roi ou son dommage ;

Passe à l'ennemi ;

Rompt trêve ou paix, n'ayant charge expresse de le faire ;

Ayant été pris, ne s'évade pas à la première occasion, à moins qu'il n'ait donné sa foi ;

Rend aux ennemis une place qu'il a en garde, s'il n'est contraint à le faire, ou s'il n'est vraisemblable qu'un homme de bien en eût fait autant ;

Porte la main sur son supérieur, sur un prévôt ou sur quelque officier, ou en fait apparence, à moins que lesdits chefs le voulussent frapper sans bonne cause et que sa vie fût manifestement en péril ;

Tue ses soldats par caprice, alors qu'ils ne méritent aucun mauvais traitement ;

Contrevient aux proclamations des trompettes ou tambours, criées à peine de la vie ;

Essaie de se mutiner ;

Met à mort aucun, sinon en son corps défendant ;

Met le feu à maison, église ou autre chose sans le commandement du colonel ;

Le colonel nommait à tous les grades et emplois de la légion ; les cadres de la bande comprenaient, en

Fait violence à une femme ;
Prend ou profane le bien des églises autrement que par congé du général ;
Se fait enrôler dans deux bandes en même temps ;
Passe deux fois en la même montre ;
Déserte ou s'absente sans congé, même s'il rejoint la bande ;
Ne suit pas l'enseigne, ou ne va pas partout où il lui est ordonné d'aller ;
Abandonne l'enseigne ou quitte sa place de bataille ;
Ne se trouve pas au guet quand il en est commandé ou l'abandonne ;
Révèle le mot du guet à l'ennemi ou à quiconque dont puisse venir quelque mal ;
Se trouve dormir faisant l'escoute (sentinelle) ;
Abandonne le lieu où il a été colloqué par le sergent de bande ou tout autre officier, soit en guet, en escoute ou autre part, sinon que celui qui l'y a mis l'en ôte ;
Ne se trouve à l'affaire si l'ennemi vient assaillir, sous couleur d'épier ou d'être aux escoutes ;
Ayant charge des escoutes ou du guet dans le camp ou en dehors, fait si mal son devoir que les ennemis le surprennent et assaillent l'armée au dépourvu ;
Abandonne la brèche, la tranchée ou le pas qu'il est chargé de défendre, bien que cet endroit soit forcé par l'ennemi ;
En entrant dans une ville prise, quitte l'enseigne pour s'amuser à saccager, avant que le général ait fait donner par ses trompettes le signal du butin ;
Ne fait son devoir de recouvrer son enseigne si elle tombe aux mains de l'ennemi ;
Fuit du combat étant en bataille rangée ; marche trop lentement à l'assaut, ou *connille* en quelque manière ;
Feint d'être malade au moment de combattre ou d'aller en faction ;
Voit son supérieur en danger sans le secourir ;
Détrousse les vivandiers, les marchands venant au camp, ou les partisans du roi, et principalement s'il leur dérobe armes ou chevaux ;
Malmène les bonnes gens du pays où l'on fait la guerre, soit en

dehors du capitaine, six chefs ou *membres* : deux lieutenants, dirigeant 500 hommes chacun, et quatre porte-enseignes ;

leurs corps, soit en leurs biens, s'ils n'ont été déclarés rebelles au roi ;

Est dégarni du harnois ou des armes pour lesquels il est enrôlé, même s'il les a perdus au jeu, ou en fuyant, ou autrement par sa faute : (ceci s'entend aussi des gens de cheval qui jouent leurs montures ou les laissent perdre, faute de soins et de pansage.)

S'éloigne, sans permission, à plus de 100 pas du quartier de sa légion ;

Reçoit dans sa loge un étranger à la légion ou une personne suspecte, sans l'avoir montrée à son supérieur ou avoir congé de lui ;

Se querelle pendant le guet ou dans une embuscade, où il est requis de demeurer coy ;

Injurie son camarade de fait ou de parole ; car des injures viennent les querelles, et des querelles les plus grands désordres dans un camp ;

Court à un débat avec d'autres armes que son épée, s'il n'est chef ou ayant office au camp ;

Cherche réparation d'une injure récente ou ancienne par autre voie que de droit ; toutefois, il peut demander le *combat corps à corps*, si le différend ne se peut démêler en autre sorte (point réservé à l'appréciation du général) ;

Porte un coup à son adversaire, par colère ou autrement, après qu'un tiers a crié : « holà ! » pour les départir ; à moins que les deux hommes n'aient *bataille en camp clos*, car alors, nul que le général ne doit être si hardi de crier : « holà ! »

Emporte argent du jeu loyalement gagné par un autre, ou fait piperie et faux jeu ;

Devance sa bataille pour arriver premier au logis ou pour autre fin, ou s'écarte de la route pendant la marche ;

Rançonne son hôte ou tout autre qui n'est pas prisonnier de bonne guerre, ou demande une rançon plus forte que celle qui a été réglée entre les chefs des deux osts opposés ;

Entre dans un camp ou une place par un autre endroit que par les portes ou en escalade les murs ;

Diffère de se retirer quand les trompettes sonnent la retraite ;

Parle haut ou mène bruit pendant qu'on est en bataille, et quand tous doivent garder le silence, à moins d'être chef et officier ;

Quatorze *officiers*[1] (*optiones*) : dix *centeniers* ou *caporaux*, commandant 100 hommes chacun, et quatre *fourriers* chargés des vivres et des logements ;

Quarante *caps d'escadre*, chefs de 25 hommes ;

Quatre tambourins et deux fifres.

Six *sergents instructeurs*, pris dans les bandes de Picardie ou de Piémont, devaient ranger les légionnaires, faire serrer les rangs, et rester en serre-files, la pertuisane à la main, pour assurer l'ordre dans les manœuvres (Fig. 56).

Le légionnaire qui se distinguait avait droit à un anneau d'or, et pouvait parvenir, par degrés,

Fig. 56.

Passe un seul jour sans s'exercer plusieurs heures aux armes qu'il porte, à moins d'être embesogné ailleurs pour le service du roi ;

Fait une chose quelconque portant préjudice au service du roi ou dommageable à ceux de son parti ;

Dépite Dieu, le blasphème et maugrée à la façon des Italiens de ce temps.

« Tant que les légionnaires sont sous les enseignes, le prévôt de la légion est leur juge ordinaire, tant au civil qu'au criminel, sous la haute juridiction du colonel ;

Il y a quatre formes de supplices militaires : trancher la tête, pendre et étrangler, passer par les piques, arquebuser. » (*Discipline militaire*, livre III, ch. xv.)

[1] Le mot *officier* n'a pas encore la signification qu'il prendra plus tard ; il veut dire titulaire d'un *office* royal, petit ou grand.

jusqu'au grade de lieutenant; ce grade conférait la noblesse

Un an après cette formation, le roi se rendit successivement à Rouen, à Amiens et à Reims, pour passer en revue les légions de Normandie, de Picardie et de Champagne.

A entendre les nouveaux légionnaires, tous étaient impatients de partir en guerre ; les 6.000 Picards chantaient à la montre d'Amiens, le 20 juin 1535 :

> Ne déplaise aux Normands ni à leur compagnie,
> Si on donne l'honneur à ceux de Picardie :
> Ce sont des gens de mise ayant barbe au menton,
> Dont la plus grant partie ont tous passé les monts.
> Nous servirons le Roy, comme promis avons,
> En toutes ses affaires jamais ne lui fauldrons ! [1]

Les Normands répondirent par ce rondeau martial :

> De par le Roy, sont faits légionnaires
> Six mil Normands, tous ses pensionnaires,

---

[1] La chanson des Picards a de nombreux couplets. Celui-ci :

> Si vous voulez savoir la fleur des capitaines
> Qui pour servir le Roy ne craignent pas leurs peines,
> C'est Heilly et Cañis et monsieur de Douchy,
> Qui en telle besogne n'ont point le cœur failli.
> Nous servirons le Roy, etc.

confirme le texte de Martin du Bellay, qui désigne comme capitaines de la légion de Picardie, « le seigneur de Sercu, Jean de Mailly, seigneur d'Auchy, Jean de Brebançon, seigneur de Cany, le seigneur de Saisseval et le seigneur de Heilly. A ladite montre d'Amiens, se trouvèrent toutes les dames, en la présence desquelles se dressèrent plusieurs escarmouches feintes, tant à pied qu'à cheval, tant de la gendarmerie que de la noblesse de la Cour. » (Liv. IV.)

Pour le servir quand il aura besoin ;
Tous bons suppôts, ayant cure et grand soin
De lui ayder en tous ses gros affaires :
Capitaines [1], coullonnel, commissaires,
Prêts de choquer contre les adversaires,
S'ils sont requis aller soit près ou loin,
De par le Roy !

Picards et Normands promettaient un peu plus qu'ils ne devaient tenir.

François Ier conserva les bandes de routiers de Piémont ou de Picardie, en leur donnant le titre de *vieilles bandes* [2] ; de sorte que l'institution nouvelle eut au moins l'avantage de stimuler l'amour-propre de ces aventuriers aguerris, qui refusaient « de tenir ni réputer pour gens de guerre les légionnaires sortis du labourage pour s'affranchir des tailles, en servant le Roy quatre ou cinq mois seulement. [3] »

EXERCICES ET MANŒUVRES DE L'INFANTERIE (1535)

D'après le *Miroir des armes* du capitaine Chantereau [4], les piquiers et les hallebardiers se formaient en carrés massifs de 4.500 hommes ; les flancs de ces carrés étaient protégés par deux colonnes profondes d'arque-

---

[1] « Les seigneurs de Bacqueville, de La Salle, de Saint-Aubin-l'Hermite, de Saint-Aubin-Gobelet, de Cantelou-aux-deux-Amants et de Sannevelles. » (Martin du Bellay.)

[2] De ça et de là les monts.

[3] Carloix, *Mémoires de Vieilleville*.

[4] Manuscrit écrit en 1540, et cité par le prince Napoléon-Louis Bonaparte dans ses *Etudes sur l'artillerie*, tome I, p. 143.

busiers. Cent arquebusiers, répartis en cinq escadres, étaient envoyés en avant pour soutenir l'escarmouche;

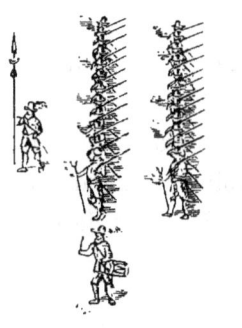

Fig. 57.

une des escadres[1] restait en arrière des quatre autres, sans tirer, pour les remplacer au besoin.

Cette formation, qu'on appela jusqu'au règne de Louis XIII *carré d'hommes* ou *carré de terrain* selon que les rangs ou les files étaient plus ou moins serrés ou espacés, fut un fâcheux retour à la phalange macédonienne; le canon y fit des brèches profondes, et les batailles devinrent plus meurtrières que jamais.

Pour rendre la légion provinciale manœuvrière, Du Bellay-Langey voulait qu'on la divisât en douze bandes de 519 combattants chacune, dont dix formeraient le *corps du bataillon*, et deux feraient le service d'*enfants perdus*[2].

---

[1] Renfort des tirailleurs.
[2] « Chacune des 10 bandes du bataillon sera gouvernée par un capitaine, qui aura sous lui un lieutenant, un porte-enseigne, un sergent

Voici le règlement qu'il imposa à l'infanterie française dans son gouvernement de Piémont :

1° — *Instruction du soldat.*

« Le principal dans une armée est d'endurcir les soldats à la fatigue, de leur apprendre à bien manier leurs armes, à conserver leur ordonnance pour marcher ou pour combattre ; à établir le camp d'une ou de plusieurs légions. On exercera les gens de guerre le plus souvent possible, même les dimanches et fêtes ;

de bande, un conservateur de la discipline, un fourrier, deux tambourins, un fifre, et 510 hommes, répartis en 6 *petites bandes*, commandées par 6 caporaux ou centeniers. 5 caporaux seront réservés pour le corps du bataillon, et le 6ᵉ fera le flanc ; sous chaque caporal, il y aura 4 caps d'escadre, et, sous chaque cap d'escadre, 2 dizainiers ou chefs de chambre. Ainsi, le cap d'escadre aura 20 hommes à gouverner et fera le 21ᵉ ; le caporal sera chef de 85 hommes, sa personne comprise. Les 4 premiers caporaux auront les piquiers ; le 5ᵉ, les hallebardiers ; le 6ᵉ, moitié piquiers et moitié arquebusiers. Si on a des archers et des arbalétriers (qui valent mieux que les arquebusiers en temps de pluie et dans bien d'autres cas), on donnera tous les arquebusiers à un des 3 chefs d'escadre du 6ᵉ caporal, et on mettra sous le 4ᵉ une dizaine d'archers et autant d'arbalétriers. Les deux bandes d'enfants perdus seront de 434 combattants chacune, membres et officiers compris ; elles seront divisées en 5 petites bandes, gouvernées par des caporaux ; 4 seront formées d'arquebusiers ou des gens de trait, et la 5ᵉ de piquiers, dits extraordinaires. L'effectif de la légion ainsi composée sera de 6.070 hommes. » (*Discipline militaire.*)

Cette légion est une *division d'infanterie* formée de 10 bataillons de ligne, à 6 compagnies (de 4 sections), et de 2 bataillons légers. Le capitaine de bande correspond à notre *chef de bataillon* ; le lieutenant est un *commandant en second* ; le porte-enseigne l'*adjudant-major* ; le sergent de bande l'*officier instructeur*, et le fourrier l'*adjudant*. Le caporal est un *commandant de compagnie* ; l'escadre représente la *section*, et la chambre, l'*escouade* ou *chambrée*.

à cet effet, les centeniers, caps d'escadre et chefs de chambre seront diligents à se réunir, eux et leurs hommes, le plus qu'ils pourront.

« Les centeniers feront courir les légionnaires pour qu'ils soient lestes dans les assauts; ils leur apprendront à lancer la pierre, le dard, la barre de fer, et à lutter pour devenir forts; sans ces qualités, un soldat ne vaut rien. Il faut l'habituer aux pesants fardeaux, pour que, dans une entreprise imprévue, il puisse porter ses vivres de plusieurs jours sans s'embarrasser de vivandiers, et pour qu'il puisse charrier du bois, de la terre et les autres matériaux de la fortification. Il faut lui apprendre à nager, pour qu'il ne soit pas arrêté par une rivière, quand il n'y a pas de pont ni de quoi le construire.

« Avant tout, chaque chef doit exercer ses gens au jeu de l'épée; ensuite il apprendra aux piquiers, aux hallebardiers ou aux arquebusiers le maniement et l'usage de leurs armes particulières.

« Dans les exercices, les légionnaires porteront le harnois de guerre au complet [1], afin d'être habitués à son poids quand il faudra faire long chemin ou demeurer longuement sous les armes.

« De plus, tous devront savoir se ranger en *simple ordonnance*, connaître les commandements des capitaines

---

[1] « Le harnois défend celui qui le porte des coups de pique, de hallebarde et d'épée, du trait, des pierres, des arbalètes et des arcs; parfois, une arquebuse sera si mal chargée, ou si fort *échauffée*, ou tirée de si loin, que le harnois, pour peu qu'il soit bon, sauvera la vie de l'homme qui le porte. » (*Discipline militaire.*)

et des sergents de bande, afin de leur obéir promptement, comprendre le son des trompettes[1], les batteries des tambourins et leurs signifiances. De même que les forçats de galères entendent ce qu'il faut faire par le seul sifflet du *comite*[2], le soldat doit être prompt et avisé à obéir à la batterie des tambourins, pour marcher en avant, s'arrêter, reculer, tourner le visage à droite ou à gauche.

« Les soldats garderont facilement leur ordonnance, s'ils règlent leur pas sur le tambourin; car, de tout temps, les batteries des tambourins ont donné vraies cadence et mesure pour accélérer ou retarder l'allure des gens de guerre. Les colonels veilleront à ce que tous les tambourins aient les mêmes batteries pour sonner *aux champs*, *l'alarme*, la *criée de se mettre en bataille*, pour *avancer, reculer, faire face à droite ou à gauche*, et *battre en retraite;* enfin, pour tous les mouvements que la voix d'un chef ne peut transmettre aussi bien que le son de plusieurs tambourins.

2° — *Instruction de la bande.*

« Il y aura réunion des *centaines* une fois par mois,

---

[1] « La cause qui me fait ordonner les trompettes pour les gens de pied, c'est qu'elles seront beaucoup mieux entendues que les tambourins ne pourront l'être s'il y a un grand tumulte et qu'il faille varier les sons; dans ce cas, ce n'est que par les trompettes qu'on se gouvernera. Les Suisses, qui sont les inventeurs des tambourins, ont mis cependant en avant de leurs bataillons des trompettes pour indiquer ce que ces bataillons doivent faire. Il n'y a pas bien longtemps qu'ils se servaient de grands cors. » (*Discipline militaire.*)

[2] Patron.

des escadres tous les dimanches, et des chambres à chaque fête; la bande se réunira tous les trois mois, et la légion deux fois par an [1].

« Une bande sera réputée instruite, quand elle saura bien tenir sa place dans toutes les manœuvres, en marchant lentement ou avec diligence ; quand elle obéira promptement aux sonneries, aux signaux des enseignes [2] et aux cris par lesquels on commande dans une bataille.

« La *simple ordonnance* de l'infanterie, en Piémont, consiste à former chacune des 10 bandes (de 510 hommes chacune), ordonnées pour le *corps du bataillon*, sur 102 rangs de 5 files, puis à doubler les rangs sur 10 ou 20 files, et à les dédoubler en marchant, soit lentement soit en hâte. Pour que les hommes s'assurent mieux, on leur fera *faire limasson* [3], en leur recommandant de se bien tenir les uns derrière les autres.

« On dressera chaque bande à prendre sa place dans le corps de la légion. Les piquiers des flancs et les arquebusiers sortiront de l'ordonnance et se mettront sur le côté; le reste se formera sur 20 rangs de 21 files : les piquiers en avant et en arrière, les hallebardiers au milieu, sur quatre rangs.

---

[1] Les légions provinciales étaient donc une *garde nationale mobilisée*.

[2] « On se sert des enseignes aujourd'hui, plutôt pour faire nombre que pour servir de guide; ce n'était pas ainsi chez les anciens. Il faut que les soldats se gouvernent selon les enseignes, et les enseignes d'après le son de la trompette du colonel. » (*Discipline militaire*.)

[3] Changer de direction par file.

« Quant aux bandes de 1.000 hommes des légions de France, on les rangera sur 24 rangs de 25 files chacun ; les hallebardiers seront aux 9e, 12e, 13e et 16e rangs.

« Le capitaine se tiendra à la tête de l'ordonnance, le lieutenant à la queue ; le sergent n'aura pas de place fixe, à moins que le capitaine ne lui en baille une : il devra toujours trotter çà et là dans les rangs, pour faire tenir bon ordre et pour transmettre les ordres du capitaine. Le conservateur de la discipline restera aussi hors rang, pour prendre garde à ceux qui faillent, et les punir ensuite selon les statuts du capitaine. Les tambourins se tiendront prêts à battre leur caisse selon le cri des trompettes du colonel, qui règleront toutes les sonneries.

« Si on dresse l'armée en bataille parce qu'on voit l'ennemi, ou bien parce que, sans le voir, on se doute de son approche, chaque bande devra marcher sûrement et être prête à combattre. Les chefs diront à leurs soldats ce qu'il faut faire, si l'on est pris au dépourvu d'un côté ou d'un autre.

« On *simulera des actions de guerre* pour montrer aux hommes comment s'engage une bataille ; comment un bataillon aborde un bataillon ennemi ; en quel lieu on doit se retirer quand on est repoussé, et par quelle troupe on doit être remplacé ; à quels signes, à quelles sonneries, à quels cris on doit obéir, et ce qu'il faut faire en entendant les cris et les sonneries ou en voyant les signes.

« Ces batailles et assauts simulés feront désirer aux soldats les vrais combats ; surtout lorsqu'ils verront que les bataillons sont échelonnés de manière à se secourir mutuellement.

3° — *Instruction de la légion.*

« Au jour fixé pour la réunion de la légion, les capitaines conduiront leurs soldats au lieu de rassemblement. Pour qu'il y ait moins de bagage [1], ils retrancheront le plus qu'ils pourront de leur attirail. Les caporaux, caps d'escadre et chefs de chambre ne seront jamais à cheval, et encore moins les légionnaires. Le capitaine et ses membres, à moins qu'ils soient malades, n'y monteront que le plus tard possible ; car, puisqu'ils ont entrepris l'état de gens de pied, il est nécessaire qu'ils le fassent entièrement.

« Après avoir pourvu au bagage, les capitaines se rendront directement avec leurs gens, au son des tambourins, et non à la file comme gens défaits, vers le lieu où la montre générale doit se faire ; et cela dans

---

[1] « Pour charrier les *besognes*, il suffira, par escadre, d'un cheval de bagage, qui portera deux paillasses de grosse toile et une tente pour chacune des deux chambres, avec quelque linge, pots et vaisselle, les instruments pour faire tranchées, bastions et esplanades, et une échelle démontée. Chaque chambre pourra avoir un valet ; le cap d'escadre en aura un, le caporal deux ; le caporal et ses 4 caps d'escadre auront une tente et un cheval pour la porter. Les capitaines mèneront aussi peu de chevaux et de valets que possible ; les membres en pourront avoir deux, les officiers un. Chevaux et valets devront être choisis de manière à pouvoir servir à plus d'un métier. Surtout, qu'il n'y ait personne qui traîne bahuts, coffres, charrettes ou femmes. » (*Discipline militaire.*)

le meilleur ordre, sentant leurs bons soldats et gens de bien. Ils logeront leur camp hors des villes, en un lieu où il n'y aura que la seule terre pour tout couvert.

« A l'exemple des Romains, il faut mêler à la légion quelque cavalerie, et faire venir cette cavalerie à la montre générale pour l'exercer avec la légion; de cette façon, cavaliers et piétons apprendront ensemble le métier des armes.

« La cavalerie légionnaire se composera de deux bandes de 319 chevaux, comprenant chacune 100 hommes d'armes, 100 chevau-légers, 50 estradiots ou guetteurs et 50 arquebusiers. La bande sera commandée par un capitaine, ayant sous sa charge un lieutenant, un porte-enseigne, un guidon, un maréchal des logis, deux fourriers et quelques trompettes.

« Les hommes d'armes suivront l'enseigne; les chevau-légers, les estradiots et les arquebusiers suivront le guidon; le maréchal des logis répartira les quartiers, et les fourriers marqueront les logis.

« L'ordre de marche de la bande de cavalerie sera le suivant :

1°, les *avant-coureurs;* quelques décuries[1] d'arquebusiers et d'estradiots, soutenues par autant de dé-

---

[1] « De neuf en neuf, les hommes auront un chef nommé décurion; les 50 estradiots auront un conducteur, et les arquebusiers en auront un autre; ces deux chefs s'appelleront *banderoles.* » Cette dénomination existait déjà, en 1473, dans l'armée de Charles le Téméraire.

curies de chevau-légers, découvriront le chemin que le capitaine aura délibéré de suivre;

2°, le bagage ;

3°, le reste des arquebusiers et des estradiots;

4°, le reste des chevau-légers;

5°, les hommes d'armes.

« On marchera de front, par décuries entières, à moins que la route ne soit trop étroite.

CAMP LÉGIONNAIRE (1535).

« A quelque distance du lieu de réunion, le maréchal des logis et les fourriers iront reconnaître l'emplacement du camp, qu'ils établiront avec le mestre de camp [1] de la légion.

« Le camp sera un grand carré de 660 pas de côté AP, faisant face au levant, et partagé en quatre carrés partiels de 240 pas par deux rues en croix de 60 pas de largeur. Au centre, on dressera le logis du colonel [2]. L'infanterie et la cavalerie occuperont chacune deux carrés opposés (Fig. 58).

---

[1] « L'office du mestre de camp est, entre autres choses, d'aviser le lieu le plus sain pour faire camper la légion ; quand il l'a trouvé, il répartit les quartiers et ordonne les travaux de fortification. Aussi doit-il devancer la légion, afin d'avoir divisé et comparti le tout de bonne heure, avant l'arrivée des bandes. » (*Discipline militaire*.)

[2] « Ce sera un carré de 40 pas, entouré d'une tranchée moyenne, à l'intérieur de laquelle, logeront le mestre de camp, le prévôt, les autres *officiers* de la légion et la garde du colonel. Les volontaires, qui auront suivi le colonel pour leur plaisir, pourront loger en dehors et autour de cette tranchée. » (*Idem.*)

« Chaque quartier d'infanterie contiendra six bandes, occupant chacune un rectangle de 35 pas de largeur. Le rectangle sera divisé en sept *places*, à intervalle de 5 pas : la première sera pour le capitaine et les mem-

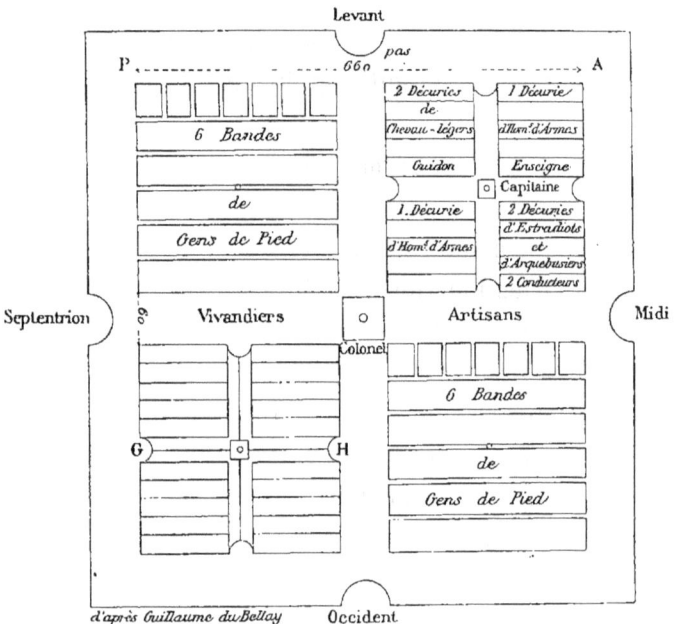

Fig. 58.[1]

bres ; les autres pour les six centaines de la bande. La tente du caporal et de ses quatre chefs d'escadre sera

---

[1] « Camp de 660 pas en carré de toutes parts, pour loger une légion de gens de pied en 12 bandes, avec deux bandes de gens de cheval, contenant chacune 100 hommes d'armes, 100 chevau-légers, 50 estradiots et 50 arquebusiers. » (*Légende de la figure encartée dans le texte de la Discipline militaire*, édition de 1548.)

au milieu de la place, entourée par les tentes des huit chambres; il y aura une ruelle de six pas entre chaque rectangle. Les fourriers traceront ces emplacements avec des cordes, sans creuser fossés ni autre chose. On fera bien d'entourer le quartier d'une petite tranchée, comme si l'ennemi était proche.

« Chaque quartier de cavalerie (A ou GH) sera occupé par une bande et divisé en quatre petits carrés, de 100 pas de côté, par deux rues en croix de 40 pas chacune; le capitaine logera au milieu avec le maréchal des logis, les fourriers et les trompettes.

« Les hommes d'armes occuperont deux des petits carrés opposés, et la cavalerie légère les deux autres; les chevau-légers au levant, les estradiots et les arquebusiers à l'occident. Les petits carrés seront partagés en cinq rectangles [1], logeant chacun une décurie d'hommes d'armes ou deux décuries de cavaliers légers.

« Le lieutenant et l'enseigne logeront avec les hommes d'armes, le guidon avec les chevau-légers, et les deux conducteurs avec leurs estradiots et leurs arquebusiers.

« Les valets creuseront autour des quartiers une petite tranchée, qui permettra à la cavalerie de reposer plus sûrement et qui empêchera les larrons de dérober les chevaux, comme cela arrive si souvent, quand

---

[1] « Chacune de ces 5 places sera assez spacieuse pour loger 100 chevaux et plus : on y établira, en outre, 10 grandes tentes si les hommes d'armes veulent avoir chacun la leur; les autres cavaliers logeront par deux. »

les gens de pied logent près des gens de cheval.

« Entre les quartiers et le grand fossé du camp, on ménagera des espaces de 60 pas de largeur, destinés au rassemblement des bandes pour les inspections, les prises d'armes et les exercices.

« La rue du milieu (*Nord-Sud*) sera réservée aux marchands, artisans et vivandiers qui suivent la légion.

« Le camp n'aura qu'une porte au levant; mais, à chaque extrémité, on construira un *ravelin* pour la défense du fossé.

« Le camp d'une armée de quatre légions sera établi d'après la même méthode; ce sera un grand carré divisé en carrés partiels d'une légion chacun[1].

---

[1] « Les deux principales considérations du général, posant son camp, sont de l'asseoir en lieu sain et en telle part que les ennemis ne le puissent assiéger ni lui clore le chemin des vivres et de l'eau.

« Il faut que les soldats dorment à couvert sous tentes ou feuillées, et en lieu qui ait foison d'arbres, donnant ombre en été et servant pour cuire la viande.

« Il y aura exercice une fois par jour; l'exercice durera jusqu'à la sueur.

« Il faut toujours avoir en son camp une provision d'un mois de vivres, à raison d'un pain par homme et par jour, et ne pas la laisser consommer sans savoir où prendre de quoi la remplacer. Il faudra punir très aprement quiconque fera outrage au plus petit vivandier. Les chevaux pourront vivre, au jour la journée, d'avoine ou d'orge, pourvu que le foin, la paille ou l'herbe ne leur manquent pas.

« Les heures des repas devront être réglées; les vivres en seront mieux épargnés, et les gens, vivant plus sobrement, seront plus paisibles, vigilants et sains qu'en mangeant et buvant toute la journée comme nous faisons, ce qui est la cause des querelles particulières, des noises et séditions qu'on voit d'ordinaire régner dans un camp français. » (*Discipline militaire.*)

« Le *service de sûreté* sera assuré par l'établissement du *guet de nuit*[1], qui se gardera des surprises aussi soigneusement qu'en temps de guerre.

Au point du jour, on fera la *découverte* des lieux qui avoisinent le camp, comme si on se doutait de quelque embûche.

Fig. 59.

---

[1] « Le guet est dit *à la française*, quand on dort tout son soûl, avec confiance d'être réveillé à temps par les escoutes. Les soldats qui font ce guet ne s'entendent qu'à jouer, à ivrogner et à dormir.

« Dans un camp de 4 légions, il faut, pour le guet ordinaire de nuit, que le général députe un tiers de ses enseignes d'infanterie, afin que les soldats aient deux nuits franches ; l'une de ces enseignes fera le guet autour du quartier du général ; une autre aura la garde des poudres ; deux autres seront sur la place du marché ; le maître de l'artillerie fera faire le guet par ses charretons, artisans et pionniers.

« Chaque légion fournira une bande qui sera de *piquet* au quartier du général, pour obvier aux scandales, aux excès et larcins, qui se commettent plutôt la nuit qu'en plein jour.

FORMATIONS EN BATAILLE (1535).

Pour la formation en bataille de sa légion mixte, Du Bellay-Langey mélange « les façons des phalanges grecques, des légions romaines et des gens de guerre modernes ».

Le *bataillon* (*ABCD*) est une phalange, composée de dix bandes d'infanterie placées, à distance de 25 pas, sur trois lignes, qui correspondent aux *hastaires*, aux *princes* et aux *triaires* de la légion romaine (Fig. 214).

Les arquebusiers et les piquiers ou hallebardiers, chargés de la défense des flancs, sont mis à part; il reste dans chaque bande du bataillon 20 rangs de 21 files (16 rangs de piquiers, au centre desquels 4 rangs de hallebardiers gardent l'enseigne).

La première ligne est formée de cinq bandes; les hommes y disposant de deux pas dans tous les sens, chaque bande est un rectangle de 42 pas de largeur et de 60 de profondeur.

La deuxième ligne n'a que trois bandes; les hommes y occupent un espace double.

« Trois bandes par légion feront le guet tout le long du rempart, dans l'espace vide qui longe le quartier des troupes.

« Le plus fort du guet se fera aux portes et aux quatre coins du camp; un quart du guet veillera à son tour, de sorte qu'on le divisera en quatre *veilles*, qui seront signalées par la trompette du général. Les colonels veilleront à tour de rôle.

« Quant aux gens de cheval, ils feront l'office de *revisiter*, et seront compartis à 5 nuits de ronde.

« Quelques gens de cheval se tiendront le long des chemins autour du camp, pour aviser qui va et vient, qui entre au camp et qui en sort. » (*Discipline militaire*.)

Dans les deux bandes de la troisième ligne, les sol- soldats prennent un espace triple. « Par ce, toutes les bandes ensemble tiennent 230 pas de large et 320 pas, depuis le premier rang du bataillon jusqu'au dernier. »

Deux files de piquiers d'élite (HH') sont disposées à droite et à gauche, à cinq pas du bataillon, pour *armer* ses flancs.

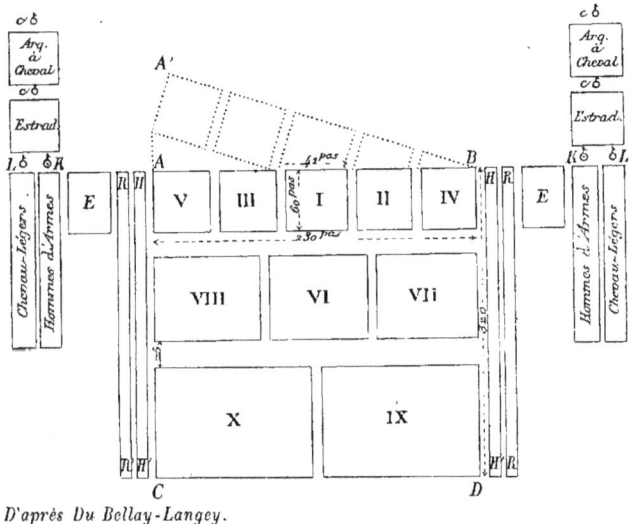

D'après Du Bellay-Langey.

Fig. 60.

Deux files d'arquebusiers (RR') sont placées parallèlement à ces piquiers.

Les deux bandes d'enfants perdus (E) se composent de seize rangs d'arquebusiers et de quatre rangs de piquiers sur 16 files; l'enseigne est au 18° rang, au milieu des piquiers.

Les deux bandes de cavalerie sont échelonnées sur les flancs de l'infanterie.

A côté des enfants perdus, les 100 hommes d'armes, sur 10 de front, sont couverts extérieurement par les 100 chevau-légers dans le même ordre, « tellement que tous ensemble font un front de 20 cavaliers ». Le capitaine (*K*) est en avant des hommes d'armes, le lieutenant (*L*), en avant des chevau-légers.

Les estradiots et les arquebusiers à cheval sont formés en avant et à 25 pas de distance de *l'escadron de cavalerie lourde*.

Le colonel se tient, à son gré, au coin droit ou gauche du bataillon (en *B* ou en *A*). Il a avec lui le *sergent-major*, une escadre d'escorte et quelques *hommes élus* [1], sachant exécuter sagement une commission d'importance. Son trompette et son tambourin-major sont toujours prêts à faire entendre sa volonté.

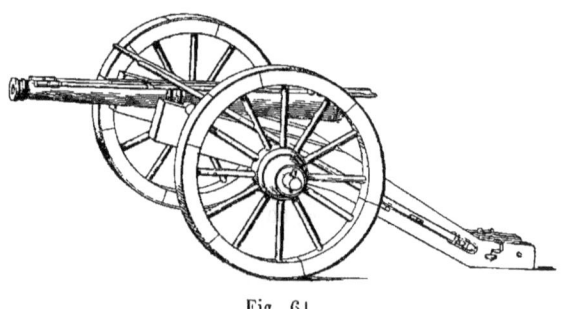

Fig. 61

L'artillerie doit être mise sur le front; à moins que

---

[1] « Dans les manœuvres, comme dans une action réelle, la transmission sûre et rapide des ordres est de la plus haute importance. Le chef de bataillon se sert à cet effet de l'adjudant-major et de l'adjudant. Il peut en outre être mis à sa disposition un ou deux hommes par compagnie. » (*Règlement français du 12 juin 1875 sur les manœuvres de l'infanterie*, titre IV, n° 99.)

la configuration du terrain ne soit telle qu'on puisse la placer sur les flancs ou ailleurs, en un lieu sûr où l'ennemi ne l'approchera pas facilement[1].

« Le bagage sera établi en un lieu fort par nature ou par art, sous la garde des valets d'armée, qu'on devra choisir de telle sorte qu'ils puissent, au besoin, servir de soldats.

« Quand la formation en bataille sera prise, le colonel donnera successivement le signal de la marche, du trot, du combat. Il exercera la première ligne (*hastaires*) à se retirer dans les rangs de la seconde (*princes*), et les deux premières lignes ainsi confondues à se rallier à la troisième (*triaires*) ; le tout, sans se mettre en désordre et sans se rompre ; les piquiers des flancs se retireront en même temps que les bandes qu'ils couvrent, et doubleront les files qui restent.

« Pour faire converser le bataillon à droite ou à gauche (*A' B*, fig. 60), le *coin* droit ou gauche s'arrêtera, et les bandes qui les joignent s'avanceront assez lentement pour que celles du coin opposé ne soient pas forcées de courir ; autrement tout se confondrait.

« Les enfants perdus, piquiers ou arquebusiers, commenceront l'escarmouche, en se mêlant à la gendarmerie. Leur office sera de combattre sans tenir ferme, et de courir çà et là, soit qu'ils chassent les ennemis,

---

[1] « Il faut faire retirer l'artillerie derrière les bataillons, après qu'elle a tiré une fois, afin que les bandes aient le passage droit et ouvert. »

soit qu'ils en soient chassés[1]. Leurs piquiers serviront beaucoup, car ils soutiendront les arquebusiers et pourront montrer visage aux gens à cheval ou à pied; ils auront à poursuivre les fuyards, et à forcer l'ennemi, quand ils le verront chanceler.

« Si le colonel fait sonner la retraite, chaque enseigne recueillera ses gens et se remettra en simple ordonnance pour rentrer au camp. »

Les règles données pour la formation en bataille de la légion s'appliquaient à une armée[2]. On formait trois bataillons d'infanterie, représentant l'avant-garde, la bataille et l'arrière-garde; la cavalerie aux ailes, l'artillerie[3] sur le front, le bagage en lieu sûr.

[1] « Si vous voulez défendre vos batailles des coups d'artillerie qu viennent de loin, vous n'avez d'autre remède que d'aller au devant de l'artillerie ennemie, et de la surprendre avec la plus grande vitesse possible. La grosse artillerie tire trop haut et manque les gens de pied plus souvent qu'elle ne les touche; la moindre bosse de terrain les sauve. Aussi, en plaine, je voudrais mettre les hommes d'armes et les chevau-légers derrière les bataillons, jusqu'à ce que l'artillerie eût tiré; car la cavalerie lourde a une ordonnance plus serrée que les arquebusiers à cheval et que les estradiots, et elle est plus facile à atteindre que les gens de pied. Contre l'artillerie, il nous faut user de la coutume des Suisses, qui est d'aller l'assaillir tête baissée, quelque part qu'ils la sachent. » (*Discipline militaire.*)

[2] Du Bellay Langey veut que, sous le lieutenant général chef d'armée, il y ait deux *capitaines généraux*, l'un des gens de cheval et l'autre des piétons, un chancelier de robe longue, un maître d'artillerie, un *maréchal de camp*, un général des finances et un prévôt général. (Liv. I, chap. xix.)

[3] « Le maître d'icelle doit être autour, avec ses commissaires et canonniers. » (*Discipline militaire.*)

Les lansquenets de Charles-Quint avaient à peu près l'armement et les formations que nous venons de décrire. L'infanterie espagnole[1], organisée en *tercios*[2] de 3.000 *soldados*, répartis en trois bandes de quatre compagnies chacune, était, pour les armées impé-

Fig. 62.

riales, une réserve d'élite qui, pendant plus d'un siècle, surpassa par sa bravoure et par sa discipline toutes les infanteries de l'Europe.

ARTILLERIE (1535).

« Quand le roi entend faire mettre en campagne

---

[1] « Les soldats espagnols se sont donné et assuré, de tout temps, la gloire d'être les meilleurs de toutes les nations. Et certes, ils ont raison d'avoir cette opinion et créance, car les effets s'en sont ensuivis. L'empereur Charles, au plus fort de ses affaires et combats, quand il s'en voyait entouré seulement de 4 ou 5.000, se tenait pour invincible ; il hasarda sa personne, son empire, et tous ses biens, sous leur valeur seulement, disant que le succès de ses guerres dépendait des mèches allumées de ses arquebusiers espagnols. » (Brantôme, *Rodomontades espagnoles.*)

[2] Chaque tercio était commandé par un *maestro de campo*; nous avons emprunté aux Espagnols le titre de mestre de camp.

quelque bande d'artillerie, il est besoin que le maître de l'artillerie et son lieutenant général ou l'un des commissaires[1] sachent son intention, afin que, sur ce, ils puissent dresser leur équipage, tant des pièces que de leur suite[2]; qu'ils fassent dépêcher lettres adressantes aux *capitaines des chevaux du charroi de l'artillerie*, et dresser des commissions pour lever les pionniers, lesquels devront être gens de bras et de peine, ayant feu et lieu.

« Partie des pionniers se doit bailler aux canonniers

---

[1] « Le Roi, pour la conduite de son artillerie, entretient plusieurs officiers tant ordinaires qu'extraordinaires, savoir :
  « Le *grand maître et capitaine général de l'artillerie;*
  « Le *contrôleur général* et ses 13 commis, établis en chaque magasin provincial, pour acheter cuivre, étain, plomb, fer, soufre, poudre et autres matériaux ou munitions, et pour surveiller les fondeurs, charpentiers, charrons, forgerons, etc.;
  « Le *lieutenant général du grand maître;*
  « 24 *commissaires ordinaires*;
  « 200 canonniers, parmi lesquels aucuns sont poudriers et gens de métier ;
  « Le prévôt et ses archers;
  « Le maréchal des logis et les ouvriers;
  « L'apothicaire, le chirurgien et ses aides;
  « Les maîtres fondeurs, charpentiers, charrons, fondeurs d'affûts, forgeurs de rouages, les tonneliers, les tentiers, les déchargeurs, les capitaines et les conducteurs du charroi. » (Ordonnance royale du 10 février 1536.)

[2] Les attelages des bouches à feu, montées sur affûts à roues, étaient de 23 chevaux pour un canon, de 17 pour une coulevrine, de 13 pour une bâtarde, de 9 pour une moyenne, de 4 à 6 pour les faucons et fauconneaux ; un charretier conduisait 4 chevaux. L'approvisionnement, transporté sur des charrettes de réquisition, était de 200 coups pour les canons et coulevrines, et de 250 pour les autres bouches à feu.

pour servir autour des pièces[1], les ramener quand elles ont tiré, les recharger ou aider à les braquer, et aussi, pour faire vues et fenêtres avec leurs cognées, sarpes et gouzards, s'il y a des haies, buissons et autres obstacles [2] ».

Pour une armée de 30.000 hommes, l'*équipage* de siège ou de campagne était, en 1535, de 30 bouches à feu, comprenant 10 canons, 4 grandes coulevrines, 8

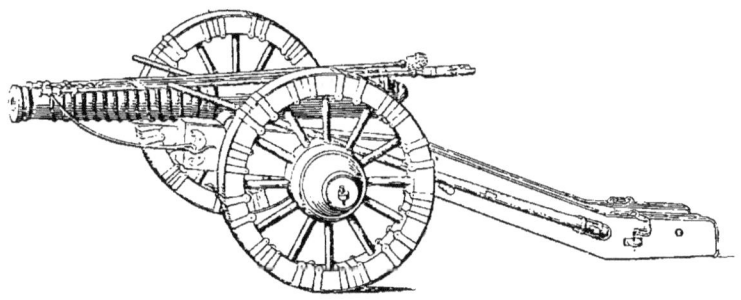

Fig. 63.

bâtardes (Fig. 63) et 8 moyennes, sans compter les faucons, fauconneaux et arquebuses à croc.

L'équipage était commandé par un lieutenant, délégué du grand maître, et par 4 commissaires ordinaires, ayant sous leurs ordres, outre les officiers comptables et

[1] Un canon était servi par 5 canonniers ordinaires ou extraordinaires et par 30 pionniers; une grande coulevrine, par 4 canonniers et 24 pionniers; une bâtarde, par 4 canonniers et 12 pionniers; une moyenne, par 3 canonniers et 6 pionniers; un faucon ou fauconneau, par 2 canonniers et 4 pionniers; l'arquebuse à croc par un canonnier.
[2] Blaise de Vigenère, *Mémoire du XVIe siècle sur l'artillerie*.

de justice, 94 canonniers, 6 charpentiers, 4 charrons, 4 forgerons, 4 déchargeurs et 1.500 pionniers.

Le *train d'artillerie* se composait d'un *capitaine du charroi*, de 4 *conducteurs ordinaires*, de 7 *capitaines de chevaux*, de 325 charretiers et de 1.300 chevaux, menant, outre les affûts, 200 chariots ou charrettes.

Fig. 64. — Bas-relief du tombeau de François Ier.

Cet *appel* des pionniers et cette réquisition des chevaux avaient, on le voit, une certaine analogie avec la mobilisation actuelle.

Depuis Charles VIII la *garde de l'artillerie* était un privilège des Suisses ; à leur défaut, on la confiait aux lansquenets ou aux vieilles bandes françaises.

La *compagnie des mi-*

neurs, créée par Pedro Navarro, était spécialement employée aux travaux de l'attaque et de la défense des places; mais des *ingénieurs*, attachés aux bandes d'infanterie, concouraient pour l'avancement avec les officiers de ces bandes.

Dans les sièges, des *capitaines généraux de tranchée* dirigeaient les ingénieurs et leurs sapeurs.

Charles-Quint avait pris ou acheté dans les villes de son empire, toute l'artillerie de siège et de campagne qui pouvait suivre ses armées. Il avait ainsi plus de 50 modèles différents, depuis le mortier qui lançait une pierre de 0,^{m}50 de diamètre, et le gros canon qui avait un boulet de 124 livres[1], jusqu'au fauconneau chargé par

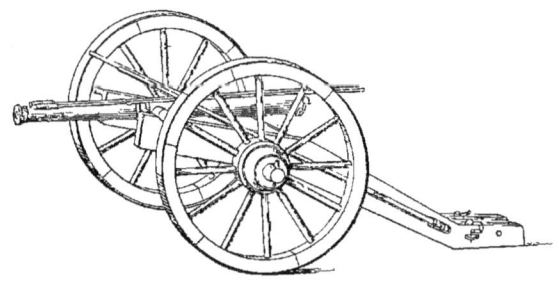

Fig. 65.

la culasse (Fig. 65), tirant une plombée de trois onces.

---

[1] Les Douze-Apôtres, qu'il fit fondre à Malaga, en 1535, pour l'expédition de Tunis, avaient 18 calibres de longueur et lançaient des boulets de 45 livres.

D'après le général Favé, les principaux types de l'artillerie de Charles-Quint étaient des canons à tourillons, lançant des boulets en fonte de fer de 40, 24, 12, 6 et 3 livres. (*Histoire des progrès de l'artillerie*, liv. I, chap. VI.)

Plusieurs ateliers d'armes portatives rivalisaient déjà, en Allemagne, avec les manufactures de Venise et de Milan. Les musées de Dresde, de Munich et d'Inspruck ont conservé des modèles fort curieux d'es-

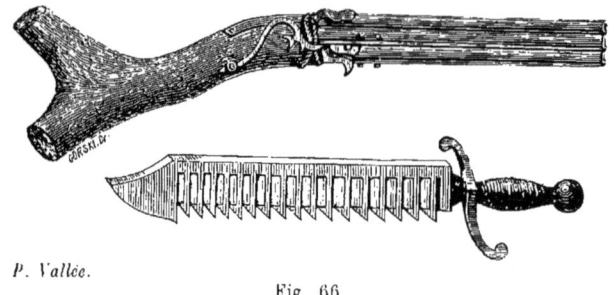

P. Vallée.
Fig. 66.

copettes à trois canons, et de *brise-épées*, ressemblant à certains modèles qui sont encore en usage.

L'ANNÉE 1536.

La lutte entre Charles-Quint et François Ier recommença en 1536.

Pendant que l'Empereur enlevait Tunis au roi des pirates, Khaïr-ed-Dyn-Barberousse, le roi de France se déclarait le protecteur des princes luthériens d'Allemagne, empruntait un million au Sultan Soliman II le Magnifique[1], et gagnait le pape Clément VII par

---

[1] Soliman était un administrateur, plus encore qu'un conquérant. Il divisa l'empire ottoman en districts militaires, qui fournirent un contingent proportionné à leur étendue; une partie des revenus du territoire fut affectée à l'entretien de l'armée, dont la discipline, l'armement et la tactique furent sévèrement réglementés.

François Ier répondit à l'ambassadeur de Venise, qui lui reprochait

le mariage de son fils Henri d'Orléans avec Catherine de Médicis.

Grâce à ces alliances disparates, François Ier se crut assez fort pour prendre la revanche de Pavie. Il réclama le duché de Milan, devenu vacant par la mort de François Sforza (24 octobre 1535), et, comme héritier de Louise de Savoie, il fit occuper la Bresse, la Savoie et le Piémont.

L'Empereur répondit à ce défi en préparant une quadruple invasion de la France, et en déclarant hautement, « qu'il ferait de François Ier le plus pauvre gentilhomme de son royaume ».

Le 8 mai 1536, Antonio de Leyva, assisté du marquis del Guasto, du duc d'Albe et de Fernand de Gonzague, passa la Sésia, avec 10.000 chevaux et 40.000 hommes d'infanterie. Le Piémont, moins

F. Weiss.

Fig. 67.

son alliance avec le sultan : — « Je ne puis pas nier que je désire très
« vivement voir le turc très puissant et prêt à la guerre ; non pas pour
« lui, car c'est un infidèle et nous sommes chrétiens, mais pour af-
« faiblir la puissance de l'Empereur, pour le forcer à de grosses dé-
« penses, et pour rassurer tous les autres gouvernements contre un si
« grand ennemi. »

Turin, lui fut livré par la trahison du marquis François de Saluces, lieutenant général du roi de France au delà des Alpes.

Charles-Quint vint prendre, en personne, le commandement de son avant-garde, et entra en Provence, le 25 juillet, par Nice et Saint-Laurent, pendant que le comte de Nassau envahissait la Picardie, que 12.000 lansquenets se réunissaient sur le Rhin, et qu'un corps espagnol s'apprêtait à ravager le Languedoc. L'amiral André Doria devait amener par mer l'artillerie de siège, les convois de vivres, et bloquer le port de Marseille.

Charles-Quint en Provence.

Le grand maître de France, Anne de Montmorency, fut chargé de tenir tête à l'Empereur, pendant que les ducs de Vendôme et de Guise défendraient leurs gouvernements de Picardie et de Champagne.

Montmorency sacrifia la Provence au salut du royaume. Il fit accepter au conseil du roi un plan de *défense passive*, qui consistait à refuser toute bataille ; à ne hasarder d'escarmouches, que si le succès en était assuré à l'avance ; à ne mettre garnison que dans les deux places les plus importantes, Marseille et Arles ; à établir des camps permanents dans de fortes positions, bien remparées, puis à affamer le pays par des ravages systématiques.

Hautain, sévère, impitoyable, ayant autant d'orgueil et de confiance en lui, que de dédain pour les autres, Montmorency exécuta ce plan difficile avec une résolution inexorable. Il s'établit devant Avignon, au confluent du Rhône et de la Durance, retrancha son camp de manière à le rendre inexpugnable[1], et y accumula les vivres et les munitions.

François Ier amena de Lyon une seconde armée, qui vint camper sous les murs de Valence. Marseille et Arles reçurent des garnisons d'élite; les autres places furent démantelées. Les Provençaux en état de porter les armes reçurent l'ordre de rejoindre l'armée; les autres durent se réfugier dans les montagnes, avec les femmes, les enfants et les troupeaux. Tous les vivres qu'on ne put pas emporter furent détruits; les moulins et les fours furent brûlés, les puits comblés.

C'était une dévastation méthodique et complète.

L'Empereur n'eut pas plutôt pénétré dans ce désert, qu'il comprit qu'il s'était trop hâté en distribuant à l'avance aux courtisans ses conquêtes françaises. Il comptait vivre sur le pays, et n'avait pas amené d'approvisionnements; mais la flotte de Doria, qui aurait pu ravitailler l'armée impériale, était bien loin encore des côtes de Provence, et les Français étaient insaisissables.

Il assiéga Marseille et Arles, dans l'espoir que Montmorency et François Ier quitteraient leurs camps retranchés d'Avignon et de Valence, pour venir au se-

---

[1] « Son camp était environné, par dehors, d'un fossé profond, de 24 pieds de largeur, et, par dedans, d'un rempart de terre, avec des flancs et des plates-formes aux endroits requis. L'artillerie était assise et plantée, pour recevoir l'ennemi de front et pour le battre par les flancs. » (*Mémoires de Guillaume Du Bellay-Langey*, liv. VII.)

cours des villes investies; il n'en fut rien, et les garnisons firent une résistance si énergique, que l'Empereur fut obligé de lever les deux sièges (14 septembre).

Il voulut alors remonter le Rhône jusqu'à Avignon ; mais Montmorency permit à la vaillante noblesse, qu'irritait cette tactique de temporisation, d'aller faire

D'après Philippoteaux.
Fig. 68.

l'escarmouche contre les Impériaux; et aussitôt une nuée de partisans coupa leurs colonnes, enleva leurs convois, et détruisit les détachements isolés.

Deux mois après son entrée en Provence, l'Empereur dut s'en retourner, laissant dans son prétendu royaume d'Arles plus de la moitié de son armée [1], détruite par la famine et par les maladies.

Si Montmorency avait pris vigoureusement l'offensive, la revanche de Pavie était assurée, et l'orgueilleux Empereur aurait vu s'effondrer dans les plaines de la Crau la formidable puisssance de la maison d'Autriche. Mais l'opiniâtreté du nouveau Fabius n'était pas du génie; au lieu de monter à cheval il déclara sentencieusement : « Qu'il fallait faire un pont d'or « à l'envahisseur qui se retirait, et qu'il valait mieux « laisser fuir le lion que d'affronter son désespoir ».

Cependant la retraite, harcelée par les chevau-légers français (Fig. 68) et par les paysans provençaux, qui avaient à cœur de venger sur l'ennemi tous les maux dont il était cause, devint, jusqu'à Fréjus, une déroute plus désastreuse encore que celle de 1524 [2].

---

[1] « A la revue qu'il fit de son armée avant de lever le siège d'Aix, l'Empereur trouva que, du nombre de 50.000 qu'il avait, au partir de Nice, il n'en pouvait pas mettre en bataille plus de 25 ou 30.000. Les principaux gens de nom qu'il y perdit furent, Antonio de Leyva, Marc de Bastin, son parent le comte de Horn, Baptiste Gassalde et autres. La retraite fut, pour les premières journées, assez précipitante, et elle continua de cette sorte, jusqu'à ce que l'Empereur se fût vu fort éloigné de son ennemi. » (Martin de Bellay.)

[2] « Journellement, il était donné fâcherie aux Impériaux par les paysans, qui s'étaient armés des armes laissées par les malades et par les mourants; lesdits paysans avaient assiégé tous les passages et détroits des chemins, démoli les ponts qui étaient sur les torrents alors impétueux, dont les ennemis se trouvaient fort travaillés.

« L'Empereur, ce voyant, fit assembler force pionniers pour rhabiller les passages, et fit recueillir, au mieux qu'il put, et mettre entre l'avant-garde et l'arrière-garde tous les malades et blessés, afin de les sauver;

L'Empereur alla s'embarquer à Gênes, pour ne pas affronter les railleries des princes italiens, qu'il avait quittés en triomphateur. Le marquis del Guasto, chargé de répartir les débris des troupes impériales dans les garnisons du Milanais, laissa les Français, restés maîtres de Turin, réoccuper les places les plus importantes du Piémont.

L'armée impériale des Pays-Bas, qui devait conquérir la Picardie, avait été arrêtée devant Péronne[1], bravement défendue par le maréchal de Fleuranges.

mais il ne sut y mettre tel ordre que, de jour en jour, il n'en demeurât grand nombre des plus faibles au long des rochers, pour attendre là que les paysans, irrités d'ire et de courroux à l'encontre d'eux, les achevassent de tuer et les missent hors de la misère où ils étaient. Pour soutenir lesdits paysans, furent envoyés les chevau-légers, lesquels serraient les ennemis de si près, qu'ils souffrirent beaucoup de la faim, parce que c'était pour eux chose malaisée que de se mettre aucunement hors du chemin pour fourrager. De manière que, depuis Aix jusqu'à Fréjus, tous les chemins étaient jonchés de morts et de malades, de harnais, lances, piques, arquebuses et autres armes, et de chevaux abandonnés qui ne se pouvaient soutenir. Hommes et chevaux étaient tous amassés en un tas, les uns parmi les autres, tant de côté que de travers, les mourants pêle-mêle avec les morts, rendant un spectacle si horrible et piteux, qu'il était misérable même pour les plus obstinés ennemis. Je parle de ce que j'ai vu, attendu le travail que j'ai pris à cette poursuite avec ma compagnie, et pareillement le seigneur Paul de Céri et le comte de Tende ; tellement qu'à mon retour à Marseille, je demeurai 15 jours sans pouvoir remonter à cheval. » (Martin de Bellay).

[1] Bourguignons avaient dit,
Par leurs fines cautelles,
Qu'ils iraient épouser
La belle Péronnelle,
Et s'en iraient,

La noblesse de l'arrière-ban ayant pris les armes, le courage et l'activité du duc Claude de Guise avaient improvisé la résistance sur les frontières de Champagne, pendant que le cardinal Du Bellay, lieutenant du roi dans sa capitale, organisait la défense de Paris [1].

Le comte de Nassau dut reprendre le chemin des Pays-Bas, le jour même où Charles-Quint levait le siège d'Aix ; l'armée allemande du Rhin s'était dissoute sans agir, et les paysans du Languedoc avaient

> Par le mont Saint-Quentin,
> Pour assiéger la ville
> Et pour la mettre à fin.
> Retirez-vous arrière,
> Flamands et Bourguignons
> Jusqu'aux Allemagnes
> Vous serez repoussés !
>
> (*Vieille chanson française.*)

[1] « Il assembla le prévôt des marchands et les échevins en la maison de ville, et leur remontra le danger qui leur pourrait advenir si Péronne tombait aux mains de l'ennemi ; ceux-ci offrirent : 1° de soldoyer 10.000 hommes pour autant de temps que l'affaire durerait ; 2° une onte d'artillerie, avec grandes munitions de poudre et boulets ; 3° 50.000 pionniers, ou plus s'il était besoin, pour remparer les lieux les plus nécessaires de Paris. Le cardinal accepta seulement la fonte d'un nombre d'artillerie et le payement de 10.000 hommes (quand le besoin en serait). La finance fut soudainement levée, et la charge des 10.000 hommes fut baillée au seigneur d'Estrée. » (Martin du Bellay.)

« L'évêque de Troie, Carraciolo, fils du maréchal de Melfi, dressa dans Paris deux *régiments*, l'un d'écoliers de l'Université, l'autre de moines. Il s'en trouva de 10 à 12.000, que le cardinal du Bellay aguerrit si bien qu'ils devinrent un bon *corps de ville* pour faire guerre et défense. » (Brantôme.)

312 LES LEÇONS DE PAVIE.

rivalisé de patriotisme avec les Provençaux, pour tenir tête aux incursions des garnisons espagnoles du Roussillon.

Sur mer, les vaillants corsaires des côtes normandes avaient fait la chasse aux galions du Pérou et pris à l'Empereur plus de 260.000 écus d'or.

L'année 1536 se terminait glorieusement pour nos armes; le prisonnier de Pavie était redevenu le roi de Marignan.

F. Weiss.

Fig. 69.

Malheureusement François Ier, fatigué par l'abus des plaisirs et assombri par sa mauvaise santé, ne sut pas profiter de ce retour de fortune pour renoncer aux aventures, imposer à ses voisins une paix durable, et réparer dans son royaume les maux de la guerre ou de l'invasion. Il implora de nouveau l'alliance de Soliman, dont les janissaires[1] (Fig. 69) rivalisaient de bravoure et de discipline avec l'infanterie espagnole, et il s'aliéna ainsi ceux des princes allemands que le despotisme et l'intolérance de Charles-Quint auraient pu jeter dans les bras de la France.

LA GUERRE EN PIÉMONT (1542-1545).

Les dix dernières années du règne de François Ier appartiennent aux lettres, aux arts, aux intrigues politiques ou aux persécutions religieuses, plutôt qu'à l'art militaire[2].

Néanmoins, la tactique française fit, pendant cette période, des progrès importants, grâce à des capitaines

---

[1] En 1362, Amurat Ier avait formé l'infanterie des *janissaires* avec de jeunes chrétiens, convertis de force à l'islamisme, et exercés, dès l'enfance, au maniement des armes. Sous Soliman le Magnifique, c'était une milice de plus de 60.000 combattants, répartis en bandes (*ortas*) de piquiers et d'arquebusiers. Le sultan Bajazet, ayant attaché la manche blanche de sa robe au bonnet d'un janissaire qui s'était distingué, tous portaient, depuis 1389, le talpack au lieu du turban (Fig. 69).

[2] La guerre, interrompue par la trêve de Nice (18 juin 1538), recommença en 1542. François Ier, afin de conquérir les limites naturelles de la Gaule, leva plus de 120.000 hommes, qui opérèrent dans le Hainaut, le Luxembourg et le Roussillon, pendant que les galères de Barberousse venaient s'unir à la flotte française, pour menacer l'Italie impériale; Perpignan résista, mais Landrecies, Luxembourg et Nice furent pris.

L'Empereur contracta alors avec Henri VIII une étroite alliance, afin d'attaquer la France par trois côtés.

habiles comme Guillaume de Langey, Guignes de Boutières, Pierre Strozzi, Martin du Bellay, Ludovic de Birague, Blaise de Montluc et tant d'autres, qui, sans argent, presque sans soldats, maintinrent bravement en Piémont les enseignes françaises. Aussi raconterons nous en détail la victoire de Cérisoles, gagnée par l'armée d'Italie, et qui résume tous les progrès tactiques accomplis pendant ce long règne militaire.

François de Bourbon, comte d'Enghien[1], lieutenant général de François Ier en Italie, assiégeait Carignan, avec une armée de 14.000 hommes, lorsque le marquis del Guasto vint lui offrir la bataille.

D'après le plan d'invasion, convenu entre l'Empereur et le roi d'Angleterre, le marquis avait à s'emparer de la vallée d'Aoste, pour marcher sur Lyon par la Savoie et la Bresse, pendant que Charles-Quint envahirait la Champagne, et Henri VIII la Picardie. Les trois armées devaient ensuite se réunir sous les murs de Paris.

L'élite de l'infanterie française était en Piémont, et il ne restait, sur les frontières menacées, que « gens nouveaux et légionnaires[2] ». Le conseil du roi voulait rap-

[1] Frère d'Antoine de Bourbon, père de Henri IV.
[2] Ce qui n'était pas très rassurant; car, l'année précédente, 10.000 légionnaires de Champagne et de Picardie, assiégés dans Luxembourg, avaient déserté en masse, abandonnant aux Impériaux cette place importante. François Ier, comme Louis XI après Guinegatte, avait cassé les capitaines et fait pendre les déserteurs; le sentiment populaire approuva ces rigueurs, et rendit aux légionnaires le sobriquet de *francs-*

peler le comte d'Enghien, ou au moins lui défendre de livrer bataille ; mais le capitaine Montluc, au nom de l'armée d'Italie, vint supplier François Ier de consentir à cette bataille [1] ; il entraîna le conseil par son éloquence martiale, fit partager au roi son ardeur « et obtint congé de combattre ».

Cérisoles (11 avril 1544).

La rencontre eut lieu, le lundi de Pâques, dans la

taupins, qui avait fait disparaître sous le ridicule les francs-archers de Louis XI.

> Un franc taupin un si bel homme était,
> Borgne et boiteux pour mieux prendre visée,
> Et si avait un fourreau sans épée,
> Mais il avait les mules au talon.
> Deriron, vignette sur vignon !
>
> Un franc taupin un arc de fresne avait,
> Tout vermoulu, la corde renouée ;
> Sa flèche était de papier empennée,
> Ferrée au bout d'un ergot de chapon.
> Deriron, vignette sur vignon !
>
> Un franc taupin chez un bonhomme était,
> Pour son dîner ayant de la morue,
> Il lui a dit : « Jarnigoy ! je te tue,
> « Si tu ne fais de la soupe à l'ognon ! »
> Deriron, vignette sur vignon !
>
> Un franc taupin de Hainaut revenait ;
> Sa chausse était au talon déchirée,
> Et si disait qu'il venait de l'armée,
> Mais onc n'avait donné un horion.
> Deriron, vignette sur vignon ! etc.

[1] « Une armée de 12 à 15 000 hommes, lui dit-il, peut en affronter

plaine ondulée et marécageuse, située entre Cérisoles et Sommariva.

L'armée française, « ordonnée en trois corps, avant-garde, bataille et arrière-garde », se déploya face au sud-est, parallèlement à la grand'route de Pignerol à Alexandrie; elle couvrait le pont des Sablons, sur le Pô, que le marquis del Guasto voulait franchir pour pénétrer dans le pays de Saluces.

L'*avant-garde*, sous le seigneur de Boutières, se composait de 80 hommes d'armes, de 640 chevau-légers [1], de 4.800 hommes de pied des vieilles bandes françaises [2] et des 4.000 Suisses de M. de Saint-Julien; elle avait 8 pièces de campagne, conduites par M. de Gaillac.

La *bataille* comprenait le reste de la gendarmerie de

« une de 30.000; car, *ce n'est pas le grand nombre qui vainc, c'est le bon cœur*, et, un jour de bataille, la moitié ne combat pas. Nous sommes 5 à 6.000 Gascons; or, comptez, sire, qu'il n'est pas de soldats plus résolus que ceux-là. Il y a 13 enseignes de Suisses, qui tous vous enverront leurs noms, afin que, s'il y est quelqu'un qui ne fasse pas son devoir, il soit dégradé des armes. Voilà 9.000 hommes, Sire, qui combattront jusqu'au dernier soupir de leur vie. Quant aux Italiens et Provençaux qui sont avec M. d'Escros, et aux gens de Gruyères, je ne vous en assurerai pas, mais j'espère qu'ils feront tout aussi bien que nous quand ils nous verront rendre les mains. Vous avez en Piémont 400 hommes d'armes et 5 à 600 chevau-légers, sous quatre capitaines, MM. de Thermes, d'Aussun, Francisco Bernardino et More de Novate. Qui voulez-vous qui tue 9 ou 10.000 hommes et 1.000 ou 1.200 chevaux, tous résolus de mourir ou de vaincre! » (*Commentaires de Montluc.*)

[1] « Sous la charge de M. de Thermes, *colonel de la cavalerie légère*. » Martin du Bellay.)

[2] « Dont était colonel le seigneur de Taiz. Au premier rang se mirent plusieurs gentilshommes venus en poste de la cour, qui n'avaient

France[1] et 150 chevau-légers. Sous la cornette[2] du comte d'Enghien (E), se groupaient une centaine de volontaires des meilleures familles du royaume[3]; « ils avaient passé les Alpes pour servir le roi de leur épée et de leur argent, et ce fut un grand secours, car la

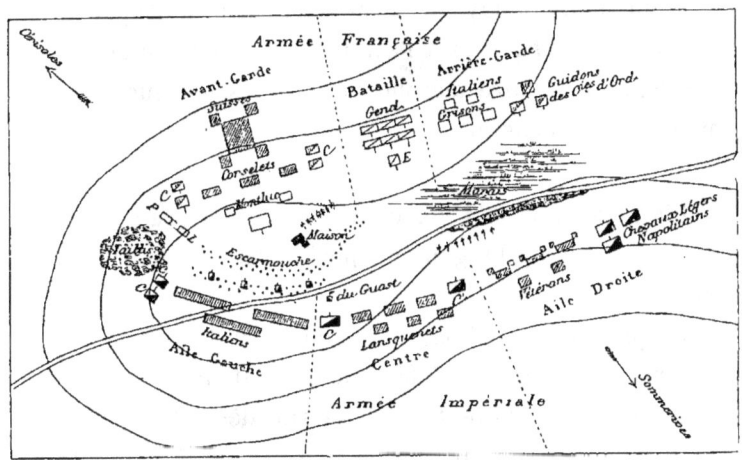

P. MERLE, d'après un croquis d'E. Hardy.

Fig. 70.

solde était en retard, et les Suisses ne consentaient à se battre qu'à la condition d'avoir été payés.

A l'*arrière-garde*, le seigneur de Dampierre disposait

---

eu moyen de recouvrer chevaux, entre autres les trois frères Bonnivet et Genlis le jeune. » (Martin du Bellay.)

[1] « Les compagnies d'Assier, de Crussol, de Mont-Ravel et les 150 *salades* du seigneur d'Aussun. » (*Idem.*)

[2] Portée par le seigneur de Rubempré. « La cornette blanche doit se tenir à côté du lieutenant général du Roy : c'est l'enseigne du chef d'armée. » (Du Bellay-Langey.)

[3] Saint-André, Châtillon, Jarnac, le vidame de Chartres, Bour-

de tous les archers à cheval des compagnies d'ordonnance, de 3.000 hommes de pied du comté de Gruyères, de 3.000 Italiens et de 8 canons.

800 arquebusiers avaient été donnés à Montluc pour faire le service d'enfants perdus.

« Martin du Bellay, gouverneur de Turin, était chargé d'aller de la bataille à l'avant-garde ou à l'arrière-garde, afin de faire marcher nos gens selon que l'ennemi se gouvernerait[1] ».

L'armée impériale venait de Sommariva « en trois gros bataillons de gens de pied, ayant chacun leur *aile de cavalerie* ».

Le premier bataillon, commandé par le prince de Salerne et composé de 7.000 piétons italiens, flanqués par 700 *lanciers* florentins, se heurta, dès 7 heures du matin, aux enfants perdus de Montluc, sur un coteau boisé qui couvrait l'aile droite de l'armée française.

Le marquis del Guasto ordonna au prince de Salerne d'arrêter sa marche, et fit engager l'escarmouche par l'arquebuserie espagnole, pour donner au reste de ses troupes le temps d'entrer en ligne.

Le corps italien devint son *aile gauche*; au *centre*, il

---

dillon, Rochefort, Des Cars, Luzarches, Lussigny, Le Hunaudaye, Genlis aîné, Saint-Amand Rochechouart, et autres. « Il n'y a prince au monde qui ait la noblesse plus volontaire que la nôtre; un petit sourire du maître réchauffe les plus refroidis, et, sans crainte de changer prés, vignes et moulins en chevaux et armes, *on va mourir au lit que nous appelons le lit de l'honneur.* » (Montluc, liv. II, chap. 1.)

[1] Martin du Bellay.

mit 10.000 lansquenets, dirigés par Alisprand de Madruce, et, à l'*aile droite*, sous Raymon de Cardona, 6.000 vieux soldats espagnols ou allemands, qui avaient fait ensemble les expéditions de Tunis et d'Alger.

Les chevau-légers espagnols, allemands ou napolitains flanquaient l'infanterie.

Le marquis concentra toute son artillerie dans l'intervalle qui séparait les lansquenets des vétérans de l'aile droite; 20 pièces de canons furent placées au-dessus de la route, « en un lieu si avantageux que nos gens ne pouvaient marcher à elles, sans être tirés de haut en bas. »

L'artillerie de l'arrière-garde française fut contrainte de déloger; son commissaire, M. de Mailly, alla renforcer la batterie de l'avant-garde, au sommet du coteau boisé de l'aile droite.

« L'escarmouche, entretenue par 4 ou 5.000 arquebusiers, tant d'un côté que de l'autre, dura l'espace de 4 ou 5 heures, pendant lesquelles Italiens et Espagnols tàchèrent de venir gagner le flanc de nos batailles, comme ils avaient fait à Pavie. » Mais l'habileté de Montluc, la ferme attitude des bandes françaises, et une charge heureuse du comte d'Enghien déjouèrent les plans du marquis del Guasto.

Il y avait sur le coteau une maisonnette, en arrière de laquelle Montluc avait disposé en échiquier (avec 200 pas d'intervalle entre elles), trois troupes d'enfants perdus, précédées par des tirailleurs [1].

[1] « Je baillay, dit Montluc, 40 ou 50 arquebusiers à un mien ser-

Les arquebusiers espagnols, soutenus par les lanciers de Florence (*PL*), enlevèrent la maisonnette après quatre heures de combat[1]; mais un renfort de « 85 salades, tous lanciers », permit à Montluc de reprendre ce poste et de rejeter, par un brusque retour offensif, arquebusiers et florentins sur l'infanterie du prince de Salerne, qui était demeurée immobile pendant cette longue escarmouche.

Il était près de midi; le marquis del Guasto, voyant ses arquebusiers reculer, dirigea une violente canonnade contre la position française, et donna le signal d'une attaque générale sur toute la ligne de son armée.

Les 10.000 lansquenets devaient assaillir les Suisses, qui n'étaient que 4.000, pendant que les vétérans de Ramon de Cardona achèveraient la déroute des Gruyens[2] de M. de Dampierre, lesquels, « étonnés avant d'avoir combattu, se fussent enfuis sans coup férir, si le comte d'Enghien ne s'était tenu à leurs côtés avec la gendarmerie et la noblesse volontaire[3]. »

Les corselets (piquiers et hallebardiers) des bandes françaises supportaient eux-mêmes avec inquiétude le feu bien dirigé des batteries impériales, auxquelles

gent, nommé Arnaut de Saint-Clair, homme vaillant et qui savait bien prendre son parti, et je les soutenais. »

1 « Parfois ils me ramenaient jusques à la maison ; d'autres fois je les ramenais jusqu'à leur bataillon : il semblait que nous *jouions aux barres*. » (Montluc.)

2 « Les Gruyères sont voisins des Suisses, mais il n'y a pas plus de comparaison que d'un âne à un cheval d'Espagne. » (*Idem*.)

3 Martin du Bellay.

M. de Mailly répondait de son mieux du tertre de la maisonnette.

— « Menez-nous au combat, Monsieur! criaient les « capitaines gascons à M. de Taiz, leur colonel. Mieux « vaut mourir main à main, que d'être tué à coup d'ar- « tillerie! »

M. de Taiz, entraîné par ses soldats, marcha, piques baissées, contre le bataillon italien, toujours immobile; il était déjà à un quart de mille en avant des Suisses, lorsqu'il fut arrêté par Montluc, qui avait vu les lansquenets franchir le chemin pour les attaquer.

« Je priai, dit Montluc, les corselets de mettre tous le genou à terre et leurs piques bas, car je voyais les Suisses derrière, couchés tout de leur long, et qui ne paraissaient pas. De là, je m'encourus à l'arquebuserie, et je dis aux capitaines Brueil et Gasquet, qui la commandaient, de se retirer peu à peu vers l'artillerie, afin de faire place aux piquiers; puis je retournai à notre bataille française.

« Les Allemands marchaient droit à nous. Je mis pied à terre, car j'avais laissé un mien laquais devant le bataillon avec ma pique.

« M. de Taiz et tous ses capitaines me criaient :

— « Remontez à cheval, capitaine Montluc, remon- « tez, et vous nous conduirez au combat! »

« Je leur répondis que « si j'avais à mourir ce jour- « là, je ne pouvais mourir en plus honorable lieu qu'a- vec eux, la pique au poing! »

« Je criai au capitaine La Burte, sergent-major [1], qu'il courût autour du bataillon, quand nous nous *enferrerions*, et qu'il criât, lui et les sergents, derrière et par les côtés :

D'après *Philippoteaux*.

Fig. 71. [2]

— « Poussez ! soldats, poussez ! afin de nous avancer « les uns les autres ! »

[1] « Le sergent-major sera obéi des capitaines, officiers et soldats, en ce qu'il commandera pour son office, et ce, sous peine, si c'est un capitaine ou officier, d'être puni arbitrairement par le colonel général ; si c'est un soldat, de demander pardon au roi, au colonel et au sergent-major devant toutes les compagnies, et d'être dépouillé et dégradé de toutes armes et banni des bandes. » (*Ordonnance de Gaspard de Coligny, colonel général d'infanterie française*, 1547.)

[2] Ce capitaine est revêtu d'une demi-armure : son casque est la *bour-*

« Les Allemands venaient à nous à grands pas et trot ; mais leur bataille était si nombreuse que tous ne pouvaient suivre ; nous y voyions de grandes ouvertures, et beaucoup d'enseignes restaient bien en arrière.

« Tout à coup nous nous enferrâmes avec les lansquenets, et tous ceux des premiers rangs, soit du choc ou des coups, furent portés par terre.

« Je pensai être le plus fin capitaine de la troupe, parce que j'avais inventé de mettre un rang d'arquebusiers entre mon premier et mon second rang de piquiers, pour tuer les capitaines ennemis[1]. Mais, comme moi, les lansquenets en avaient mis, et les leurs, de même que les notres, ne tirèrent qu'à longueur de pique. Là se fit une grande tuerie : il n'y avait coup qui ne portât.

« Le second et le troisième rang furent cause de notre

---

guignote à crête, visière, oreillères et couvre-nuque ; le colletin, hausse-col à lames de fer, rejoint les *épaulières* ; le *plastron* bombé s'articule à des *tassettes* arrondies, qui reposent sur la *trousse* (large culotte bouffante, recouverte de bandes d'étoffe bariolées) ; les *avant* et *arrière-brassards* sont réunis entre-eux par les *cubitières* ; les gantelets ont les doigts séparés. L'écharpe de commandement est passée en sautoir ; le capitaine, armé de l'épée et de la *demi-pique*, a dans le bras gauche une *rondache* d'acier, matelassée intérieurement de velours et garnie de franges de soie.

[1] « Les lansquenets avaient été contraints, au passage du marais, de se mettre un peu en désordre ; ils furent tirés par quelques *arquebusiers à rouet*, cachés derrière le premier rang des piquiers français. Ces piquiers chargèrent tous ensemble, aidés des Suisses qui donnaient par le flanc, si courageusement en tenant leurs piques par la moitié, qu'ils rompirent le grand bataillon de lansquenets. » (*Mémoires de Gaspard Saulx, seigneur de Tavannes.*)

gain, car les derniers rangs les poussaient en avant[1], et, à mesure que notre bataillon avançait, les ennemis se renversaient.

« Les Suisses se levèrent enfin et, furieux comme sangliers, ils donnèrent par un flanc des lansquenets, tandis que M. de Boutières attaquait l'autre flanc avec ses 80 hommes d'armes[2], et que M. de Thermes, à la tête des chevau-légers, renversait les lanciers florentins, qui voulaient nous prendre à revers[3]. »

« Au même moment, à l'extrême gauche, M. de Dampierre, rompait, avec les archers d'ordonnance, les chevau-légers napolitains, « qui *faisaient épaule* aux vétérans espagnols. »

L'infanterie italienne[4], en voyant sa cavalerie dis-

---

[1] « Je ne fus jamais si habile ni si dispos, et j'avais bon besoin de l'être, car je donnai plus de trois fois du genou en terre. » (Montluc.)

[2] « Jamais la gendarmerie française ne fit plus de vaillance ni d'efforts que ce jour-là, car M. de Boutières et 40 hommes d'armes, ayant leurs chevaux morts, combattirent à pied plus d'une demi-heure avec la masse et le coutelas. » (Carloix, chap. XLII.)

[3] « Le sieur de Thermes, avec la cavalerie légère, qui était à la main droite des bandes françaises, voyant la cavalerie de Florence marcher pour donner par les flancs au bataillon des Français, à l'heure que les batailles se viendraient à joindre, ne voulut attendre cet inconvénient; il les chargea de telle furie, qu'il les rompit et les renversa sur le bataillon du prince de Salerne. Tellement que le sieur de Thermes, pensant être suivi, donna jusqu'au milieu du bataillon italien, où son cheval fut tué et lui pris. Ladite charge servit beaucoup; car il est apparent que, sans icelle, le prince de Salerne eut marché sur les flancs de notre bataillon de Français : il en fut empêché par la cavalerie de Florence, qui lui tomba sur les bras. » (Martin du Bellay.)

[4] « Ce ne sont pas les soldats qui sont mauvais en Italie, ce sont les chefs. Ces mêmes Italiens, qui se distinguent dans les duels et les com-

persée et les lansquenets en déroute, commença à descendre le vallon et à gagner les taillis ; le prince de Salerne la rallia à grand'peine, et se mit en retraite vers Carignan.

Le marquis del Guasto suivait, avec 700 chevaux, le mouvement des lansquenets. Leur échec lui fit perdre la tête; il tourna bride et galopa jusqu'à Asti.

A une heure, l'avant-garde française était victorieuse.

Cependant, les 5.000 piquiers ou arquebusiers d'élite de Ramon de Cardona avaient tourné le marais qui les séparait de notre arrière-garde, pour attaquer les gens de pied Gruyens et Italiens.

Chemin faisant, ils passèrent devant le comte d'Enghien, qui les chargea furieusement par deux fois, avec la gendarmerie et la noblesse volontaire, « traversant leur bataillon d'un coin à l'autre, et ne laissant pas une enseigne debout ». La charge passée, les vétérans se rallièrent, serrèrent les rangs et se ruèrent sur le bataillon des Gruyens.

Tous les capitaines ou lieutenants de ce bataillon se firent tuer au premier rang, mais leurs hommes tournèrent le dos, avant d'avoir donné un seul coup de pique.

Alors, le comte d'Enghien, qui n'avait plus cent che-

bats singuliers par leur courage et leur adresse, ne font rien de bon dans les armées, parce que les chefs sont tellement insuffisants que les soldats qui savent leur métier refusent de leur obéir. » (Machiavel, *Le Prince.*)

vaux pour soutenir le choc des Espagnols victorieux, crut la bataille perdue; au lieu de fuir comme le marquis del Guasto, il voulait charger une troisième fois, le bataillon ennemi, pour y mourir l'épée à la main, lorsque Saint-Julien, le colonel des Suisses, vint lui apprendre le succès de l'avant-garde.

Au même moment, Ramon de Cardona, instruit de l'échec des lansquenets et de la fuite du prince de Salerne, faisait sonner la retraite.

Toute la cavalerie française, éparse sur le champ de bataille, se rallia pour charger ces braves Espagnols, qui firent tête, jusqu'à la dernière charge de poudre de leurs arquebusiers.

L'arrivée de trois compagnies italiennes d'arquebusiers à cheval (Fig. 72), accourus de Raconigi [1], au bruit du canon, les décidèrent enfin à jeter leurs armes et à demander merci.

Les Impériaux laissaient dans la plaine de Cérisoles 12.000 morts, 3.000 prisonniers, 14 canons, leur équi-

---

[1] Brantôme raconte que le capitaine florentin, Pierre Strozzi, qui devint maréchal de France, avait amené à François Ier, au camp de Marolles, en 1542, une compagnie de 200 arquebusiers à cheval, « les mieux montés, les plus dorés et les mieux en point qu'on ait jamais vus; chacun avait deux bons chevaux de légère taille, qu'on nommait alors *cavalins*; ils avaient le morion doré, les manches de mailles, la plupart dorées, ainsi que les arquebuses et fourniments. Ces arquebusiers allaient souvent avec les chevau-légers et les coureurs, et y faisaient rage. Quelquefois ils s'aidaient de la pique, quand il en était besoin. C'étaient tous vieux capitaines et soldats, si bien aguerris sous les bannières et ordonnances du grand capitaine Jeannin de Médicis que, quand il fallait mettre pied à terre et combattre, il n'y avait pas besoin de commandement pour les mettre en bataille; ils s'y rangeaient

page de pont et l'important convoi qui devait ravitailler Carignan. C'était une grande victoire gagnée par un général de 24 ans, et, plus heureux que Gaston de

D'après Philippoteaux.

Fig. 72.

Foix, le comte d'Enghien avait triomphé de la redou-

d'eux-mêmes, et savaient si bien prendre leurs places qu'on n'y trouvait rien à dire. Il y avait parmi eux le Corse San-Pétro, Jean de Turin, le capitaine calabrais Moreti, Pétro Paulo, les capitaines Bernardo, Miquel de Candio, Mazino, Jacques de Ferrare; cette compagnie avait coûté plus de 50.000 écus à M. de Strozzi. »

table infanterie espagnole, sans périr sous ses coups.

La gendarmerie avait renouvelé les exploits de Marignan, et l'infanterie française, victorieuse des lansquenets, inaugurait la longue période de progrès qui devait aboutir, cent ans plus tard, au triomphe définitif de Rocroy.

PAIX DE CRESPY (18 septembre 1544).

La journée de Cérisoles n'eut pas de résultats en Italie, mais elle termina glorieusement le règne militaire du roi chevalier.

François Ier, menacé jusque dans Paris par l'invasion, put appeler sur la frontière les troupes victorieuses et disputer encore à l'Empereur cette couronne « que Dieu, disait-il, lui avait fait payer si chère-
« ment ! »

L'héroïque résistance des villes de Champagne et l'activité du duc Claude de Guise triomphèrent de la haine de Charles-Quint, qui, abandonné, sans vivres et sans argent, par son allié le roi d'Angleterre, au milieu de nos provinces dévastées, fut trop heureux de signer une paix avantageuse pour lui [1].

Le traité de Crespy [2] (18 septembre 1544) mit fin à la

---

[1] « Le vainqueur de l'Allemagne, de l'Asie, de l'Afrique, de la Gueldre et des Turcs, a borné son *plus outre* aux rivières de Marne et de Durance, et a fait naufrage en France avec deux grandes armées. » (*Mémoires de Gaspard de Saulx-Tavannes.*)

[2] François Ier renonçait à Naples, à la Flandre, à l'Artois et au

PAIX DE CRESPY (18 septembre 1544). 329

sanglante rivalité de François Ier et de Charles-Quint ; tous deux étaient lassés, aucun n'était vaincu[1].

La France en sortait meurtrie, mais glorieuse et respectée, et, quand « *le Roi des gentilshommes* » mourut à Rambouillet, le 31 mars 1547, il sembla, à la douleur de son peuple, qu'on avait oublié ses fautes et ses revers pour ne songer qu'à Marignan et à Cérisoles !

Tournaisis ; il s'engageait à envoyer en Hongrie, contre les Turcs, 600 lances et 10.000 hommes de pied ; l'Empereur rendait Hesdin.

La guerre avec les Anglais continua, entre Boulogne et Calais, jusqu'au mois de juin 1546. Henri VIII, vieilli, ruiné par le corps d'armée qu'il entretenait en France, consentit à la paix ; il s'engageait à rendre Boulogne dans 8 ans, moyennant 5.000.000 de livres.

[1] « François Ier, à l'ouverture d'une campagne, fondait sur l'ennemi comme un torrent qui renverse tout ce qu'il rencontre ; Charles-Quint attendait pour agir que les forces de son rival commençassent à diminuer ; mais il recouvrait à la fin tout ce qu'il avait perdu, souvent même plus encore. François se laissait éblouir par l'éclat d'une entreprise ; Charles ne songeait qu'à ses résultats. François fut humain, bienfaisant, généreux ; il avait de la dignité sans orgueil, de l'affabilité sans familiarité, de la politesse sans morgue ; c'était le gentilhomme le plus accompli de son royaume, et tout homme de mérite avait accès auprès de sa personne. Ses qualités lui ont valu plus d'admirateurs, que n'en ont eu le vaste génie et la politique heureuse d'un rival, plus habile mais moins digne d'être aimé. » (Robertson, *Histoire de Charles-Quint.*)

CHAPITRE VIII

HENRI II

SOMMAIRE.

Le roi soldat. — Cossé-Brissac. — La tactique en 1553. — Guerre de Sienne. — Marciano. — Les dragons de Piémont. — Retraite de Santhia. — François de Guise. — Paix de Cateau-Cambrésis.

LE ROI SOLDAT.

Henri II était un soldat et un organisateur. Ses premiers actes de roi indiquèrent qu'il voulait déchirer le traité de Crespy, et tenter à son tour la fortune contre le vieil Empereur.

Dès 1547, il divisa la frontière du royaume en trois *départements* militaires, administrés chacun par un maréchal de France[1] ; il renouvela avec les cantons suisses la convention qui lui assurait un contingent de 6 à 16.000 hommes, *formés en régiments*[2] comme les lansquenets[3], et il répartit toutes les bandes à pied françaises et étrangères entre cinq *colonels et capitaines-généraux*[4]. L'infanterie française en eut deux,

---

[1] *Carracciolo, prince de Melphi*, eut le Dauphiné, la Bresse, la Savoie, le Piémont et les autres villes et lieux nouvellement conquis delà les monts ;

Robert de la Mark, seigneur de Sedan, la Bourgogne, la Champagne, la Brie et autres terres enclavées ;

Jacques d'Abon de Saint-André, le Lyonnais, le Forez, le Beaujolais, les Dombes, la Marche, le Combraille, l'Auvergne, le Bourbonnais, le Berry et le bailliage de Saint-Pierre-le-Moustier. « Lesquels maréchaux chevaucheront et visiteront lesdits pays toutes et quantes fois que besoin sera et que commodément faire le pourront (une fois par an au moins), pour faire ou faire faire en leur présence, par les commissaires ordinaires de nos guerres, les montres générales de notre gendarmerie, recevoir les doléances de nos sujets, faire observer les ordonnances et édits sur le fait de notre gendarmerie, assiette des garnisons, fournissement des vivres et munitions, punitions des vagabonds ou autres *mauvais garçons* trouvés en flagrant délit. (*Ordonnance d'Anet*, du 26 juin 1547.)

[2] A partir de 1549.

[3] Il est déjà question de *régiments de lansquenets*, en 1523, dans les mémoires de Martin du Bellay ; mais ce ne fut qu'à partir de Henri II, qu'on appliqua le mot *régiment* à la réunion de plusieurs bandes françaises sous le commandement temporaire d'un seul chef. *Régiment* signifiait, en 1552, régime, direction, commandement ; on disait par exemple : « *Les bandes de Picardie du régiment de M. de Châtillon, ou les chevau-légers du régiment du duc d'Aumale.* »

[4] Ordonnance du 29 avril 1547. Avant cette date, c'était un office temporaire ; à l'armée de Roussillon, en 1542, Charles de Cossé-Brissac avait été commissionné pour exercer la charge de *capitaine et colone général* des gens de pied des vieilles bandes françaises de Piémont. En

dont la charge devint permanente : *en deçà des monts*, Gaspard de Châtillon, comte de Coligny ; *delà les monts*, François de Gouffier, seigneur de Bonnivet. Chaque colonel général [1] avait pour *assisteur* un *mestre de camp général* [2], un *sergent de bataille* [3] et un *grand prévôt des bandes*.

Claude de Lorraine, duc d'Aumale, fut nommé colonel général de la cavalerie légère [4]. La gendarme-

1543, Jean de Taiz avait le même titre à l'armée d'Italie, et quand il fut appelé au camp de Boulogne, le 1er octobre 1544, pour y commander 120 enseignes françaises tant de çà que de là les monts, il prit le titre de *colonel général de toutes les bandes françaises vieilles ou nouvelles*. Les colonels généraux arborèrent *l'enseigne blanche*, privilège du commandement suprême, et confièrent la garde de cette enseigne à deux compagnies d'élite, nommées *enseignes-colonelles*.

[1] Les trois autres étaient : pour l'infanterie italienne, Pierre Strozzi, seigneur d'Épernay (maréchal de France en 1554) ; pour l'infanterie corse, San Petro di Bastelica ; pour les lansquenets, François de Clèves, duc de Nevers.

[2] Les premiers mestres de camp généraux (1545) furent : en Piémont, Guillaume de Villefranche, et en Picardie, Blaise de Montluc. « Le mestre de camp, dit le général Susane dans son excellente *Histoire de l'Infanterie française*, transmettait aux capitaines de bandes les ordres du colonel général, dirigeait les marches, choisissait l'assiette du camp, y maintenait les règlements et le bon ordre, terminait les différends qui survenaient entre les capitaines, et, les jours de combat, désignait la place de bataille des divers bandes. L'action engagée, il secondait le colonel général, et prenait quelquefois, sous ses ordres, la direction d'un mouvement particulier. »

[3] C'était le second du mestre de camp, *l'officier supérieur* spécialement chargé de la régularité des formations et du maintien de l'ordre de bataille ; la charge avait été créée en 1515.

[4] En temps de guerre, le ban et l'arrière-ban de la noblesse, organisés en compagnies de chevau-légers, étaient placés sous le commandement du colonel-général de la cavalerie légère.

rie¹ continua à relever directement du roi et du connétable, sous l'inspection et le contrôle des maréchaux de France.

Charles de Cossé-Brissac, *maître et capitaine général de l'artillerie*, et Jean d'Estrées, son lieutenant, réduisirent toutes les pièces en usage à six modèles exclusifs : le canon (Fig. 73), la grande coulevrine,

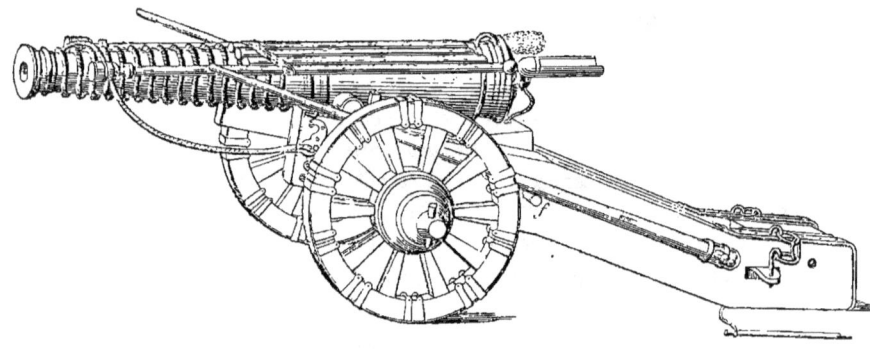

Fig. 73. ²

la bâtarde, la moyenne, le faucon et le fauconneau³, qu'on appela, depuis 1551, les *six calibres de France*.

---

¹ A dater du 12 novembre 1549, le capitaine d'une compagnie d'ordonnance toucha 1.200 livres, le lieutenant 800, l'enseigne et le guidon 600, l'homme d'armes 400, l'archer 200. L'homme d'armes devait avoir 2 chevaux de 4 pieds et demi et deux doigts de hauteur, poil à poil, et l'archer un courtaud de 4 pieds et demi.

² Les figures 36, 28 (p. 137), 26 (p. 135), 24 (p. 130), empruntées au bel ouvrage du général Favé, donnent exactement les proportions comparatives de la grosse et de la petite artillerie au temps de Henri II.

³ Ces pièces, avec leurs affûts, pesaient 8.000, 6.500, 4.400, 2.200, 1.340 et 800 livres; la longueur du canon variait de 9 pieds 10 pouces

Les projectiles étaient des boulets de fonte, dont le poids variait de 1 à 34 livres.

Après une heureuse intervention en Écosse[1], Henri II envahit le Boulonais[2], le 23 août 1549, et s'empara, sans coup férir, de presque toutes les forteresses anglaises. Les ministres du jeune roi Édouard IV prirent peur et demandèrent la paix. Elle fut signée à

à 6 pieds 4 pouces, et le diamètre de l'âme de 6 pouces et 2 lignes à 1 pouce et 1 ligne. L'affût se composait de deux flasques réunis par 4 entretoises de chêne, de deux roues avec essieu en bois et de deux limons; le diamètre des roues avait de 5 pieds à 4 pieds 6 pouces. Le canon et la grande coulevrine étaient munis de plusieurs cordages, qui servaient à les traîner sur le champ de bataille; le principal, appelé *combleau*, de 15 toises de longueur et de 4 pouces et demi de grosseur, était enroulé autour de la bouche à feu. Les essieux des canons et coulevrines étaient réglés uniformément à 6 pieds, « pour que chaque pièce pût passer facilement, en campagne, à la suite des précédentes. » On chargeait l'artillerie au moyen d'un *chargeoir*, d'un *refouloir* et d'un écouvillon, dont l'extrémité était couverte d'une peau de mouton avec sa laine. La portée variait de 400 à 1.000 pas, et, à grande volée, de 3.000 à 10.000 pas, sans qu'on sût d'ailleurs utiliser ces portées. (*D'après le général Favé.*)

[1] En juin 1548, un corps de 6.000 Français ou lansquenets, conduit par Montalembert d'Essé, débarqua en Ecosse pour défendre contre l'armée anglaise, victorieuse à Pinkencleugh, la reine douairière Marie de Lorraine, veuve de Jacques V. Leur fille, Marie Stuart, enfant de six ans, fiancée au dauphin François II (qui en avait cinq), fut conduite heureusement de Dunbarton à Brest par l'escadre de Durand de Villegagnon.

[2] « Le roi fut reçu dans son camp avec un merveilleux tonnerre de l'artillerie et de l'escopetterie de 40 enseignes de gens de pied des nouvelles bandes et de 32 enseignes des vieilles, sans les légionnaires de Normandie, de Champagne et de Picardie qu'on comptait à 44 enseignes. » (Carloix, livre II, ch. XXI.)

Guines, le 24 mars 1550; l'Angleterre consentait au rachat de Boulogne, et ne gardait plus en France que Calais.

COSSÉ-BRISSAC.

Le gouverneur français du Piémont, le vieux prince de Melfi, étant mort, au mois d'août 1550, après avoir tenté de rétablir la discipline[1] parmi les bandes *delà les monts*, son successeur, le maréchal de Brissac[2], prépara activement la reprise des hostilités contre l'armée impériale du Milanais.

Après une inspection minutieuse des places de son gouvernement, Brissac fit appliquer dans toute leur

---

[1] « Le maréchal Carracciolo, prince de Melfi, nommé lieutenant général en Piémont, y trouva les bandes de gens de pied fort déréglées et ressemblant plus à des brigands qu'à des soldats, bien que ce grand M. de Langey y eût passé et y eût mis quelque règle et police.

« Un soldat ayant pris une poule d'un vivandier, le maréchal la lui fit manger rôtie avec toute la plume. Un autre, dont le barbet avait pris une volaille le long du chemin, aurait passé par les piques, s'il n'avait pu prouver que son barbet s'était échappé des mains du goujat qui le tenait en laisse.

« Le brave capitaine Mazère, rencontrant une bande d'oisons, leur demanda s'ils ne voulaient point souper avec lui ; les oisons répondirent dans leur jargon : — « Oui, oui, oui ! » Alors Mazère en prit deux pour son souper. Le maréchal, l'ayant appris, le fit enfermer pour 15 jours au château de Turin, et l'y aurait laissé plus longtemps, s'il n'avait pas été le premier à rire de la plaisanterie.

« Un caporal, qui n'avait pas posé ses sentinelles comme il le devait, fut arquebusé tout armé. » (Brantôme).

[2] Sa charge de maître et capitaine général de l'artillerie était passée, le 9 juillet 1550, à son lieutenant général, Jean marquis d'Estrées et baron de Cœuvres.

rigueur, en les complétant au besoin, les ordonnances et les règlements de Guillaume du Bellay.

Pendant une année il leva des recrues, exerça des troupes, organisa les services [1], et, quand le roi lui donna l'ordre, en septembre 1551, d'intervenir dans la querelle du duc de Parme avec l'Empereur, l'armée de Piémont enleva brusquement Chieri et San-Damiano; puis, par une marche audacieuse, elle obligea le gouverneur du Milanais, Fernand de Gonzague, à évacuer le Parmesan.

Ces succès facilitèrent les négociations d'Henri II

---

[1] « Il décida : Que ceux qui, en cas urgent et nécessaire, auraient refusé de travailler aux approches de l'artillerie ou d'aider à la tirer d'un mauvais pas, seraient cassés et bannis.

« Que les capitaines, l'armée marchant en campagne, donneraient ordre que chaque soldat enfilât en *la corde qu'il porte en écharpe* autant de pain qu'il lui en fallait pour deux repas.

« Qu'ils visiteraient chaque semaine leurs compagnies pour reconnaitre si les soldats étaient fournis de tout ce qui est requis pour combattre à toute heure, et même si les arquebusiers étaient garnis de poudre, plomb et corde à mèche pour la faction d'un jour.

« Que les capitaines d'infanterie feraient toujours porter sur leur bagage 10 livres de poudre, un gros trousseau de mèche et du plomb pour subvenir à une pressée nécessitée.

« Qu'à toute montre, il serait pris sur la solde du soldat un sol par écu, consigné entre les mains du mestre de camp ou de *l'auditeur général*, pour être converti tant en un magasin d'armes qu'en un *hôpital ambulatoire* pour secourir les malades et les blessés.

« Qu'aux montres de la gendarmerie ou de la cavalerie, il serait pris, par quartier de solde, sur chaque homme d'armes, archer ou *cheval léger*, à proportion de sa paie, de quoi faire un fonds de 400 écus par compagnie, pour aider à remonter celui qui, hors sa faute, aurait perdu armes et cheval. Cette somme devait être remise aux mains du maréchal des logis. (Du Villars).

avec les princes luthériens d'Allemagne, que Charles-Quint croyait avoir domptés par sa victoire de Mühlberg, mais qui frémissaient plus que jamais sous le joug de la maison d'Autriche. Leur chef, Maurice de Saxe, déclara le roi de France *Protecteur des ligues germaniques*, et l'engagea à s'emparer des villes de l'empire qui n'étaient pas de langue allemande.

Les Trois-Évêchés lorrains furent conquis par Henri III au printemps de 1552; Charles-Quint voulut reprendre Metz, mais l'hiver et François de Guise l'obligèrent à lever le siège.

Fernand de Gonzague ne fut pas plus heureux devant San-Damiano [1], et, sur toute l'étendue de nos frontières, l'année 1552 se termina glorieusement pour les armes françaises.

LA TACTIQUE EN 1553.

Les commentaires de Montluc, de Boyvin du Villars et de François de Rabutin nous permettent de suivre jour par jour les remarquables opérations militaires, qui se sont accomplies, de 1553 à 1559, dans le bassin du Pô et dans les Pays-Bas.

---

[1] Montluc et Bonnivet, avec 400 hommes d'armes, 1.200 chevau-légers et 10.000 gens de pied italiens et espagnols, s'établirent aux environs du camp ennemi, et le harcelèrent avec tant de courage et de persévérance qu'ils obligèrent Gonzague à lever le siège, le 22 janvier 1553.

Ils nous montrent des soldats incomparables, dirigés par des capitaines expérimentés qui, après une étude constante de l'art de la guerre, ont établi des règles et posé des principes généraux ayant à peine varié depuis Henri II. Il faut franchir plus de deux siècles et aborder la grande épopée de la Révolution et de l'Empire, pour rencontrer à la fois dans l'histoire autant d'hommes de guerre à admirer et autant d'exemples à retenir.

Anne de Montmorency, Charles de Brissac, Jean d'Estrées, François de Guise, Gaspard de Coligny, Pierre Strozzi, Blaise de Montluc et Gaspard de Tavannes dans le camp français; le duc d'Albe, Philibert-Emmanuel duc de Savoie, le comte d'Egmont, Ferdinand de Gonzague et Guillaume de Nassau sous les enseignes de l'Empereur, sont les véritables fondateurs de la tactique moderne.

L'espace nous manque pour raconter tous leurs exploits, mais nous emprunterons aux mémoires contemporains [1] les faits les plus saillants et les pages les plus instructives.

---

[1] *Nouvelle collection des mémoires relatifs à l'histoire de France* par MM. Michaud, de l'Académie française, et Poujoulat. Paris, Didier, 1857. Les tomes de VI à X contiennent les mémoires de : François de Guise (1547-1561); Louis de Bourbon, prince de Condé (1559-1564); Antoine de Puget (1561-1596); Blaise de Montluc (1521-1574); François de Rabutin (1551-1558); Gaspard et Guillaume de Saulx-Tavannes (1515-1595); Bertrand de Salignac (1552); Gaspard de Coligny (1557); de la Chastre (1556-1557); Guillaume de Rochechouard (1497-1558); Vieilleville, par Carloix (1527-1571); Jean de Mergey (1554-1589); Boyvin du Villars (1550-1569); Philippe de Chaverny (1553-

A cette époque, comme dans tous les temps, la réunion des grandes armées est difficile et leur entretien ruineux ; aussi voyons-nous, des deux côtés, les entreprises de longue haleine échouer au moment même où le but paraît atteint. Henri II, comme Charles-Quint, hésite à engager l'action décisive, la *bataille publique* du moyen âge ; leurs armées se côtoient, manœuvrent, envahissent et saccagent le territoire du voisin sans oser s'aborder. Une campagne dure trois mois au plus ; elle se réduit à trois ou quatre sièges, à quelques escarmouches, et se termine par la ruine totale du théâtre de la guerre. Il faudra l'imprudence inattendue du vieux connétable de Montmorency et le coup d'audace du jeune duc de Savoie pour que cette guerre de chicane aboutisse, après sept ans, à la journée de Saint-Quentin.

L'Empereur, voulant une revanche de son échec de Metz, envoya, au mois d'avril 1553, son armée assiéger Thérouanne. Henri II avait laissé sans secours ce poste avancé de la France sur la frontière des Pays-Bas ; la ville fut prise, le 20 juin, et détruite de fond en comble. Hesdin eut le même sort, le 28 juillet ; puis les Impériaux ravagèrent le territoire français jusqu'à Doullens, avec une barbarie renouvelée des Huns et des Vandales.

Les représailles ne se firent pas attendre. Le conné-

1582). Il faut ajouter, pour faire une étude complète de cette époque, les deux volumes de Brantôme (édition J.-A.-C. Buchon. Paris. *Panthéon littéraire*. 1842).

table forma pour la campagne d'automne 10 *régiments temporaires de gendarmerie*, composés chacun de 200 hommes d'armes et de 100 arquebusiers à cheval, réunis sous le commandement d'un prince ou d'un grand officier de la couronne[1] ; il rassembla à Corbie 2.000 chevau-légers, 3.000 gentilshommes de l'arrière-ban, 28.000 hommes de pied et 100 pièces d'artillerie grosses ou menues.

Henri II vint, le 1er septembre, prendre le commandement de cette belle armée et, le lendemain, il se mit en marche pour compléter l'expédition d'Austrasie par la conquête de Cambrai.

Le duc de Savoie Philibert-Emmanuel[2], lieutenant général de l'Empereur en Picardie, n'ayant pas des

---

[1] Le connétable, les ducs de Vendôme, de Nevers, d'Enghien, de Montpensier et de Guise, les princes de La Roche-sur-Yon et de Ferrare, l'amiral de Coligny et le maréchal de Saint-André. « Il n'y avait guères alors de compagnies particulières d'arquebusiers à cheval, parce que le Roy avait fait, en 1552, une ordonnance pour que chaque capitaine de 100 hommes d'armes levât 50 arquebusiers, armés de corselets, morions, brassards ou manches de maille, avec la scopette ou arquebuse à mèche ou à rouet dans son fourreau de cuir bouilli (Fig. 72, p. 327). Ces arquebusiers, montés sur de bons courtauds, étaient divisés en deux bandes de 25 cavaliers, commandées chacune par un homme d'armes, élu parmi les plus expérimentés de la compagnie. Il y avait dans l'Ordonnance du Roy environ 1.500 arquebusiers à cheval. Chose bien inventée pour soutenir l'homme d'armes en lieu étroit et malaisé, et qui donnait grande grâce et parade à l'armée, parce que les arquebusiers à cheval étaient les premiers devant les compagnies, avec la diversité de leurs accoutrements. » (Rabutin, liv. V.)

[2] Philibert-Emmanuel, devenu duc de Savoie, en 1553, par la mort de son père Charles III le Bon, était le cousin germain de François Ier

forces suffisantes pour livrer bataille, leva son camp de Doullens et repassa l'Authie. Mais il côtoya l'armée

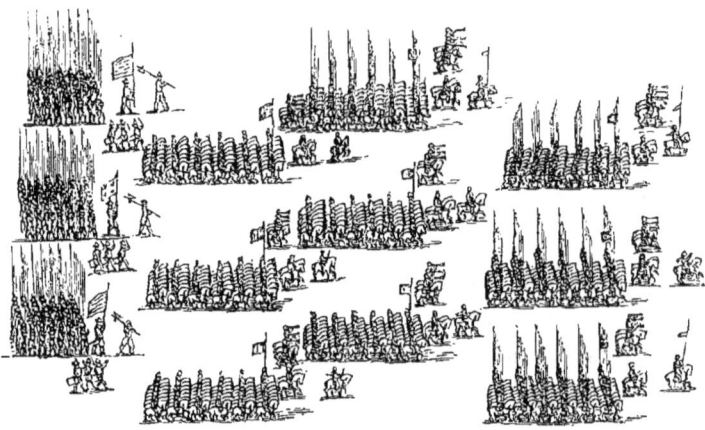

Fig. 74.[1]

du Roi et *conserva le contact* avec elle jusqu'à Bapeaume et Cambrai; d'où, après avoir jeté des renforts dans la ville libre impériale, il alla prendre position

et le neveu de Charles-Quint. « Charles le Bon, dit Brantôme, ayant perdu la plus grande partie de son Etat, se retira à Nice, et son fils, M. le prince de Piémont, avec l'Empereur, qui lui fit un très bon traitement, le tint en sa cour fort honorablement, l'éleva en lui faisant voir les armes, et lui donna pour devise : « *Spoliatis arma supersunt !* »

« En son jeune âge, Philibert-Emmanuel, étant aux armées de l'Empereur, se plaisait fort parmi les soldats espagnols et était avec eux le plus souvent jusqu'à porter la harquebuse et le fourniement comme eux et aller aux escarmouches ; à quoi l'Empereur prenait tous les plaisirs du monde. Le prince de Piémont s'étant fait bien expert aux armes, son oncle en eut telle opinion qu'il lui donna à mener l'avantgarde avec le duc d'Albe en la guerre des protestants; puis il le fit son lieutenant général aux guerres de Picardie ».

[1] *Fac simile d'un croquis de Walhausen.* Cet ordre de marche en

sous les murs de Valenciennes, en construisant au bord de l'Escaut un formidable camp retranché.

Le Roi déploya son armée devant les remparts de Cambrai (8 sept.) afin d'intimider les habitants ; mais ceux-ci fermèrent leurs portes et tirèrent leurs canons. Alors, comme la saison était trop avancée pour entreprendre un siège en règle, Henri II remonta la rive droite de l'Escaut, et alla provoquer les Impériaux dans leur camp de Valenciennes.

A. de Neuville.
Fig. 75.

échiquier, où les lances, les chevau-légers et les piquiers sont échelonnés en profondeur de manière à se prêter un mutuel secours, nous a paru utile à reproduire. Les escadrons, à intervalles de déploiement, sont disposés sur 3 lignes ; chacun d'eux, formé sur 6 rangs de 6 files, est précédé du capitaine entouré de 3 trompettes et d'un écuyer qui tient un cheval de main. L'enseigne ou le guidon est à la gauche du premier rang. Les lances forment le premier front et couvrent le flanc le plus menacé ; l'infanterie est en 4e ligne.

Philibert-Emmanuel se contenta d'envoyer sa cavalerie légère escarmoucher avec les avant-coureurs

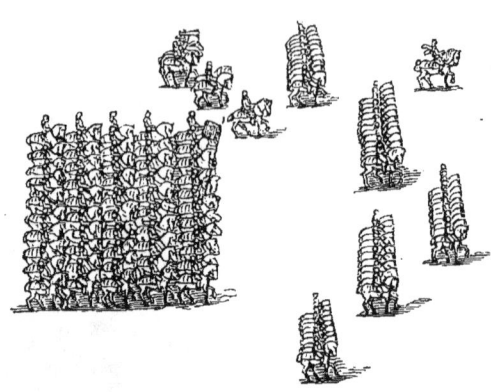

Fig. 76.[1]

français, et prouva au connétable par une violente canonnade qu'il était en mesure de défendre ses retranchements. « Il resta dans son fort[2], où le conseil du Roi, prenant l'exemple des batailles de Poitiers et de la Bicoque, ne fut pas d'avis de l'attaquer. »

L'armée française s'en retourna par Cateau-Cambrésis et la vallée de l'Oise jusqu'à Saint-Quentin, pour y être « départie » le 20 septembre 1553.

[1] *Fac simile d'un croquis de Walhausen.*

[2] « Les piquiers de l'infanterie impériale se mirent en un seul bataillon carré à l'intérieur du camp ; l'arquebuserie fut répartie sur les flancs et se disposa comme pour l'assaut d'une ville. Une partie de l'artillerie était sur des cavaliers en terre qui tiraient contre une colline placée de notre côté. » (Rabutin.)

Pendant que « la Gaule Belgique endurait toutes les misères et calamités que les dissensions des grands princes apportent au pauvre peuple[1] », le maréchal de Brissac acquérait une gloire immortelle en maintenant une discipline admirable dans l'armée du Piémont, devenue, au dire de Montluc, la plus belle école de l'Europe. Il imposa au général ennemi, Ferdinand de Gonzague, une *capitulation de bonne guerre*[2], qui rom-

---

[1] Rabutin.

[2] *Cartel d'échange des prisonniers de guerre* du 16 août 1553.

« Tous *mestres de camp généraux* d'infanterie, cavalerie et artillerie, de quelque sorte et nation qu'ils soient, ainsi que les *colonels, maréchaux de camp, gouverneurs, mestres de camp particuliers, commissaires généraux et particuliers* tant de la guerre que de l'artillerie, les *maréchaux des logis* et les *fourriers*, les *capitaines* de gens de pied, les *lieutenants, enseignes, sergents-majors, canonniers, munitionnaires* et *chevaucheurs* faits prisonniers de guerre, ne seront contraints de payer pour la délivrance de leurs personnes que leur solde guerrière d'un mois ;

« Les capitaines, lieutenants, enseignes, guidons et maréchaux des logis de gendarmerie ne paieront que l'état et gage de leurs quartiers;

« Les hommes d'armes, archers, chevau-légers, gens de pied, caporaux, sergents et fourriers, lorsqu'ils auront été pris à la guerre et dévalisés, seront soudain relâchés sans payer aucune taille ou composition ;

« Les *auditeurs, secrétaires* ou *médecins* des lieutenants généraux, les *trésoriers, faiseurs de montres, contrôleurs des guerres* tant des réparations et munitions que des vivres, les prévôts ou chatelains de forteresse, trouvés en campagne et pris, ne paieront d'autre rançon que leur solde d'un mois.

« Les gentilshommes volontaires, qui viennent à la guerre par honneur ou par plaisir, sans être stipendiés par leurs princes, seront sujets à rançon, selon l'honnêteté et courtoisie des lieutenants généraux, et ils seront crus sur parole au sujet de leur qualité. » (Boyvin du Villars.)

pait avec les traditions habituelles de meurtre, de pillage et d'incendie, en sauvegardant les villes et les villages.

Cette nouvelle *trêve de Dieu* assura aux Français des ressources nouvelles et valut au maréchal des succès inespérés.

GUERRE DE SIENNE (1554)

La république de Sienne, fidèle alliée des Français en Italie, défendait, depuis 1552, son indépendance contre l'Empereur et le duc de Toscane, Côme Ier de Médicis, lorsqu'en 1554, elle fut envahie par 25.000 Impériaux, commandés par le marquis de Melegnano.

Sienne était la patrie du maréchal Pierre Strozzi, le vaillant *rempareur* de Metz. Strozzi leva dans le Parmesan 1.200 chevaux et 12 enseignes italiennes, qui furent renforcés de trois *régiments*, français, allemand et grison, de 3.000 hommes chacun [1], venus de France par mer. Après avoir confié à Montluc la garde de Sienne, il marcha au secours de la petite place de Marciano [2], que le marquis assiégeait.

C'était au mois d'août, pendant les grandes chaleurs ;

---

[1] « Notre camp était de 10 enseignes d'Allemands, 10 de Grisons, 14 de Français et 5 à 6.000 Italiens. » (Montluc).

[2] A une lieue de Lucignano et à une demi-lieue de la vallée de la Chiana.

Melegnano avait établi son camp près des seules fontaines qu'il y eut dans la plaine, et il avait posté son artillerie sur trois collines inaccessibles, qui en défendaient l'approche.

Le maréchal, « fort brave et courageux, mais un peu trop hâtif en ses actions ou délibérations, établit ses troupes à 150 pas de la position ennemie, sur l'espérance que le marquis délogerait afin de le combattre » [1]. Mais le marquis resta dans son camp, et les Français, épuisés par la soif, furent contraints, après huit jours d'inutiles escarmouches, de se mettre en retraite vers Lucignano, dans la vallée de la Chiana.

Marciano (2 août 1554).

Strozzi, « estimant que, la nuit venue, les ennemis ne penseraient qu'au repos, commanda de conduire diligemment son artillerie à Lucignano, après en avoir fait tirer quelques volées pour dissimuler sa retraite. En même temps, il ordonna qu'on se tînt prêt à déloger deux heures avant le jour, sans trompettes, sourdines, ni tambourins. Ses 1200 cavaliers devaient marcher sur les ailes des trois bataillons ainsi répartis :

A l'*avant-garde*, 12 enseignes italiennes ;

A la *bataille*, les Français et les lansquenets ;

A l'*arrière-garde*, 3.000 Grisons et 500 Siennois, commandés par le sieur de Fourquevaux.

« Pour que le marquis ne découvrît pas ce soudain

---

[1] Boyvin du Villars, livre V.

délogement, le maréchal fit dresser une nouvelle et rude escarmouche.

« Mais Malegnano avait prévu et découvert la ruse. Sachant que l'artillerie française était si loin déjà qu'elle ne pouvait pas servir au combat, et que ses adversaires étaient las et abattus de faim et de soif, il forma son infanterie en 2 bataillons, qu'il lança à la poursuite de Stozzi.

F. Weiss.
Fig. 77.

« Le premier bataillon, sous don Juan de Luna, était composé de 3 *tercios* d'Espagnols ; l'autre, sous le comte de Santa-Fiore, comprenait deux régiments allemands, de 12 enseignes chacun, et 4.500 Italiens. Une avant-garde de 200 hommes d'armes italiens, conduits par Marc-Antoine Colonna et Frédéric de Gonzague et soutenus par 2.000 enfants perdus espagnols ou italiens, attaqua fiévreusement le bataillon des 3.000 Grisons et des 500 Siennois, qui fit quelque vertueuse résistance. Mais, abandonné par la cavalerie italienne, qui avait fui[1] dès le commence-

---

[1] « Le guidon du comte de la Mirandole, qui avait fui le premier

ment, et attaqué de flanc par 300 autres chevaux de l'ennemi, le bataillon fut ouvert et, de main en main, renversé à vau de route. Fourquevaux, colonel des Grisons, fut blessé et pris.

« Les Français et les lansquenets du corps de bataille *se serrèrent ensemble* et, quoique privés du support de la cavalerie, combattirent fort longuement et courageusement ; mais à la fin, enveloppés de tous côtés, ils furent renversés, non sans grande tuerie des ennemis. »

Le capitaine Valeron, colonel des bandes françaises, y mourut au lit d'honneur avec 4.000 autres ; Strozzi, blessé en deux endroits après avoir fait acte de preux et vaillant capitaine, « fut porté sur des perches à Lucignano, » où le gros de l'armée se réfugia.

« Ce qui prouve, dit Montluc, que ces retraites de jour, à la barbe de l'ennemi [1], sont si dangereuses qu'il les faut éviter si l'on peut, ou qu'il vaut mieux, en pareil cas, hasarder le combat tout entier. »

L'intrépide capitaine gascon rallia dans Sienne les débris de l'armée de Strozzi, et y soutint contre le mar-

avec la cavalerie et fait fuir le reste par une trahison suscitée à force d'écus par le duc de Florence, fut pendu après la bataille ; d'où il résulte, à l'honneur de Strozzi, que ce furent l'or et la méchanceté des hommes, et non la vertu, qui lui dérobèrent la victoire. » (Boyvin du Villars, livre V).

[1] Strozzi avait voulu imiter le coup d'audace de François Ier, qui, après avoir ravitaillé Landrecies, assiégé par une armée bien supérieure à la sienne, avait opéré sa retraite en plein jour, le 1er novembre 1543, « à la barbe de l'empereur, » et gagné heureusement les bois de Guise.

quis de Melegnano[1] un siège mémorable, qu'il prolongea, sans être secouru, jusqu'au 21 avril 1555, grâce au patriotisme et au dévouement des habitants[2].

[1] Montluc, fort malade depuis le commencement du siège, raconte qu'il reçut de son adversaire des témoignages d'intérêt et de courtoisie, prouvant que les traditions chevaleresques s'étaient conservées.

« La veille de Noël, dit-il, le marquis de Marignan m'envoya par un sien trompette la moitié d'un cerf, 6 chapons, 6 perdrix, 6 flacons de vin excellent et 6 pains blancs pour faire la fête le lendemain. Je ne trouvai pas étrange cette courtoisie, car, à l'extrémité de ma grande maladie, le marquis avait permis à mes médecins d'envoyer chercher à Florence certaines drogues; lui-même m'avait envoyé trois ou quatre fois des oiseaux très bons, (un peu plus grands que les bec-figues de Provence), et il avait laissé entrer dans Sienne un mulet chargé de vin grec, envoyé de Rome par le cardinal d'Armagnac.

« Toutes ces courtoisies sont très honnêtes et louables même aux plus grands ennemis, s'il n'y a rien de particulier entre eux ; le marquis servait son maître et moi le mien ; il m'attaquait pour son honneur et je soutenais le mien ; il voulait acquérir de la réputation et moi aussi ; c'est affaire aux Turcs et aux Sarrasins de refuser quelque courtoisie à leurs ennemis. Mais pourtant il ne faut pas qu'elle soit si grande qu'elle rompe ou recule votre dessein. » (Livre III).

[2] Les femmes elles-mêmes travaillaient et veillaient aux remparts.

« Je veux, dames siennoises, dit Montluc, immortaliser votre nom tant que mon livre vivra, car vous êtes dignes d'immortelles louanges si jamais femmes le furent! Au commencement de la belle résolution que prit ce peuple de défendre sa liberté, toutes les dames de Sienne se départirent en trois bandes ; toutes avaient un accoutrement de nymphe, court et montrant le brodequin; la première bande, vêtue de violet, était conduite par la signora Forteguerra ; la seconde, vêtue de satin incarnadin, par la signora Piccolomini; la troisième, vêtue de blanc, avec une enseigne blanche, par la signora Livia Fausta. Ces trois *escadrons* étaient composés de 3.000 dames, gentil-femmes ou bourgeoises ; leurs armes étaient des pics, des pelles, des hottes et des fascines. Elles firent leur montre en cet équipage et allèrent commencer les fortifications.

« J'avais fait une ordonnance, au temps que je fus créé dictateur,

Du consentement du marquis de Melegnano, la garnison[1], après avoir consommé sa dernière once de pain, sortit sans capitulation, enseignes déployées, les armes sur le col et tambourins sonnant.

L'empereur fit des Maremmes un désert; mais la France a précieusement gardé le souvenir de l'héroïsme que les Siennois ont montré sous ses enseignes.

LES DRAGONS DE PIÉMONT (1555).

Après une campagne heureuse contre Suarez de Figueroa, successeur de Fernand de Gonzague en Lombardie, le maréchal de Brissac, maître d'Ivrée, de Santhia et de Casal, avait demandé, sans l'obtenir, la permission de marcher au secours de Sienne : le connétable et le conseil du roi craignaient de compromettre le Piémont, de découvrir la frontière des Alpes

que nul, à peine d'être bien puni, ne faillit à la garde, à son tour : une jeune fille de pauvre lieu, quand vint le tour de garde de son frère qui ne pouvait y aller, prit son morion, ses chausses et un collet de buffle, puis, avec la hallebarde sur le col, elle s'en alla au corps de garde. Elle répondit au nom de son frère quand on lut le rôle, fit la sentinelle à son tour sans être reconnue, et fut ramenée à sa maison avec honneur; l'après-dinée, le seigneur Cornélio me la montra. »

[1] Montluc cite parmi les braves capitaines qui l'entouraient : Jean Galéas de San-Séverino, comte de Caiazzo, le seigneur Cornelio, le comte de Vico, Gaspard Pape, seigneur de Saint-Auban, Combercier, son neveu, Charry, Blacon, Bassompierre, commissaire de l'artillerie, La Molière et L'Espine, l'un contrôleur, l'autre trésorier des guerres, Bertrand d'Esparbès, seigneur de Lussan, Bernardino et Persio Buoninsegni, Hieronimo Spanotchi, Ambrosio Nuti, Bartolomeo Cavalcanti.

et d'exposer la Provence à une nouvelle invasion.

Brissac voulut du moins que son armée[1] fut le modèle de toutes les autres. Il permit aux soldats d'élite des vieilles bandes, piquiers ou arquebusiers, qui avaient des chevaux, de les monter pour exécuter les marches rapides, les coups de main et les surprises, à la condition qu'ils mettraient pied à terre au moment de com-

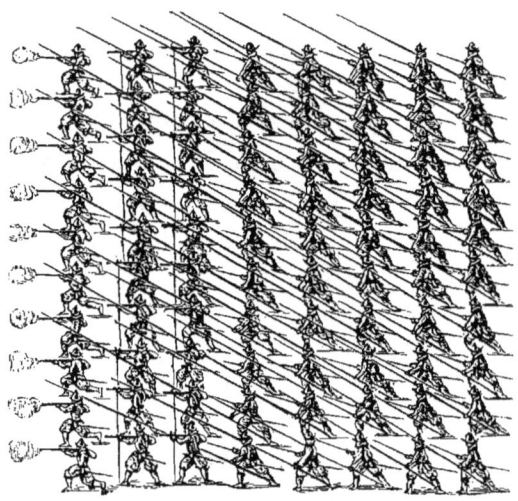

Fig. 78[1].

battre et qu'ils prendraient les formations habituelles de l'infanterie.

Cette cavalerie improvisée eut le succès de toutes

[1] L'infanterie de Piémont se composait, au 22 novembre 1554, de 17.500 hommes, sous 89 enseignes : 38 compagnies françaises de 270 hommes chacune (8.000), 12 enseignes de lansquenets (3.000), 12 enseignes de Suisses (3.000), 25 enseignes italiennes de 100 à 200 hommes (3.550) ; « ce qui n'était compté que pour 16.000 combattants, pour divers déchets qu'il y a toujours. » (Du Villars.

les innovations heureuses. Fiers de la terreur qu'ils inspiraient aux Impériaux, les *gens de pied à cheval* de Piémont se donnèrent le nom de dragons[1] et le gardèrent.

Quand ils rencontraient la cavalerie ennemie, les dragons laissaient les chevaux aux mains de leurs goujats et se formaient en *redoute bardée de feux et fraisée de piques*. Les arquebusiers à genou, courbés ou debout, formaient les trois premiers rangs; les piquiers, sur cinq rangs, se *mettaient en garde contre la cavalerie*, le bois appuyé contre le pied, l'épée dans la main droite (Fig. 78).

Contre des gens de pied aguerris qui les attendaient de pied ferme, ils marchaient en avant, piques basses, les arquebusiers sur les flancs ou intercalés dans les premiers rangs de corselets.

Mais s'ils surprenaient l'infanterie ennemie en marche, ou s'ils avaient affaire à des recrues, à des *bi-*

---

[1] « On a inventé le dragon, écrit Walhausen, parce qu'il y a plusieurs exploits militaires qui ne peuvent être accomplis par la cavalerie seule, et qu'il faut quelquefois que l'infanterie ou partie d'icelle monte à cheval avec les armes requises, pour seconder promptement et subitement la cavalerie. Les dragons se divisent en arquebusiers et en piquiers; ils doivent avoir des chevaux sans valeur afin que leur perte soit sans importance, et ne pas s'embarrasser de bottes ni d'éperons, qui les gêneraient pour combattre à pied. Dans ce cas, chaque dragon jette la bride de son cheval autour de l'encolure du cheval de son voisin, de manière que tous les chevaux restent joints file à file comme ils ont marché; on laisse avec eux quelques hommes pour les garder. Les dragons peuvent être employés à toute entreprise, mais surtout quand il s'agit d'*écheller* ou de surprendre un fort, d'enfoncer la porte d'une ville ou de donner l'alarme aux quartiers enne-

sognos, comme disaient les Espagnols, les dragons restaient à cheval. Les piquiers formaient alors l'escadron de réserve, et les arquebusiers tiraient *la pistolade* comme les reîtres : c'est-à-dire que chaque rang, rompant successivement en colonne par un, pas-

Fig. 79.

sait au trot ou au galop devant le front ou le flanc du bataillon ennemi, tirait, et regagnait, après deux demi-voltes, le gros de la compagnie tout en rechargeant [1].

RETRAITE DE SANTHIA (août 1555)

Au mois d'août 1555, l'armée française assiégeait

mis. Les piquiers serviront à arrêter la cavalerie aux passages étroits, dans les bois et les défilés. En bataille rangée, la place des dragons sera à l'avant-garde pour charger brusquement l'ennemi en flanc ou en queue. »

[1] « Pour tirer, le cavalier saisit son arquebuse de la main droite, la

Vulpiano, « lorsque le duc d'Albe descendit en Piémont avec une fort grosse et belle armée, très bien garnie de gens de guerre, d'artillerie et surtout de pionniers, qui remuaient la terre et comblaient les fossés avec du bois et des fascines, à la mode des Turcs ; il se vantait, non seulement de faire lever le siège de Vulpiano, mais encore de conquérir en peu de temps tout le Piémont [1]. « Tant s'en fallut, car Vulpiano fut pris, et Albe assiégea Santhia sans pouvoir la prendre ; ce dont il ne fut pas trop loué, la place venant d'être fortifiée de frais et à la hâte [2]. »

L'échec des Espagnols devant Santhia eut en Europe un grand retentissement et accrut encore la réputation du maréchal de Brissac. Voici la relation que son secrétaire en a laissée :

« Santhia est située en une grande campagne, traversée dans toute sa longueur et jusqu'au delà de la ville par un profond ruisseau, large de 7 à 8 pieds, dont l'ennemi avait détourné l'eau.

---

monte, ôte le crochet, l'empoigne de la main gauche qui tient la bride, vise et donne feu. Le coup parti, il abandonne l'arquebuse de la main droite, la tourne le long de sa cuisse gauche, la recharge à l'aide du flasque, puis la relève pour mettre le pulvérin sur le bassinet. » (Walhausen).

[1] « Le 12 août, le duc d'Albe s'était présenté sur la Doria Baltea avec 25.000 hommes de pied, 4.000 chevaux, 40 canons, plusieurs petites pièces de campagne, 4.000 pionniers, une infinité de munitions et équipages de guerre, sans compter 7.000 hommes et 1.200 chevaux, envoyés en Piémont pour ravager le pays et empêcher le ravitaillement de Vulpiano. » (Boyvin du Villars).

[2] Brantôme.

Le maréchal fit marcher son armée tout le long de ce ruisseau, qu'il farcit d'arquebusiers, et il couvrit son flanc par une enceinte mobile de 40 chariots à vivres, escortés chacun par 10 arquebusiers qui, à l'approche de l'ennemi, devaient sortir par les intervalles.

En tête de chaque bataillon, il plaça derrière les deux premiers rangs de piquiers 100 soldats fort résolus, ayant chacun un bouclier et une courte épée, large de 4 doigts et bien affilée. Au moment de s'entrechoquer avec les bataillons espagnols, ces soldats devaient passer par-dessous les piques et, ainsi courbés, se jeter dans les jambes des piquiers ennemis pour leur tailler force jarretières rouges. M. de Brissac estimait que ce serait une exécution et une forme nouvelle de combat, qui donneraient grand avantage aux nôtres et le contraire aux ennemis; lesquels, étant investis, ne pourraient baisser les piques pour se défendre.

Sur chaque aile de ses bataillons, il mit 200 cavaliers, avec même nombre de bons arquebusiers ou hallebardiers; il laissa ces *flanqueurs* un peu en arrière, pour qu'ils pussent soigneusement considérer le combat et courir au secours de ceux des nôtres qui en auraient besoin.

Il avait prescrit au colonel général Bonnivet, gouverneur de Santhia, de faire sortir, au moment de l'attaque, 5 ou 600 bons soldats, pour prendre l'ennemi à dos le long du ruisseau et le troubler davantage.

Cependant le maréchal, voulant éviter une bataille,

s'avisa de deux ruses de guerre, qui réussirent.

La première fut de faire tomber adroitement aux mains du duc d'Albe plusieurs lettres, par lesquelles il prévenait Bonnivet qu'il ne serait secouru que dans une huitaine de jours;

La seconde, de dépêcher le mestre de camp Chépy avec 200 chevaux à Rivacolo (à l'endroit même où le duc d'Albe avait passé la Doria Baltéa quand il s'était porté au secours de Vulpiano), en lui ordonnant de disposer sur le bord de la rivière une vingtaine de pionniers, qui feraient semblant d'*esplanader* les rives et qui planteraient des pieux, comme s'ils voulaient fixer les chaînes d'un pont de bateaux.

La farce ainsi jouée fut rapportée au duc d'Albe; il en prit une telle alarme (avec la nouvelle qu'il avait de l'arrivée du prince de Condé, des ducs de Nemours, d'Aumale, de Chatellerault et d'autres grands seigneurs, venus en Piémont pour assister à la bataille), qu'il quitta Santhia, en abandonnant 3 ou 400 soldats malades ou blessés, beaucoup de vivres et de munitions d'artillerie.

Bonnivet recueillit le tout, et se montra aussi courtois et humain envers l'ennemi malade qu'il avait été vaillant et résolu au combat; mais le capitaine Théodore Bedoigne, avec 120 cavaliers et 400 arquebusiers, harcela cette retraite avec une telle grêle d'arquebusades, que le chemin des Espagnols pouvait se suivre par le sang répandu et par les cadavres abandonnés (6 septembre). »

Un mois plus tard, le duc d'Aumale enlevait Montecalvi. Albe, renonçant à conquérir le Piémont, can-

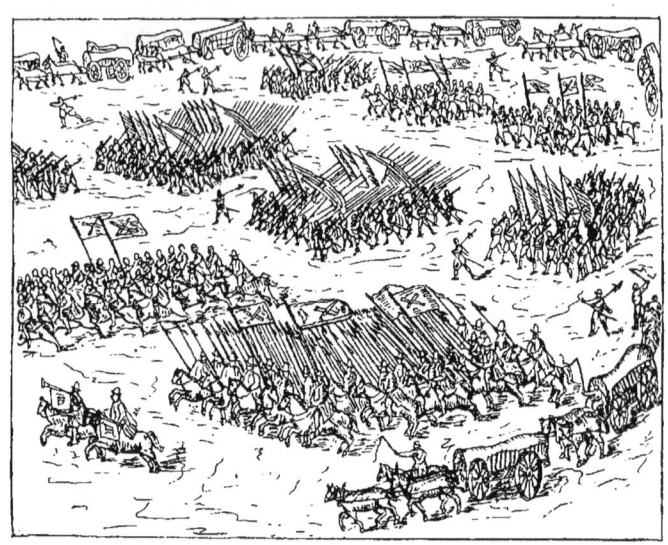

Fig. 80.

tonna ses *tercios* dans le Milanais, et les hostilités furent à peu près interrompues en Italie jusqu'en 1557.

FRANÇOIS DE GUISE.

Le 10 janvier 1556, Charles-Quint, « dont les forces, « brisées par les infirmités et les travaux, ne suffi- « saient plus, disait-il, à supporter le poids d'un si « vaste empire », donna l'Espagne, les Pays-Bas[1] et les Indes à son fils Philippe II, et offrit à son frère, Ferdinand Ier, la couronne impériale.

Le nouveau roi d'Espagne était pour la France un ennemi moins loyal et plus dangereux que son père : serviteur ambitieux et sanguinaire de l'Inquisition, il s'apprêtait à déchaîner sur notre pays les fureurs aveugles du fanatisme et à y fomenter la guerre civile.

Au moment de son abdication, Charles-Quint avait signé la trêve de Vaucelles ; mais Henri II la rompit à l'instigation du pape Paul IV, qui voulait délivrer l'Italie des barbares espagnols au moyen des Français, comme Jules II en avait chassé les barbares français au moyen des Espagnols.

François de Lorraine, duc de Guise, *lieutenant-général représentant la personne du roi* en toute l'Italie, hormis le Piémont, franchit le Pas de Suze, le 27 décembre 1556, pour conduire au secours du pape, menacé dans sa capitale par l'armée du duc d'Albe, 4.000 soldats français, 6.000 Suisses, 500 hommes d'armes, 600 chevau-légers et un grand nombre de gentilshommes volontaires. Rome n'était défendue que par les 1.200 routiers du maréchal Strozzi et du capitaine Montluc.

Le duc de Guise fit, à Turin, sa jonction avec le maréchal de Brissac ; tous deux allèrent mettre le siège devant Valence, qui se rendit sans coups de canon (20 janvier 1557). Milan était mal gardé, et Brissac voulait l'enlever au passage ; mais François de Lorraine avait des ambitions plus hautes : au lieu de conquérir la Lombardie pour Henri II, il voulait prendre et garder pour lui-même la couronne de Naples,

Fig. 84.

dont il se prétendait l'héritier légitime. Il chargea

Brissac d'entretenir en Piémont[1] la guerre de sièges et de petites opérations où ce maréchal excellait, et lui-même, avec le gros de l'armée, traversa les territoires de Parme, de Plaisance et de Bologne, pour rejoindre, dans la marche d'Ancône, le duc de Ferrare, *général de l'Eglise.*

Mais ni la cour de Rome ni les souverains italiens ne voulaient servir la fortune du conquérant lorrain. Guise, trouvant « suspecte et incertaine la foi de ceux qui devaient l'assister dans l'entreprise de Naples[2] », quitta son armée et courut à Rome pour se plaindre du duc de Ferrare. Le pape l'y retint tout le mois de mars, pendant que ses cardinaux négociaient secrètement avec Philippe II.

Ensuite, au lieu de marcher directement sur Naples, où le duc d'Albe s'était retiré avec des forces très inférieures aux siennes, le général français, sur le conseil de traîtres vendus au roi d'Espagne, s'attarda six semaines dans les Abruzzes, aux sièges de Campli et de Civitella. Pendant ces six semaines, une flotte espagnole amena des renforts à Naples, les milices indigènes s'assemblèrent, et le duc d'Albe put s'avancer

---

[1] « Le maréchal de Brissac prit Baldichieri en traitant, et Cherasco de vive force ; mais il fut repoussé à l'assaut de Coni. L'approche du marquis de Pescaire lui servit d'excuse honnête pour lever le siège et l'aller combattre ; mais il fut contraint de se retirer par les montagnes avec son infanterie, en débandant sa cavalerie dans Fossano, qui fut investi. » (*Mémoires de Gaspard de Saulx-Tavannes*).

[2] « Le pape avait promis des vivres, de l'artillerie, 8,000 hommes de pied et 800 chevau-légers. » (*Mémoires de Tavannes.*)

avec une grosse et puissante armée pour attaquer les Français devant Civitella¹ ».

Le maréchal de camp Gaspard de Tavannes et le vidame de Chartres défirent, aux environs de la place, un secours de 300 chevaux et de 500 *soldats* espagnols, que don Garcia de Tolède avait essayé d'y faire entrer; puis le duc de Guise leva, le 15 mai, son camp de Civitella pour marcher au-devant du duc d'Albe. Mais celui-ci se déroba, « espérant, selon la coutume, ruiner les Français par temporisation. »

Fig. 82.

Après avoir tenté tous les moyens possibles de l'attirer à la bataille, François de Lorraine, « défaillant des choses nécessaires pour mener et conduire la guerre, fut contraint, pour ne pas perdre ses hommes, qui commençaient à devenir malades de la grande chaleur et de l'intempérie de l'air² », de se retirer dans la campagne de Rome, et de répartir son armée dans les places fortes³. C'était le seul

---

¹ Carloix, *Mémoires de Vieilleville.*

² *Mémoires de Tavannes.*

³ « La quantité de places nouvellement fortifiées en Italie la fait

moyen d'éviter le sort de Lautrec et de tous les chefs français, qui avaient été avant lui dans l'Italie méridionale.

« Cette retraite causa au duc tant d'ennui et de déplaisir, qu'avec la saison fort fâcheuse, une fièvre le surprit qui mit sa vie en grand danger ; et de pareille maladie, tous les princes, seigneurs, gentilshommes et quasi soldats de son armée se sentirent et furent persécutés [1] ».

Pendant que ces évènements s'accomplissaient en Italie, Philippe II inaugurait son règne par une invasion de la France. Son lieutenant général, le duc Philibert Emmanuel, l'un des plus remarquables hommes de guerre de la vaillante maison de Savoie, vint assiéger Saint-Quentin avec 37.000 hommes d'infanterie, 13.500 cavaliers et 80 canons. Il gagna, le 10 août 1557, jour de Saint-Laurent, une victoire importante sur l'armée de secours, très inférieure en nombre, du vieux connétable de Montmorency.

Philippe II ne sut pas profiter d'un succès qui prenait le roi de France au dépourvu ; au lieu de marcher sur Paris, comme ses généraux le lui conseillaient, il

---

croire de plus difficile conquête qu'elle n'était anciennement ; *or les remparts ne gardent les villes, mais bien le cœur des aguerris.* » (*Tavannes.*)

[1] Manuscrit n° 9710 de la Bibliothèque nationale.

[2] D'après une relation espagnole, le roi d'Espagne dit au duc de Savoie qui s'agenouillait devant lui : — « Ce serait à moi, mon cousin, « de baiser vos mains victorieuses, après cette journée qui a coûté « si peu de sang à l'Espagne ! » Plus tard, en l'honneur de Saint-Laurent, il voulut que son palais de l'Escurial eût la forme d'un gril.

s'attarda jusqu'au mois d'octobre à prendre Saint-Quentin et les petites places voisines.

Le danger de la patrie rendit la santé au duc de Guise ; il s'embarqua à Civita-Vecchia avec 5 enseignes d'arquebusiers, et fit voile vers Marseille, pendant que Gaspard de Saulx-Tavannes reconduisait, à marches forcées, le reste de l'*armée de Naples* au secours du roi et de la France.

Le maréchal de Brissac[1] resta en Piémont, et, avec une poignée de vieilles troupes[2], il sut faire respecter par les Espagnols les frontières de son gouvernement. Comme il n'avait à espérer ni renfort ni argent, il engagea sa fortune personnelle pour nourrir et habiller ses soldats, « pleins de telle misère qu'ils auraient fait pitié à des pierres. »

---

[1] « M. de Brissac était sur le point d'exécuter de belles entreprises sur les places de l'état de Milan, voir sur Milan même, quand advint le désastre de la bataille de Saint-Quentin. » (*Brantôme*.)

[2] « Si M. le maréchal a fait de si belles choses en Piémont, il faut qu'il en remercie l'assistance des bons et grands capitaines qu'il avait avec lui autant que sa valeur et prudence. Un chef brave, vaillant et prudent peut beaucoup aux factions de guerre, et la fable nous montre une bande de cerfs conduite par un lion défaisant une troupe de lions conduite par un cerf ; mais *M. de Brissac était un lion commandant à une armée de lions* : MM. de Vassé, de Chavigny, de Terride, d'Aussun, de La Mothe-Gondrin, de Gourdon, de Montluc, Francisco Bernardino, de Salvoyson, de Gordes, de Bellegarde père et fils, de Renouard, comte de Gesne, de Briquemault, de Tende, l'albanais Bédene, les deux frères Soleillas, de Maugiron, de Gordes, d'Annebault, Montmorency-Damville, *colonel de la cavalerie légère* ; de Clermont, de Biron, de Ventadour ; Bonnivet et le Vidame de Chartres, *colonels de l'infanterie française* ; Furly, colonel des Suisses ; de Caillat, maître de l'artillerie ; les deux Birague ; les colonels Moreti, cala-

La ferme attitude de l'armée de Piémont permit à Henri II de concentrer au nord et à l'est toutes les forces de la France.

L'année 1558 fut plus heureuse pour nos armes : François de Guise trouva devant Calais et Thionville la revanche de Saint-Quentin. Au mois de mars 1559, une grande *bataille publique* paraissait imminente entre son armée et celle du duc de Savoie, lorsque le connétable de Montmorency, prisonnier de Philippe II, proposa la paix.

PAIX DE CATEAU-CAMBRÉSIS (3 avril 1559).

Elle fut conclue, le 3 avril 1559, au grand mécontentement des capitaines français, qui reprochèrent à Henri II « d'avoir rendu d'un trait de plume 198 villes ou châteaux, oubliant le sang répandu, pour tirer de prison son vieux connétable, et pour marier deux filles de France[1]. »

brais, Jean, de Turin, San-Pétro, corse ; les capitaines particuliers tant de chevau-légers que de gens de pied : Saint-André, les deux frères La Môle, les deux frères Richelieu, les deux frères l'Isle, les deux cousins Villemaigne, les deux cousins Taiz, de Gourdan, de Montinas, Pierre de Bourdeilles, Hautefort, Roquefeuilles, Aunous, les deux Rivières, Puitallier, Muns, Bruno, Estanges, Bacillion, Cobios, Lachasse, Monluc le jeune et le baron d'Espy, *mestre de camp* ; bref, une milliasse d'autres, que je n'aurais jamais achevé de compter, lesquels capitaines étaient suivis et accompagnés de si bons soldats, si braves et si vaillants, qu'on n'eut su lesquels en trier, tant la fleur du grain y était belle et nette ! » (*Brantôme*.)

[1] Elisabeth de France, fille de Henri II, épousa le roi d'Espagne, et Marguerite de Valois, sa sœur, le duc de Savoie. « Celui-ci recou-

Le roi gardait Calais, mais il rendait Dunkerque ; il gardait Metz, Toul, Verdun, Saluces, il recouvrait Ham, le Catelet et Saint-Quentin, mais il rendait Thionville, il rendait la Savoie, la Bresse, le Montferrat, Sienne, la Corse et le Piémont, moins Pignerol et Savigliano².

C'était l'abandon de l'Italie et la fin des guerres mémorables que la France entretenait depuis 65 ans au delà des monts.

« Las! dit Du Villars, nous quittions en un seul jour ce que nous pleurerons en plusieurs années. Quel fatal et particulier malheur que celui des Français, de savoir fort généreusement combattre et conquérir sans pouvoir rien garder ; de désirer toujours *nouvelletés* et remuement des armes pour incontinent s'en fatiguer et y renoncer ; d'être enfin les descendants de ces

---

vra en une heure, dit Brantôme, tous les biens et terres perdus depuis 30 ans. Il reçut force argent et bonnes pensions tant d'un côté que de l'autre, et même (chose inouïe!), deux compagnies de 100 hommes d'armes : l'une du roi de France, appointée et payée, dont M. de Montravel était lieutenant, et l'autre du roi d'Espagne, entretenue de même, l'une pour servir l'Espagne, l'autre pour servir la France. »

² « Les flambeaux de cette paix fatale furent les torches funèbres de Henri II. » Il fut tué par imprudence dans un tournoi, le 10 juillet 1559, et sa mort, en brisant la main ferme qui maintenait tant d'ambitions rivales, ouvrit pour 39 ans l'ère sanglante des querelles religieuses et de la guerre civile.

« Le traité de Cateau-Cambrésis marqua le terme des ambitions et des guerres conquérantes des rois de France au delà des Alpes ; politique peu judicieuse qui, depuis quatre règnes, avait compromis et usé les forces de la France dans des expéditions aventureuses, en dehors de sa situation géographique et de ses intérêts naturels et permanents. » (GUIZOT, *Histoire de France*, chap. XXXI.)

Gaulois, que César appelait : *beneficiorum et injuriarum immemores!* »

Les descendants des Gaulois n'ont pas oublié cependant le sang versé par les Italiens sous les enseignes françaises, et, quand l'heure de l'indépendance a sonné au delà des Alpes, ils ont acquitté les droits de la guerre, en aidant cette Italie, qu'ils avaient tant aimée, à devenir libre et unie comme la France !

TABLE DES MATIÈRES

Pages.

Chapitre I. — *La conquête de Naples.*

Madame de Beaujeu. — Progrès de l'armée française. — L'Italie en 1494. — Le voyage de Naples. — L'armée de Charles VIII. — Parallèle entre les deux milices. — Le retour. — Passage de l'Apennin. — Condottiéri et Estradiots. — Artillerie italienne. — Combat d'avant-garde. — Pourparlers. — La journée de Fornoue. — Conclusions tactiques. — La fin du voyage... 3

Chapitre II. — *La gendarmerie de France.*

Bayard. — Pointe de cavalerie de Bellinzona à Novare. — Picardie et Piémont. — La rébellion de Gênes en 1507. — Prise du Bastillon. — Combat du Promontoire. — Enseignements tactiques.. 57

Chapitre III. — *La Ligue de Cambrai.*

L'armée de Venise en 1509. — Agnadel. — Le siège de Padoue. — Embuscades et surprises............................ 101

Chapitre IV. — *Gaston de Foix.*

Rupture avec les Suisses. — Campagne de 1511. — L'assaut de Brescia. — Reconnaissance de cavalerie. — Ravenne. — Artillerie légère. — L'année 1513. — Novare. — Invasion de la France. — La journée des éperons. — Mort de Louis XII. 131

Chapitre V. — *Le Roi chevalier.*

Le Rosier des guerres. — Campagne de 1515. — Les Suisses. — Marignan... 169

Chapitre VI. — *Charles-Quint.*

L'élection au Saint-Empire. — Campagne de 1521. — Bayard à Mézières. — Lautrec. — Bataille de Bicocca. — Trahison du Connétable. — L'amiral Bonnivet. — Mort de Bayard. — Premier siége de Marseille. — La reprise du Milanais. — Pavie... 201

Chapitre VII. — *Les leçons de Pavie.*

Le troisième voyage de Naples. — Cavalerie de France. — Cavalerie impériale. — Légions provinciales. — Exercices et manœuvres de l'infanterie ; instruction du soldat, de la bande, de la légion. — Camp légionnaire. — Formations en bataille. — Artillerie. — L'année 1536 ; Charles-Quint en Provence. — La guerre en Piémont. — Cérisoles. — Paix de Crespy.. 253

Chapitre VIII. — *Henri II.*

Le roi soldat. — Cossé-Brissac. — La tactique en 1553. — Guerre de Sienne. — Marciano. — Les dragons de Piémont. — Retraite de Santhia. — François de Guise. — Paix de Câteau-Cambrésis 331

Paris. — Imprimerie J. Dumaine, rue Christine, 2.

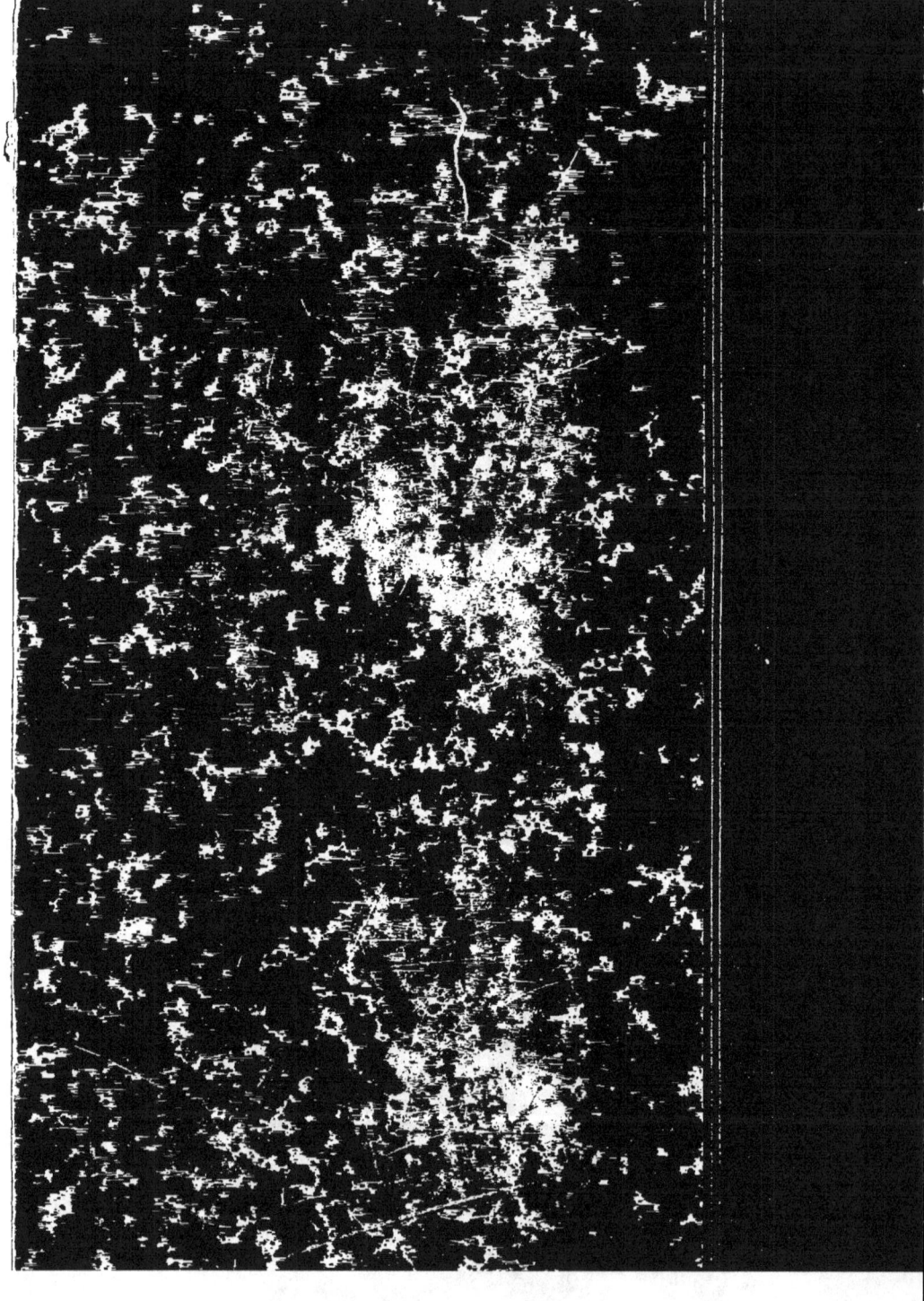

www.ingramcontent.com/pod-product-compliance
Lightning Source LLC
Chambersburg PA
CBHW060614170426
43201CB00009B/1016